大夏书系·数学教学培训用书

你能成为最好的数学教师

任勇 著

Ni Neng Chengwei Zuihao De Shuxue Jiaoshi

华东师范大学出版社
EAST CHINA NORMAL UNIVERSITY PRESS

目录 Contents

前　言

研名师之征，悟优秀之道

我知道，你想成为一名最好的数学教师。

要想成为一名最好的数学教师，有一条可取的路径，即“站在巨人肩上”。只是可以作为数学教师的“巨人”，不是很多。

怎么办?

我们不妨把眼光放到“高人”上，作为数学教师的“高人”，也就是数学名师，相对多一些。

我以为，若研究名师的特征，就能从名师身上学到从教为师之经，悟出走向优秀之道。

名师，就是知名度高的教师，他们工作出色，教学效果好，为同仁所熟知，为学生所欢迎，为社会所认可，有相当的名气和威望。

从名师的构成因素来说，理想的名师也可以表述为：

名师＝较高的学历背景＋渊博的学科知识＋精湛的教学技艺＋深刻的教育思想＋优秀的道德品质＋感人的人格魅力

我专门研究过名师的特征，研究结论是：

名师的特征＝动力特征＋学识特征＋人格特征＋教学特征

下面再分而论之。

名师的动力特征＝人生观＋教育观＋成就感＋进取心

名师的人生观：人生的意义在于奉献自己的才华，人生的价值在于发掘人才，取得教育教学的丰硕成果，把自己掌握的知识、技能无私地奉献给下一代，为祖国、为社会、为人民作出自己的贡献。不为名而工作，不为钱所诱惑，不为权势而心动，一心一意扑在教育事业上。

名师的教育观：教育是一门事业，事业的意义在于奉献；教育是一门科学，科学的意义在于求真；教育是一门艺术，艺术的意义在于创新。教育的生机与活力，在于促进学生个性的健康发展；能使学生生动活泼、主动求发展的教育，才是成功的教育；教育重在师生间相互信赖，信赖则取决于民主平等的沟通。

名师的成就感：成就感是激励个体对自己所认为重要的有价值的工作，乐意去做并努力达到完善的一种内部推动力的感受。名师的成就感，体现在学生获得了知识、培养了能力、掌握了方法、形成了品格上，体现在自身学识水平的提升上，体现在自身人格魅力产生的影响上，体现在卓有成效的工作得到赞许上。

名师的进取心：名师的进取心体现在“心灵追求高尚，事业追求卓越”上，他们对工作积极进取，把自己定位于终身学习者与创造者，他们认为，唯有促使人终身学习的教育，才是真正的教育，才是高质量和高效益的教育。为了成为学习者和创造者，名师应刻苦钻研，勇于创新，提高素质。

名师的学识特征＝扎实的基础知识＋宽厚的教育科学知识＋精深的专业知识＋广博的文化知识＋不断获取的新知识

扎实的基础知识：基础知识包括哲学、语文、外语、数学、物理、化学、生物、历史、地理、音乐、美术和计算机等专业和学科知识，名师对这些知识往往能准确掌握、深刻理解、牢固记忆、灵活运用。

宽厚的教育科学知识：名师对教育学、心理学等领域的知识有较深刻的领会，能深刻理解和熟练运用教育科学理论，根据教育规律和受教育者的身心特征开展教育工作。

精深的专业知识：名师对专业知识了如指掌，并能熟练地运用专业知识分析和解决问题，名师还往往通晓学科的发展史，了解学科发展现状，能预测学科的发展趋势和作用，在教学中渗透学科最新成果。

广博的文化知识：未来科技发展的特点是高度分化和高度综合，其结果是新兴学科、交叉学科、边缘学科、中间学科等大量涌现。名师深知，一个对新兴学科知识一无所知或知之甚少的教师，是很难适应时代要求的。

不断获取的新知识：如今，“一杯水”、“一桶水”已远远满足不了时代的要求，名师深知，需要的是滔滔不绝的“长流水”。为师唯有筛滤旧有，活化新知，积淀学识，才能培养出善于终身学习的新一代。

名师的人格特征＝为人师表＋举止优雅＋追求完美＋律己宽人

为人师表：名师都能加强自身修养，不断学习，提高思想认识和道德觉悟，严格要求自己，为人师表，以人格力量促进学生良好的思想道德的形成。

举止优雅：名师往往具有高雅、文明的言谈举止，注重修养，处处给学生作出表率。名师言教辅以身教，身教胜于言教，其一颦一笑、一举手一投足都会产生教育作用。

追求完美：从某种意义上说，名师的成功之路，是一条追求完美之路。名师常常通过自我认识、自我批评、自我校正、自我监督、自我修炼、自我突破，完善人格形象和权威形象。

律己宽人：名师律己，在律己中走向完美；名师宽人，在宽人中达成信任。名师的宽人，像一缕阳光，让学生感到温暖；像一丝春雨，让学生感到滋润；像一粒爱的种子，在学生心中萌芽。

名师的教学特征＝情知交融＋心灵相悦＋动态生成＋真实有效

情知交融：在教学中，名师注重知识的传授、能力的培养和方法的渗透，但名师更注重对学生进行情感的熏陶，用情感浸润学生的心灵，让学生在情知交流的空间中吸取养分。

心灵相悦：名师课堂的魅力体现为教师与学生的相互对话与分享，共同探究发现，共同面对疑难，共同成长，课堂成为师生之间的精神依托的家园、心灵净化的场所、生命成长的乐园。

动态生成：名师的课堂是动态的，是多维、开放、灵活、生动的。动态的课堂建立在课前充分预设、精心设计的基础上。教学过程自然地生成，课堂焕发出生命的光彩，师生收获精彩。

真实有效：名师的课堂，不是花架子的课堂。名师课堂应既是融“基础训练扎实，思维拓展丰实，教学活动真实，教学质量有效”为一体的课堂，又是参与度、亲和度、自由度、整合度、练习度、延展度有机结合的课堂。

由此看来，要想成为名师也不是很容易的事。

但只要悉心研之，必有收获。

《你能成为最好的数学教师》将通过八个篇章，即名师篇、教学篇、课程篇、育人篇、学习篇、教研篇、艺术篇、发展篇，细化走向优秀之道。

走向优秀不是梦，梦想何以成真？答曰：八个篇章有真经，用心践行能成真！

如是，我欣慰之。

第一章
走向优秀之名师篇

走向卓越，就是从普通走向优秀，再从优秀走向卓越。就教育而言，就是从一般教师走向优秀教师，再从优秀教师走向名师。

时代呼唤高质量的教育，教育呼唤高素质的教师。高素质的教师，在一定程度上也就是名师。我们的时代，是一个迫切需要名师的时代，也是一个能够产生名师的时代。

数学是基础教育中最为重要的学科之一，数学教师不断提升自身素质，不断走向优秀，就能让数学教育走进相对理想的境界，让数学教育成为相对人文、健康、和谐、生态的教育。

第一节　名师成长的关键在“自我”

套用一句名言，我以为：“名师之所以能成为名师，是因为他想努力成为名师。”只要想成为名师，数学教师就能够认识自我、发现自我，就能够挑战自我、完善自我，就能够实现自我、超越自我。换言之，名师的成长关键在于“自我”。

认识自我、发现自我是成为名师的基础和根本；挑战自我、完善自我是成为名师的关键；实现自我、超越自我是成为名师的永不满足的目标。

1. 认识自我、发现自我

难道我们自己还不能认识自我和发现自我吗？

是的。

人在发展的过程中，还真的不能完全认识自我和发现自我。

老子在《道德经》中说：“知人者智，自知者明。胜人者有力，自胜者强。”意思是说，能认识别人的人机智，能认识自己的人高明，能战胜别人的人有能力，能克制自己的人刚强。

所谓认识自我，包括认识生理自我、心理自我和社会自我。生理自我，就是自身的生理状况。认识生理自我并不难。心理自我，是指自己的兴趣、才能、认知、情感、意志、气质和性格等。认识了心理自我，也就真正认识了自己的潜能，以便最大限度地使其得到发掘，从而实现对自己本质的占有。这是最为重要的。社会自我，就是认识自己的角色、地位、作用和责任，也就是通过自我认识发现真实的自我，找准自己的长处、短处，优点、缺点，明确自己的社会责任，树立成功的信念。

要真正地认识自我，就不能孤立、静止地审视自己，而要在动态的对比中认识自己。

认识自己的长处，是应该的，也是必需的；但作为一名数学教师，更重要的是清楚自己的短处。你可以和老教师比，找出自己在教学经验和教学艺术方面的不足；你可以和中年教师比，找出自己在教学能力和教育责任方面的不足；你可以和青年教师比，找出自己在课件制作和教学精力方面的不足；你甚至可以和学生比，找出自己在解题速度和创新思维方面的不足。你还可以和孙维刚、张思明等数学教育名师比，找出自己在人格魅力和学识魅力方面的不足；更可以和在艰苦地区工作的教师比，找出自己在思想境界和意志品质方面的不足。

这样，就能比出一个真实的自我。

初为人师时，我被分配到闽西的龙岩一中工作。这所学校虽然是一所山区中学，但在当地却是基础教育的“最高学府”。论学历，我是专科生，所以按学校规定，只能教初中；论文化，我们在“文革”期间少学了太多知识，文化根基浅；论教学，那时根本没有实习，到了学校就上讲台，全无教学经验；论才艺，我仅略懂象棋和猜谜，篮球、游泳水平在同行中亦属一般。

有了“自知之明”后，我努力考取了福建师范大学数学系本科，开始了长达6年的函授学习，之后又有了在福建师范大学攻读数学教育硕士的学习，以及前些年在北京师范大学博士课程班的学习；在文化上，我趁着年轻抓紧时间，有针对性地“恶补”，读了唐诗宋词、“四大名著”、《论语》、杜威和苏霍姆林斯基的著作；在教学上，老教师的课我节节必听，同时发挥自己趣味数学的功底，进行数学“激趣”教学，于是有了“初中数学引趣教学法”的诞生；在才艺上，我发掘自己对灯谜的爱好，以谜育人，以谜促教，以谜增情，让灯谜成为“寓教育于娱乐之中，增知识于谈笑之间，长智慧于课堂之外”的班级特色活动。

“最先和最后的胜利是征服自己，只有科学地认识自我，正确地设计自我，严格地管理自我，才能站在历史的潮头去开创崭新的人生。”古希腊哲学家柏拉图的名言告诉我们，认识自我与发现自我，是一个人走向成功的第一步。

2. 挑战自我、完善自我

为什么不争取成为优秀的数学教师？

这就是挑战。

挑战自我，就是高标准、严要求，就是对自己的缺点、弱点、无知和不足发起进攻，逐步自我完善。教师发展的过程，是一个不断自我完善的过程。

挑战自我，就是要把自己置于实现崇高的目标这一理想之中，就是要把自己置于做“更好的数学教师”的追求之中，就是要把自己置于不断进取、永不满足的奋斗之中。

换个角度说，在目标上，要克服没有追求、没有方向、得过且过的平庸哲学；在品格上，要克服软弱怕苦、姑息缺点、宽恕懒惰的精神状态；在学习上，要克服被动学习、不求甚解、容易满足的消极作风。

初为人师，学校让你既教书又当班主任，这就是挑战。接受了，克服困难，用心工作，也就获得了教书育人的双丰收。

日常数学教学工作量不轻，学校又让你带奥数班。你坚持带了，一轮下来，你就走进了充满数学思想的奥数天地。

市里要举行课堂教学创新大赛，你应当积极报名参加。参加了，就是“重在参与”，就有机会与同行切磋教学技能，就多了一次研训机会。

省教育学会征集论文，你有一个很好的选题，也有一些实践体会，只是平时忙，没时间整理。你利用这次机会抓紧时间赶出来，就是接受挑战！接受了，你就可能有机会到省里参加学术会议，你就会获取更多的学术资料，结果，你发现你站得高了，看得远了。

关于如何完善自我，许多教师都有自己的见解。

有人认为，教师应该储备足够的知识；应该不断提升工作能力；应该注重教育情感的培养；应该注重对教育科研的意识和能力的培养；应该注重对反思意识和能力的培养。

有人认为，教师应在丰富内涵的过程中完善自我，提高素质，包括提升思想修养，扩展科学文化素质，提高业务能力；应在竞争与合作中完善自我，提高素质，包括在教育科研中的竞争与合作，在教学改革中的竞争与合作，在基本功训练中的竞争与合作；应在进取与创新中完善自我，提高素质，包括学会自我反省、培养责任感，学会自我创新、体现自身价值，学会自我管理、推进自我发展。

直到师专毕业，我都不善言辞。当了中学教师后，我才发现这是我的最大缺陷。于是，我苦练语言技巧，还订阅《演讲与口才》学习，购买了《能言善辩50法》学习，尤其注重对数学教学语言的训练，上课时尽量选用趣味数学题，课堂教学尽量引趣和引深，结果，我的数学课深受学生欢迎。

师专毕业几年后，同学们见到我都惊叹："几年不见，你变得挺会说的!"

3. 实现自我、超越自我

实现自我和超越自我是一个动态的发展过程，它的标准是相对的。实现自我，就是基本上实现了近期的目标，超越了昨天的自我。

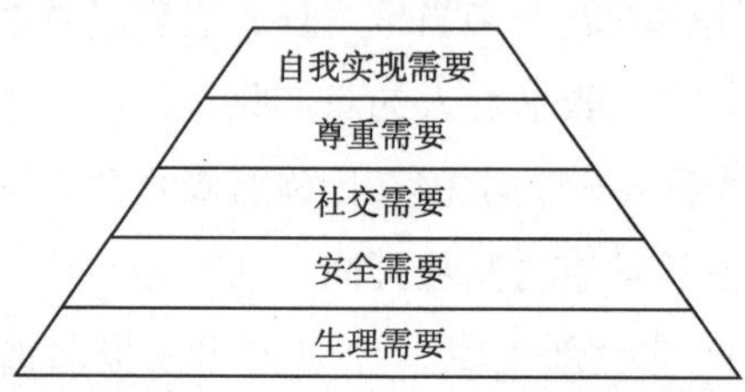

图 1-1

如图 1-1 所示，马斯洛的需要层次理论告诉我们：生理需要、安全需要是低层次的需要；社交需要、尊重需要是中层次的需要；而自我实现的需要是最高层次的需要。自我实现，就是自我价值的实现，作为名师的成功，是一个高层次人才自我实现的成就感的实现。

一个高层次的名师的价值的实现，不能停留在某一阶段、某一层次上。当今时代，"慢进则退，不进则亡"。所以，名师还应该不停地超越自我。

超越自我的要求更高，有句广告词说得好："超越梦想，不是梦想!"

超越自我不是梦!

虽曰难能，心向往之。

第二节　学者化——名师的成功之路

教师的学者化，就是必须对自己开展教育的学科领域有深入精深的研究，形成优化、独特的知识结构和能力结构，有较高的学识水平，有较强的研究能力，有坚实的理论功底，有丰富的教育经验，有创造性的研究成果，有教育理论与教育实践方面的创造性建树，最终成为一名教育家。

学者化是由教师走向名师、走向教育家的必由之路。是时代发展的需要，是教学提升的需要，也是自我成才的需要。

我很赞成董菊初先生在《名师成功论》中提出的“学者化——名师的成功之路”的观点，我还认为，追求“学者化”，是教师实现持续发展的一种更高层次的追求。

教师在发展的过程中，无论是书教得比较好，还是班主任当得比较好，都是事业的基础。但要持续发展，还要进行教育教学研究，探索教育规律，提升教育实效，进而将研究的东西整理出来，也就是写作。这其实也就是学者化的进程。

一位杰出教师曾经这样说：要做一名“学者型”教师，既要“教”，又要“研”，还要“写”。“教”是“研”的前提和基础，“研”是“教”的总结和提高，而“写”则是“教”和“研”的概括、升华。

我自己的成长之路，就是一条走向“学者化”之路。1986 年，我被评为福建省优秀青年教师时，代表获奖者发言的题目就是《做全面发展的学者型的人民教师》；2000 年，我参加骨干教师国家级培训时，代表优秀学员发言，题目是《做高素质的新世纪育才者》；2006 年，“教育家成长丛书”出版，《任勇与数学学习指导》是其中的一本，在首发式上我发言的题目是《成为走向未来的名师》。从上述发言的题目，我们可以感受到一个教师的成长历程及其“学者化”的进程。

我一直鼓励教师们尤其是青年教师，更好更快地走向“学者化”。当然，不是所有的教师都能接受我的观点，其中有一种观点认为“教师的主要任务是教学，教师只要教好书就行”。对前半句我非常赞同，但对后半句，我有不同看法。但我只是对此作了些调整，叙述为：“我并不苛求每个教师都要学者化，但一个优秀教师、一个名师应该是一个学者。一个名师的学者化，不是一般的学者化，而应是教育专业化与教育学者化的有机结合。”

名师的成长过程是一个学者化的过程。成为学者型的教师，为教师的持续发展指明了方向。名师的学者化不是一步到位的，学者化的实现有一个“低层—中层—高层”的过程，这里所说的“高层”是无止境的。学无止境、教无止境、研无止境，是名师学者化的基本原则和目标。

学者化有什么特征？

1. 不凡的学术勇气

要成为学科教育专家，就要有学术勇气，敢于探索和创新，敢于怀疑和否定，为人所不敢为，言人所不敢言，不断提高自己研究的学术层次，并逐步形成自己的学术特色。

2. 强烈的课题意识

在教育教学实践中，要善于发现问题，积极思考问题，不轻易放过问题，经筛选后再确定研究课题。当然，研究课题还可以由其他途径获得，但前提是要有课题意识，否则，即使有再适合你的课题，也可能失之交臂。

3. 执著的探究精神

研究也好，实验也好，著书立说也好，都必须有一个艰苦探索的过程，探索教育规律也是一个长期的过程。“不经一番寒彻骨，哪得梅花扑鼻香。”只有执著探索，才能出成果、出经验。

4. 全面的信息素养

信息素养是建立在信息意识基础上的，在具备信息意识的基础上，要加强收集信息、积累信息、整理信息、运用信息和创造信息能力的训练。信息素养是以“勤”为前提的，唯有脑勤、眼勤、耳勤、手勤、腿勤，信息才能为你所用。

5. 较强的创新能力

人云亦云，不能成为学者。没有自己，怎能有个性？没有个性，怎能有创新？名师之路，其实也是一条属于自己的创新之路。人无我有，人有我新，人新我精。敢言他人之所未语，发他人之所未见，示他人之所未知。

6. 丰硕的研究成果

成果是实现学者化的标志，是名师成长的轨迹和阶梯。教育研究必求其有成果。只求耕耘，不求收获，是空忙；不愿耕耘，只想收获，是空想。研究者一定要有成果意识，要善于把研究成果“物化”，同时还要“推广”，使其“日臻完善”。

远观全国数学名师张思明、刘可钦，近观福建数学名师池伯鼎、张远南，哪一个不是著作等身？哪一个走的不是学者化之路？

第三节　名师成长之道

名师成长之道，就是我们的学习之道、追赶之道、超越之道。

1. 名师在敬业中成长

人的成长有一个动力系统，每个人的动力系统各不相同，因而其发展水平也不相同。一个教师能够成长为名师，在于他们有比一般教师更强大的动力系统。教师工作的动力系统由诸多因素构成，大的方面有思想政治道德素质、身体心理素质。在诸多因素中，最核心的莫过于教师对教育职业的态度，以及热爱教育事业的敬业精神。可以说，名师的成长过程，也就是他们形成热爱教育事业的敬业精神并发挥其作用的过程。这种敬业精神具体表现在两个方面：第一，看重教育工作的价值，选择教师职业，并且坚定不移；第二，在教育工作中，能够克服种种困难，全身心地投入。

2. 名师在反思中成长

反思，就是教师把自己作为研究对象，研究自己的教育理念和教育实践，反省自己的教育教学实践，反省自己的教育观、教育行为及教育效果，以便调整、改进和提升。教师反思的本质是一种理解与实践之间的对话，是二者之间相互沟通的桥梁。应当指出的是，反思并非教师对教育教学工作进行一般意义上的思考和回顾，而是根据反思对象的不同，采取相应的反思方法和策略，达到反思的目的。教师的反思能力是其专业发展和自我成长的核心要素，更是名师素质的重要组成部分。教师想要实现自我专业发展，就必须提升自我反思能力，尤其是教学反思能力。教学反思是教学工作不可缺少的一个过程，更是名师成长的重要历程。

名师的思考，是联系实际的思考。教学前想一想：准备教给学生哪些知识？哪些学生需要特别关注？课堂上准备组织些什么活动？这些活动要达到什么目的？教学中想一想：怎样对待课堂上的提问？没有问题的课就是好课吗？有没有“失败”了的成功课呢？教学后想一想：课堂上改变了什么？为什么要这样改变？还有哪些不成功的地方？需要怎样改进？

反思，是教学工作不可缺少的一个过程，是教师成长中的重要历程。反思，可以提高教学的自觉性和科学性，可以培养教师的观察能力和思维能力，可以使教师扬长避短，使教学不断完善。名师成长的过程，就是一个不断反思的过程。

3. 名师在学习中成长

名师有较高的素质水平，有合理完善和不断调整的素质结构，是他们不断学习、不断实践、不断创新的结果。学习是指通过读书、听课、交谈、参观、调查等途径来获取知识、经验的活动。学习活动的作用在于继承前人和他人创造的知识即间接的知识。它既可能是书本的，又可能是感性的。通过学习，可以扩大视野，增长知识，以便在较高的起点上进行实践。名师是勤于学习、善于学习的模范。许多名师的起点并不高，但他们都能时时、处处学习。名师的学习，贵在“不断”，“不断”体现了量的积累，体现了一种持之以恒的毅力，正是这种量的积累，才引起了他们素质的质的飞跃。

名师应是学习的楷模。名师往往能自觉地坚持学习，视学习为一种生活方式、一种生命状态、人生的必然选择、良好的生活习惯，让学习伴随自己终身，让生命因学习而变得美丽、精彩。

一位特级教师说：“在信息时代，终身学习将成为整个生活的重要内容和律令，成为人们的一种生活方式，而教师职业又注定在这方面的要求要高于一般人。无论是为迎接新世纪的挑战，是肩负时代赋予的使命，还是为成为走向未来的名师，都要求我们学习、学习、再学习。”

可见，一个名师一定是个好学的人。

教师是学习者，就要求教师必须从“教书匠”转变为学习者、研究者，实现从“要我学”到“我要学”的转变，形成全员学习的氛围，强化终身学习意识，提升主动学习的品质，成为真正的“敏而好学”的学习者。名师，更应该是这样的学习者。

4. 名师在研究中成长

如果说，对“教师成为研究者”，可能有些人还会有看法，那么，说“名师成为研究者”，估计绝大多数人没有意见。名师的研究行动是多样化的，课题研究不再是他们参与研究的唯一选择，写文章也不再是他们表达研究结果的唯一形式。名师的研究成果，有实践形态、教育产品形态和文本形态等多种表达方式，这就拓展了他们的研究空间。名师的研究与行动都是一种学习，一种认识教育、改进工作与完善自我的学习，通过综合运用科学和人文方法，以解决教育实际问题和改变自身思维方式为主要追求。名师的研究是学做事与学做人的统一。

有专家研究认为，名师的成长具有四种类型：

一是综合型。即学科知识、教学能力、管理水平、思想修养等综合素质都比较好。

二是“T”字型。即在具备一般教师应有的基础知识和能力的前提下，在某些方面有专长，或善于创作，或长于管理，或成为某一方面的专家。

三是教研结合型。即教学与研究紧密结合，相互促进，相辅相成，教学与研究成果丰硕。

四是“三栖型”。即教学、写作、科研三方面都达到相当高的水平，而且相辅相成，成为教师中的佼佼者。

有关专家经过研究发现，名师基本上是“三栖型”的。

广东省杰出教师师林伟说：“要做一名‘学者型’教师，既要‘教’，又要‘研’，还要‘写’。教是研的前提和基础，研是教的总结和提高，而写则是教和研的概括和升华。”

名师，往往是精于教学的能手、善于创作的好手、长于科研的高手。

5. 名师在实践中成长

教师实践是教师的发现之旅、成长之旅，“真正的名师是在学校里、课堂里摔打出来的”。只有在实践活动中，人才能运用自身已有的素质，利用外部提供的条件、资源、环境，进一步提高自身素质。教育实践活动的作用在于锻炼实际工作能力，提高教育教学实践所需要的素质。名师实践的基本形式有三种，一是自已独立进行的旨在训练的准备性实践（所谓台下练功），二是有专家指导的旨在训练的准备性实践（所谓专家指导），三是针对学生旨在应用的实施性实践（所谓台上练功）。名师，既是壮志凌云的楷模，更是脚踏实地的典范。只有踏踏实实地沉下去，才能潇潇洒洒地浮起来。

实践出真知，实践长才干。一名教师，只有立足长远，勤于实践，在实践中探索，在探索中实践，才能逐步成为名师。所谓“真正的名师是在学校里、课堂里摔打出来的”，就是这个道理。

全国十杰教师刘可钦说：“一个教师只有经常地学习、积极地实践、自觉地反思与调整，用研究的眼光看待日常工作，才能从平凡的、司空见惯的事物中看出新的方向、新的特征、新的细节，才能在平凡的教学实践中寻找不平凡的感受，寻找教育的真谛。”

近年来，有专家在研究教师实践智慧及其养成，呼唤一种既可信又可爱的教师实践，期待“做一个实践智慧的拥有者”的教师形象。

事实上，一些名师已经具有这方面的形象。

可信的教师实践，就是目前绝大多数教师忙忙碌碌、埋头苦干的实践，它是一种行动上的教育；而可爱的教师实践则是专家们循循善诱、苦口婆心提倡的实践，它是一种思想上的教育。专家调查发现，时下不少教师实践可信有余、可爱不足。专家认为，教师实践要讲求合理性，单纯可信的教育或可爱的教育都不是理想的合理的教育，理想的合理的教育应是既可信又可爱的教育。

既可信又可爱的教师实践需要教师自我解惑，而自我解惑是需要教师实践智慧的；既可信又可爱的教师实践需要教师专业成长，而教师专业成长的内涵是教师实践智慧及其养成。

6. 名师在引领中成长

当今日的名师还是一般教师时，骨干教师对他们的引领就起着榜样和示范的作用，这种引领是知识上的引领，是身教的引领。在此基础上，他们往往能抓住机遇，登上发展的快船。专家引领他们“站得高些、钻得深些、看得远些”，引领他们提升理论高度，引领他们走向智慧实践。当一般教师成为骨干教师、成为名师时，他们往往又教学相长，在引领中，让青年教师有效成长，同时自身也在引领中得到不断提升。其实，名师的成长，是作为一般教师，在骨干教师的引领下不断进步，又在同伴互助的过程中走向骨干教师的，进一步他们又作为骨干教师引领一般教师，不断提升理念、拓展视野，进入教学的“真境界”，从而成为名师。

7. 名师在和谐中成长

和谐，是主客观的统一，是多样性、多方面的统一。名师的成长多在

"和谐"中。所谓和谐发展，一是指个体内部发展的各个方面彼此协调，互相支持；二是指个体发展与客观环境保持高度一致，而不是互相排斥。与自身和谐，就是人格魅力与学识魅力统一，自身内心和谐；与时代和谐，就是与政治多极化、经济全球化、信息网络化、文化多元化、人生学习化的时代特征相和谐；与自然和谐，就是生态文明与政治文明和谐，物质文明与精神文明和谐；与他人和谐，就是妥善处理好合作与竞争、师爱与师严、个体与集体等关系；与发展和谐，就是实现身心、事业、家庭的和谐，教育、教学、教研、竞赛、课外活动的和谐，拼搏、进取、休闲、娱乐的和谐。

8. 名师在创新中成长

名师在不断创新中成长。这里的创新，一是在观念上创新。名师往往从被动服从型向创新型发展，从礼让风格型向竞争型发展，从唯书唯上型向教学反思型发展，从独自教学型向对话教学型发展，从单纯教学型向教研结合型发展。二是在教学策略上创新。名师由重知识的传授向重学生发展转变，由重结果向重过程转变。三是在教学方式上的创新。传统教学是以教定学，让学生配合教师的教，我讲你听，先教后学，我问你答，我写你抄，教多少，学多少，怎么教，怎么学，不教，不学，这种单纯的灌输与接受的方式，完全扼杀了学生个性和创造性。名师考虑的往往是学生怎样学，教为学服务。四是在师生关系上创新。名师的课堂应是学生自主学习，师生情感交流、信息交流，师生共同质疑、释疑，学生个体表现、体验成功，师生共同感悟道理的地方。五是在自身能力上创新。名师往往强调课程的整合和开放性的教学，对教材不仅会用，还要会编，具有研究能力，会制作多媒体课件，使用电脑查阅有关资料并处理信息。

名师之名，贵在创新。

孔子的"有教无类"、"因材施教"、"不愤不启，不悱不发"，是创新；朱熹的"教必有法"、提倡"商讨式"教学，是创新；陶行知的"手脑并用"、"生活即教育"、"教学做合一"，是创新；斯霞的民主教学观、独特的语文教学观，是创新；魏书生与众不同的教育理念、别开生面的思想品德教育、独具一格的班级管理、独树一帜的语文教学，是创新；任小艾的"以爱动其心，以严导其行"，是创新；马芯兰的"为迁移而教"，是创新。

可见，名师一般都有很强的创新能力。创新，就是不因循守旧，不走老路，敢于言人所未言，见人所未见，其思维方式是发散性思维、求异性思维、逆向性思维和多角度思维。

中国教育缺什么？专家研究的结论之一，就是缺乏创新。而教育创新的关键，就是要培养一大批创新型教师。

名师的创新，是在继承基础上的创新，是基于实践基础上的创新。名师的成长过程就是伴随着创新出现的过程。只有这样，才能不断适应时代发展的新要求，在平凡的岗位上干出不平凡的业绩。

第四节　数学名师与精彩之解

如果先看我的一个教学课例，再读一篇我为一位数学名师的一本书写的序言，想必读者对真正的数学名师会有更深刻的认识。

1. 数学复习课案例：借题发挥

“不等式 $\frac{a+m}{b+m} > \frac{a}{b}$ 证明”的教学设计

“问题是数学的心脏。”学习数学，关键之一是学会解题。例题教学是数学教师的基本功，解题是数学教学中的“微观艺术”，任何艺术的精彩之处和感人之处，都正在于这“微观”之中。

例题教学既是帮助学生掌握概念、定理及其他数学知识的手段，又是使学生掌握数学思想、方法，形成技能、技巧以及培养学生数学能力的重要手段。

如何充分发掘、利用课本例题的价值，是数学教育工作者正在积极探索的一个热点问题。

基于此，我曾以一道课本上的习题为例，借题发挥，探索一题多解、一题多变、一题多用的价值，从而培养学生学会多层次、广视角、全方位地认识、研究问题，培养学生的创新意识和创新能力。

游戏引入：（1）师：“上课前，我们猜一条谜，谜面是‘考试不作弊’，猜一数学名词。”（2）有学生回答：“真分数。”师笑，说：“非常正确，那么，用‘考试作弊’猜一数学名词呢？”（3）全班学生异口同声答：“假分数。”（4）师：“很好，现在请大家任意写下一个真分数。”（5）师：“分子、分母分别加上同一个正数。”（6）师：“新的分数与原分数的大小关系怎样?”（7）学生得出结论：“一个真分数的分子和分母分别加上同一个正数后其值增大。”

引出问题：

已知 a、b、$m \in \mathbf{R}^+$，且 $a < b$，求证 $\frac{a+m}{b+m} > \frac{a}{b}$。

一题多解的教学价值

同一道数学题，从不同的思考角度可得到多种解题思路。广泛寻求多种解法，有助于拓宽解题思路，发展观察、想象、探察、探索、思维等能力。

证1（分析法）：课本中的证法，此处略。

证2（综合法）：能用分析法证明的题目，一般也能用综合法证明，要求学生“口证”。

证3（求差比较法）：

$\because$ a、b、$m \in \mathbf{R}^+$，$a<b$，

$\therefore$ $\frac{a+m}{b+m} - \frac{a}{b} = \frac{m(b-a)}{b(b+m)} >0$，

$\therefore$ $\frac{a+m}{b+m} > \frac{a}{b}$。

证4（求商比较法）：

$\frac{\text{左式}}{\text{右式}} = \frac{ab+bm}{ab+am}$，

$\because$ a、b、$m \in \mathbf{R}^+$，$a<b$，

$\therefore$ $bm>am$，$ab+bm>ab+am$，且右式 >0，

$\therefore$ $\frac{\text{左式}}{\text{右式}} >1$，$\therefore$ 左式 $>$ 右式。

证5（反证法）：

假设 $\frac{a+m}{b+m} \leqslant \frac{a}{b}$，

$\because$ a、b、$m \in \mathbf{R}^+$，

$\therefore$ $(a+m)\ b \leqslant a\ (b+m)$，即 $bm \leqslant am$，

$\therefore$ $b \leqslant a$，这与已知 $a<b$ 产生矛盾，

$\therefore$ 假设不成立，故 $\frac{a+m}{b+m} > \frac{a}{b}$。

证6（放缩法1）：

$\because$ a、b、$m \in \mathbf{R}^+$，且 $a<b$，

$\therefore$ $\frac{a}{b} = \frac{a(b+m)}{b(b+m)} = \frac{ab+am}{b(b+m)} < \frac{ab+bm}{b(b+m)} = \frac{a+m}{b+m}$。

证7（放缩法2）：

由条件可设 $\frac{a}{b} = \frac{m}{m+k}(k>0)$，由合分比定理及放缩法得

$\frac{a}{b} = \frac{a+m}{b+m+k} < \frac{a+m}{b+m}$。

证8（放缩法3）：

设 $a=k_1m, b=k_2m$，因为 a,b,m 都是正数，并且 $a<b$，所以 $0<k_1<k_2$，$\frac{1}{k_1} > \frac{1}{k_2}$。

从而 $\frac{a+m}{b+m} = \frac{a+\frac{a}{k_1}}{b+\frac{b}{k_2}} = \frac{a\left(1+\frac{1}{k_1}\right)}{b\left(1+\frac{1}{k_2}\right)} > \frac{a\left(1+\frac{1}{k_2}\right)}{b\left(1+\frac{1}{k_2}\right)} = \frac{a}{b}$，原式得证。

证9（构造函数法）：

构造函数 $f(x) = \frac{x+a}{x+b}$（$a<b$），

$\because$ $f(x) = 1-\frac{b-a}{x+b}$ 在 $[0,+\infty)$ 上是增函数，

$\therefore$ $f(x) > f(0)$，即 $\frac{a+m}{b+m} > \frac{a}{b}$。

注：利用函数单调性证明不等式具有优越性，高中实验教材已把微积分列入必修内容，用导数研究函数的单调性很方便，故对此法应予以高度重视。

证10（增量法）：

$\because$ $a<b$，$\therefore$ 可设 $b=a+\delta$（$\delta>0$），

则 $\frac{a}{b} = \frac{a}{a+\delta} = \frac{1}{1+\frac{\delta}{a}} < \frac{1}{1+\frac{\delta}{a+m}} = \frac{a+m}{a+m+\delta} = \frac{a+m}{b+m}$。

证11（定比分点法）：

由 $\frac{a+m}{b+m}=\frac{\frac{a}{b}+\frac{m}{b}\cdot 1}{1+\frac{m}{b}}$ 可知，$\frac{a+m}{b+m}$ 分 $\frac{a}{b}$ 与 1 为定比 $\lambda=\frac{m}{b}>0$，

所以，$\frac{a+m}{b+m}$ 在 $\frac{a}{b}$ 与 1 之间（内分点）。

$\therefore \frac{a}{b}<\frac{a+m}{b+m}<1$。

证 12（斜率法 1）：

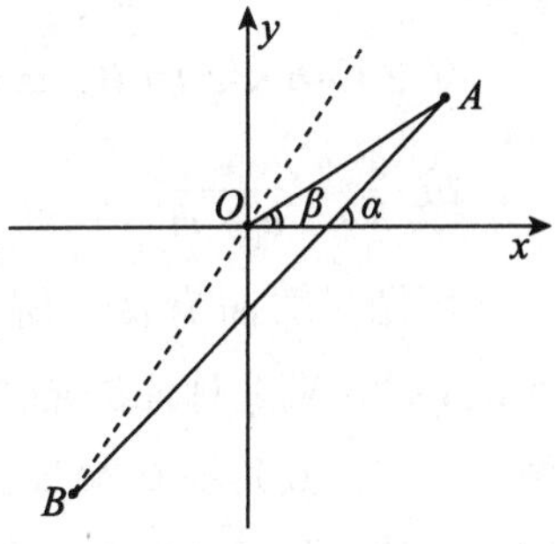

如图 1-2，在直角坐标系中，$\frac{a+m}{b+m}=\frac{a-(-m)}{b-(-m)}$ 表示经过 $A(b,a)$ 和 $B(-m,-m)$ 两点所在直线的斜率，设其倾斜角为 α，

图 1-2

而 $\frac{a}{b}=\frac{a-0}{b-0}$ 表示点 $A(b,a)$ 和原点 $O(0,0)$ 所在直线的斜率，设其倾斜角为 β，如图 1-2，

由 $a<b$ 可知 A、B、O 三点不共线，且 A 点在直线 OB 的下方，所以有 $0<\beta<\alpha<\frac{\pi}{4}$，

故 $\tan\beta<\tan\alpha$，即 $\frac{a-0}{b-0}<\frac{a-(-m)}{b-(-m)}$。

因此，$\frac{a+m}{b+m}>\frac{a}{b}$。

证 13（斜率法 2）：

如图 1-3，在直角坐标系中，设 $A(b,a)$，$B(m,m)$，

则 AB 的中点 $C\left(\frac{b+m}{2},\frac{a+m}{2}\right)$，

由于 OA、OB、OC 三线的斜率满足 $k_{OA}<k_{OC}<k_{OB}$，故得 $\frac{a}{b}<\frac{a+m}{b+m}<1$。

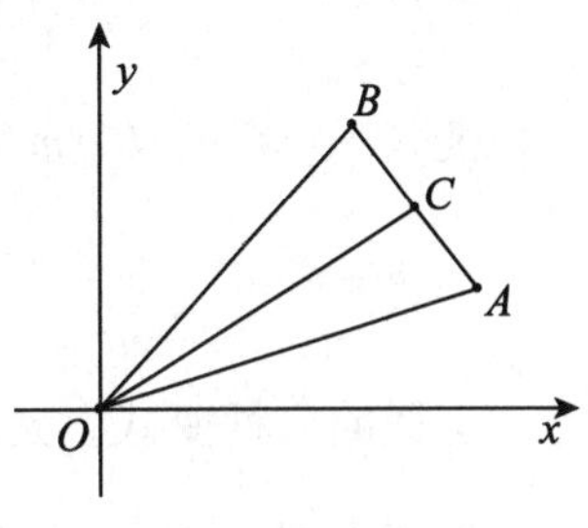

图 1-3

证 14（几何模型法）：

如图 1-4，在直角三角形 ABC 中，

$\angle B=90°$，$BC=a$，$AB=b$，延长 BA，使 $CD=AE=m$，

设 CA、DE 交于 F，则有 $\tan\angle DEB=\frac{a+m}{b+m}$，$\tan\angle CAB=\frac{a}{b}$，

$\because \angle CAB<\angle DEB$，$\tan\angle CAB<\tan\angle DEB$。

故 $\frac{a}{b}<\frac{a+m}{b+m}$。

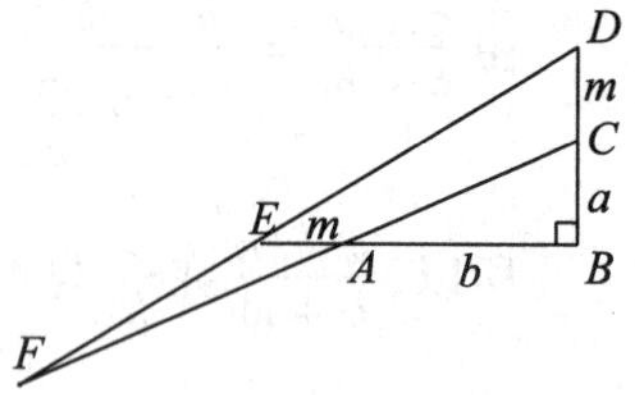

图 1-4

可见，解需有法，解无定法。大法必依，小法必活。前 8 种证法是大法，必须牢牢依靠；后 6 种证法是小法，要会灵活应用。尤其是后 6 种证法，我们在"意料之外"和"令人震惊"之中，又一次体验到了数学的神奇、数学的美！

一题多变的教学价值

数学解题教学应突出探索活动，而且探索活动不应停留在对原习题的解法的探索上，而应适当地对原习题进行深层的探索，挖掘出更深刻的结论。这就是数学教学中的变式艺术。变式，是一种探索问题的方法，也是一种值得提倡的学习方法，它可以激发学生学习数学的兴趣，有效地提高学生的数学水平。

变式 1：若 a、b、$m\in\mathbf{R}^{+}$，且 $a>b$，则 $\frac{a+m}{b+m}<\frac{a}{b}$。

变式 2：若 a、b、$m\in\mathbf{R}^{+}$，且 $a<b$，则 $\frac{b+m}{a+m}<\frac{b}{a}$。

变式 3：若 a、b、$m\in\mathbf{R}^{+}$，且 $a<b$，$a>m$，则 $\frac{a-m}{b-m}<\frac{a}{b}$。

变式 4：若 a、b、m、$n\in\mathbf{R}^{+}$，$a<b$，$n<m$，则 $\frac{a+n}{b+n}<\frac{a+m}{b+m}$。

变式 5：若 a、b、m、$n\in\mathbf{R}^{+}$，$a>b$，$n<m$，则 $\frac{a+n}{b+n}>\frac{a+m}{b+m}$。

上面的 5 种变式，是通过类比、猜想得到的，但仍然让人感到意犹未尽。能否再挖掘挖掘，从证明过程知 $\frac{a}{b}<\frac{a+m}{b+m}<\frac{m}{m}=1$。这是不是一般的规律呢？联想到等比定理，进一步猜想，可得变式 6。

变式 6：若 a_1、a_2、b_1、$b_2\in\mathbf{R}^{+}$，且 $\frac{a_1}{b_1}<\frac{a_2}{b_2}$，则 $\frac{a_1}{b_1}<\frac{a_1+a_2}{b_1+b_2}<\frac{a_2}{b_2}$。

作进一步的推广，可得变式7。

变式7：若 a_i、$b_i \in \mathbf{R}^+ (i=1, 2, \cdots, n)$，且 $\frac{a_1}{b_1} < \frac{a_2}{b_2} < \cdots < \frac{a_n}{b_n}$，则 $\frac{a_1}{b_1} < \frac{a_1+a_2+\cdots+a_n}{b_1+b_2+\cdots+b_n} < \frac{a_n}{b_n}$。

猜想正确吗？回答是肯定的。事实上，设 $\frac{a_1}{b_1}=k$，则 $a_2>kb_2$，$a_3>kb_3$，…，$a_n>kb_n$，求和 $a_1+a_2+\cdots+a_n>k(b_1+b_2+\cdots+b_n)$，则 $\frac{a_1}{b_1}=k<\frac{a_1+a_2+\cdots+a_n}{b_1+b_2+\cdots+b_n}$，右端不等式类似证明。

有学生给出另一证法：

由题设知，存在 $\sqrt{1}$，$\sqrt{2}$，…，$\sqrt{n-1}\in\mathbf{R}^+$，使得 $\frac{a_1+\sqrt{1}}{b_1}=\frac{a_n}{b_n}$，$\frac{a_2+\sqrt{2}}{b_2}=\frac{a_n}{b_n}$，…，$\frac{a_{n-1}+\sqrt{n-1}}{b_{n-1}}=\frac{a_n}{b_n}$，$\frac{a_n}{b_n}=\frac{a_n}{b_n}$。

由此例性质，得 $\frac{a_1+a_2+\ldots+a_n+\sqrt{1}+\sqrt{2}+\cdots+\sqrt{n-1}}{b_1+b_2+\ldots+b_n}=\frac{a_n}{b_n}$，

故有，$\frac{a_1+a_2+\cdots+a}{b_1+b_2+\cdots+b_n}<\frac{a_1+a_2+\cdots+a_n+\sqrt{1}+\sqrt{2}+\cdots+\sqrt{n-1}}{b_1+b_2+\cdots+b_n}=\frac{a_n}{b_n}$，左端不等式可类似证明。

再进一步探索，可得变式8，且知变式1至变式7均为变式8的特例。

变式8：在变式7的条件下，有

$$\frac{a_1}{b_1}<\frac{a_1+a_2}{b_1+b_2}<\cdots<\frac{a_1+a_2+\cdots+a_n}{b_1+b_2+\cdots+b_n}<\frac{a_2+\cdots+a_n}{b_2+\cdots+b_n}<\frac{a_{n-1}+a_n}{b_{n-1}+b_n}<\frac{a_n}{b_n}。$$

上述发现问题、解决问题、触类旁通、开拓创新的过程，就是数学的思维过程。

引申、推广，就是找出一些特殊问题中所蕴涵的事物发展的规律性，从而得到更广泛的新结论。这种教学设计无疑增强了学生探求未知世界的信心和勇气，使他们体会到成功的喜悦和创造性工作的欢乐。

一题多用的数学价值

教学例题大多有其广泛的应用价值。一题多解，实现了由点到线的变化；一题多用，又产生了线扩大到面的变化；而借题发挥，则进一步实现了由面到体的变化。这样，例题教学便可多层次、广视角、全方位地进行研究与拓展，充分发挥潜能。

应用1：请写出$\frac{1}{2}$与1之间的所有分母不大于10的分数。

分析：$\frac{1}{2}<1$，$\frac{1}{2}<\frac{2}{3}<1$，$\frac{1}{2}<\frac{1+2}{2+3}<\frac{2+1}{3+1}<1$，即$\frac{1}{2}<\frac{3}{5}<\frac{2}{3}<\frac{3}{4}<1$，

仿此继续下去，可得

$\frac{1}{2}<\frac{5}{9}<\frac{4}{7}<\frac{3}{5}<\frac{5}{8}<\frac{2}{3}<\frac{7}{10}<\frac{5}{7}<\frac{3}{4}<\frac{7}{9}<\frac{4}{5}<\frac{5}{6}<\frac{6}{7}<\frac{7}{8}<\frac{8}{9}<\frac{9}{10}<1$。

应用2：（1989年广东高考题）若$0<m<b<a$，则不等式成立的是(　　)

A. $\cos\frac{b+m}{a+m}<\cos\frac{b}{a}<\cos\frac{b-m}{a-m}$　　B. $\cos\frac{b}{a}<\cos\frac{b-m}{a-m}<\cos\frac{b+m}{a+m}$

C. $\cos\frac{b-m}{a-m}<\cos\frac{b}{a}<\cos\frac{b+m}{a+m}$　　D. $\cos\frac{b+m}{a+m}<\cos\frac{b-m}{a-m}<\cos\frac{b}{a}$

分析：由于$0<m<b<a$，易知$\frac{b-m}{a-m}<\frac{b}{a}<\frac{b+m}{a+m}<1$，

由余弦函数的单调性得$\cos\frac{b+m}{a+m}<\cos\frac{b}{a}<\cos\frac{b-m}{a-m}$，故选A。

应用3：在a克糖和$b-a$克水中，加入m克糖，糖水都变甜吗？

分析：由命题显然有$\frac{a}{b}<\frac{a+m}{b+m}$，说明糖水变得更甜了。类似地，在变式7的条件下，浓度为$\frac{a_1}{b_1}$和$\frac{a_2}{b_2}$的两种糖水混合后，比“淡”的更“甜”，比“甜”的更“淡”。

应用4：建筑学规定，民用住宅的窗户面积必须小于地面面积。但关于采光的标准，窗户面积与地板面积的比值应不小于10%，并且这一比值越大，住宅的采光条件越好。如同时增加相等的窗户面积和地面面积，住宅的

采光条件是变好了还是变坏了？

分析：设窗户的面积为 S_1，地面积为 S_2，增加的面积为 S_0，显然有 $\frac{S_1}{S_2}<\frac{S_1+S_0}{S_2+S_0}$，说明住宅的采光条件变得更好了。

应用 5：（1998 高考）求证：$\left(1+\frac{1}{3}\right)\left(1+\frac{1}{5}\right)\cdots\left(1+\frac{1}{2n-1}\right)>\frac{\sqrt{2n+1}}{2}$（$n\in\mathbf{N}$，$n\geqslant 2$）。

分析：$\frac{4}{3}>\frac{5}{4}$，$\frac{6}{5}>\frac{7}{6}$，…，$\frac{2n}{2n-1}>\frac{2n+1}{2n}$。

设 $x=\frac{4}{3}\cdot\frac{6}{5}\cdot\cdots\cdot\frac{2n}{2n-1}=$左式，$y=\frac{5}{4}\cdot\frac{7}{6}\cdot\cdots\cdot\frac{2n+1}{2n}$，

则 $x>y$，$x^2>xy=\frac{2n+1}{3}>\frac{2n+1}{4}$，$\therefore x>\frac{\sqrt{2n+1}}{2}$。

应用 6：求证：$2\cdot\frac{6}{5}\cdot\frac{10}{9}\cdot\cdots\cdot\frac{4n-2}{4n-3}>\sqrt[4]{4n+1}$（$n\in\mathbf{N}$）。

分析：设

$$A=2\cdot\frac{6}{5}\cdot\frac{10}{9}\cdot\cdots\cdot\frac{4n-2}{4n-3},B=\frac{3}{2}\cdot\frac{7}{6}\cdot\frac{11}{10}\cdot\cdots\cdot\frac{4n-1}{4n-2},$$

$$C=\frac{4}{3}\cdot\frac{8}{7}\cdot\frac{12}{11}\cdot\cdots\cdot\frac{4n}{4n-1},D=\frac{5}{4}\cdot\frac{9}{8}\cdot\frac{13}{12}\cdot\cdots\cdot\frac{4n+1}{4n}。$$

则 $A>B>C>D>0$，$\therefore A^4>ABCD=4n+1$，即 $A>\sqrt[4]{4n+1}$。

故有 $2\cdot\frac{6}{5}\cdot\frac{10}{9}\cdot\cdots\cdot\frac{4n-2}{4n-3}>\sqrt[4]{4n+1}$。

应用 7：求证：$\frac{A+a+B+b}{A+a+B+b+c+r}+\frac{B+b+C+c}{B+b+C+c+a+r}>\frac{A+a+C+c}{A+a+C+c+b+r}$。其中所有的字母都是正数。

分析：这是波兰数学家斯坦因豪斯所编《100 个数学问题》（陈诠译，上海教育出版社出版）中的第 12 题。解答步骤很繁琐，但若对不等式 $\frac{a+m}{b+m}>\frac{a}{b}(0<a<b,m>0)$ 敏感，则可以有简捷的解法。

$$左式 > \frac{A+a}{A+a+c+r} + \frac{C+c}{C+c+a+r}$$

$$> \frac{A+a}{A+a+c+r+C} + \frac{C+c}{C+c+a+r+A}$$

$$= \frac{A+a+C+c}{A+a+C+c+r}$$

$$> \frac{A+a+C+c}{A+a+C+c+r+b}。$$

布置作业

1. 不通分，比较 $\frac{2}{3}$ 与 $\frac{5}{7}$ 的大小；

2. 求证：$\frac{|a+b|}{1+|a+b|} \leqslant \frac{|a|}{1+|a|} + \frac{|b|}{1+|b|}$；

3. 求证：$\frac{1}{2} \cdot \frac{3}{4} \cdot \frac{5}{6} \cdot \cdots \cdot \frac{99}{100} < \frac{1}{10}$；

4. 设 $0 < \alpha_1 < \alpha_2 < \cdots < \alpha_n < \frac{\pi}{2}$，求证：$\tan\alpha_1 < \frac{\sin\alpha_1 + \sin\alpha_2 + \cdots \sin\alpha_n}{\cos\alpha_1 + \cos\alpha_2 + \cdots + \cos\alpha_n} < \tan\alpha_n$；

5. 求证：$\frac{3}{2} \cdot \frac{6}{5} \cdot \frac{9}{8} \cdot \cdots \cdot \frac{3n}{3n-1} > \sqrt[3]{\frac{3n+2}{2}}$（$n \in \mathbf{N}$）；

6. 已知 a、b、c 为一个三角形的三条边，求证：$\frac{c}{a+b} + \frac{a}{b+c} + \frac{b}{c+a} < 2$；

7. （2001 年全国高考题）已知 i，m，$n \in \mathbf{N}$，且 $1 < i \leqslant m < n$，证明：$n^i P_m^i < m^i P_n^i$。

附作业解答

1. $\frac{2}{3} = \frac{4}{6} < \frac{4+1}{6+1} = \frac{5}{7}$。

2. 设 $m = |a| + |b| - |a+b| \geqslant 0$，则 $\frac{|a+b|}{1+|a+b|} \leqslant \frac{|a+b|+m}{1+|a+b|+m}$

$$= \frac{|a|+|b|}{1+|a|+|b|} = \frac{|a|}{1+|a|+|b|} + \frac{|b|}{1+|a|+|b|} \leqslant \frac{|a|}{1+|a|} + \frac{|b|}{1+|b|}。$$

3. 设 $p=\frac{1}{2}\cdot\frac{3}{4}\cdot\cdots\cdot\frac{99}{100}, q=\frac{2}{3}\cdot\frac{4}{5}\cdot\cdots\cdot\frac{100}{101}, p<q, p^2<pq=\frac{1}{101}$ $<\frac{1}{100}$，

$\therefore p<\frac{1}{10}$。

4. 与变式 7 的证法类似。

5. 与应用 6 的证法类似。

6. 由 $0<c<a+b$，有 $\frac{c}{a+b}<\frac{c+c}{(a+b)+c}=\frac{2c}{a+b+c}$，

同理有 $\frac{a}{b+c}<\frac{2a}{a+b+c}, \frac{b}{c+a}<\frac{2b}{a+b+c}$。

因此得到 $\frac{c}{a+b}+\frac{a}{b+c}+\frac{b}{a+c}<\frac{2c+2a+2b}{a+b+c}=2$。

7. 只需证 $\frac{p_m^i}{p_n^i}<\left(\frac{m}{n}\right)^i$，即证 $\frac{m(m-1)(m-2)\cdots(m-i+1)}{n(n-1)(n-2)\cdots(n-i+1)}<\left(\frac{m}{n}\right)^i$，

$\because \frac{m}{n}=\frac{m}{n}, \frac{m-1}{n-1}<\frac{m}{n}, \frac{m-2}{n-2}<\frac{m}{n}, \cdots, \frac{m-i+1}{n-i+1}<\frac{m}{n}$，求积得证。

2. 数学名师与精彩之解

多年前的一个台风之夜，我在厦门一中对面的闽侨大厦见到了王淼生老师。他代表九江一中来福州参加闽浙赣数学竞赛活动，我特地邀请这位金牌教练来厦门一中参观，希望他能加盟厦门一中团队。

瘦小，拘谨，朴素，是他给我的第一印象。交谈中得知，他之所以想来厦门，是希望为他唯一的孩子——一个弱智儿，在这里找到他所期望的教育机会。

虽是金牌教练，而且我很欣赏这位老师，但要来厦门一中工作，他还是要参加笔试、试教和面试。爱才心切的我，一时找不到合适的机会提及这件事，便把我的著作《中学数学解题百技巧》送给他，并在扉页上写道：“诚邀天下英才，共创一中伟业。”

王老师痴迷地进入书中数学的抽象世界，也不搭理我们，屋里极为安静，唯闻屋外愈发猛烈的风雨声。忽然间，王老师激动了，说他就希望能有这样一本书，并主动表示：“任校长，我明天就上课，参加笔试、面试。”

第二天，王老师借班上课，我早早地等在班里准备听课。听了十几分钟，我就决定要引进这位数学金牌教练——数学教师就应该是这个样子！

课后，班级掌声四起，学生觉得，听这样的数学课，是一种美的享受，是一次智慧之旅。

几经周折，半年后王老师融入了厦门一中团队。

刚来厦门时，两地的文化差异让王老师一时难以适应。王老师忧心忡忡，我也深感焦虑。

一日，王老师带儿子到学校篮球馆看我们打球，看了不一会儿，他也抓起球来玩儿，真没想到，王老师篮球基本功不错！我便邀请他加入球队。

每周两次的球队活动，让王老师有了一个与大家交流的机会。打着打着，王老师打出了与同事们的友谊，打出了他的阳光心态，融入了一中的球队文化。

就这样，在大家的帮助下，王老师终于“水土相服”了，他不仅带出了一个特别优秀的班级，还带出了厦门一中久违的两块数学金牌。

王老师适应、融入厦门一中，我不敢说一定就是打篮球打出来的，但打篮球一定是其中一项重要因素。

回想我和王老师的交往，有几件事让我印象特别深刻。

第一件事，源于厦门中招等级划分。

近年来的中考，厦门市物理、化学和政治采用划分等级制，每个学科划分 A、B、C、D 四个等级，不计较学科排序，可划分出 AAA，AAB，…，DDD 各类等级。

究竟有多少种不同的等级？这显然可以转化为一个数学问题。但怎样用数学方法解决呢？

就此问题，我问厦门市招生考试中心的同志：“你们是怎么得出 20 种这个结果的？”他们说：“硬排呗，从 AAA，AAB，……排到 DDD。”我点点头，又问数学老师，大多数老师想了想，回答说：“应该用分类法算。”

解答如下：

按位置排序计算。

第一位选 A，第二位有 4 种不同的排法。

第二位选 A，第三位有 4 种不同的排法；

第二位选 B，第三位有 3 种不同的排法；

第二位选 C，第三位有 2 种不同的排法；

第二位选 D，第三位有 1 种不同的排法。

故，第一位选 A 时，共有 $4+3+2+1=10$ 种不同的排法。

同理，第一位选 B，共有 $3+2+1=6$ 种不同的排法；

第一位选 C，共有 $2+1=3$ 种不同的排法；

第一位选 D，共有 1 种不同的排法。

以上 4 个结果相加，总共有 $10+6+3+1=20$ 种不同的排法。

但绝大多数老师对此没有给出更多的解法，更没有把问题一般化。

一次，打完球后，大家在球馆外的台阶上休息。我就这个问题试着问王老师，他想了想，说了上面的那种解法，我问："还有不同的解法吗?"旁边一位数学老师说："没有纸和笔，不好算。"王老师好像没听到，想了想，又说："可按字母分类解答。"

口述如下：按字母分类计算。

选一个字母，共有 C_4^1 种不同的排法；选两个字母，其中一个字母必用两次，共有 $2\cdot C_4^2$ 种不同的排法；选三个字母，共有 C_4^3 种不同的排法。

故，共有 $C_4^1+2\cdot C_4^2+C_4^3=20$ 种不同的排法。

我称赞"好"！之后开车回家。不久，手机接到短信，是王老师发的，只见几行小字映入眼帘。

用排除法：共有 $4^3-5\cdot C_4^3-4\cdot C_4^2=20$ 种不同的排法。(请读者想一想，为什么?)

我高兴地回复："好！好！"

车开到楼下时，短信又来了，又是王老师发的："校长，我有新解法。"短信显示的几乎是数学文字：

设选 A 的有 X_1 种，选 B 的有 X_2 种，选 C 的有 X_3 种，选 D 的有 X_4 种，有

$X_1+X_2+X_3+X_4=3$,

$(X_1+1)+(X_2+1)+(X_3+1)+(X_4+1)=7$,

设 $X_i+1=Y_i, i=1,2,3,4$,

有 $Y_1+Y_2+Y_3+Y_4=7, Y_i\in\mathbf{N}^+, i=1,2,3,4$。

问题转化为求方程 $Y_1+Y_2+Y_3+Y_4=7$ 的正整数解。

用“隔板法”解决：

设有 7 个小球，用三块板来隔，如图1-5。

图 1-5

至少要“隔”出一个球，有 6 个缝，故共有 $C_6^3=20$ 种不同的排法。

我激动不已，打电话过去，连说：“好！好！好！”

不一会儿，短信又来了，还是王老师发的。

“校长，这个问题我彻底解决了！发你邮箱。”

我立即打开电脑，刚打开邮箱，王老师的邮件也恰好发到。

推广：设有 m 个学科，每个学科有 n 个等级，不计较学科排序，共有多少种不同的排法？

解决：设选每个等级为 $X_1,X_2,\cdots,X_n$，则有

$X_1+X_2+\cdots+X_n=m$,

有 $(X_1+1)+(X_2+1)+\cdots+(X_n+1)=m+n$,

设 $X_i+1=Y_i, i=1,2,\cdots,n$,

则 $Y_1+Y_2+\cdots+Y_n=m+n, Y_i\in\mathbf{N}^*, i=1,2,\cdots,n$。

类似地，用“隔板法”，计算得共有 C_{m+n-1}^{n-1} 种不同的排法。

我立刻给王老师回复：“把一个实际问题数学化，是数学教师的基本素质；把一个数学问题一般化，是数学教师的基本功。数学教师的研究性备课，当从这个方面开始。你是最优秀的数学教师，你让我看到了什么是真正的专业功底，数学教师都要向你学习！”

我一边洗澡，一边计算着“数学遭遇”的时段：大约 6 分钟后，给出按字母分类解法；又过了 6 分钟，给出排除法解法；又过了 7 分钟，给出隔板法；又过了 9 分钟，给出一般性解答。前后一共 28 分钟，给出四种解答方法，还包括从球馆到王老师家的 500 米路程和发短信、发邮件花费的时间。正当我惊叹时，我忽然想到：“王老师换下湿衣服了吗？”

后来，我的另一位朋友、数学老师张远南高兴地说，王老师的“彻底解法”暗合了可重复组合问题，即 n 个不同元素的 m 次可重复组合数为 $H_n^m=C_{m+n-1}^{m}=C_{m+n-1}^{n-1}$。

第二件事，源于我的一节公开课。

我有一节被数学教育界颇为称道的数学复习课“借题发挥”，即利用数学课本上一道简单的不等式证明题，给出一题多解，引导一题多变，巧妙一题多用。许多数学老师听过我的这节数学课，都予以好评；应编辑部约稿，我将课例整理后拿去发表，赞语颇多。

那节数学课的内容是关于“不等式 $\frac{a+m}{b+m} > \frac{a}{b}$ 证明”的教学。

我充分利用一题多解的教学价值，绞尽脑汁，给出了这道题的十四种解法，即分析法、综合法、求差比较法、求商比较法、反证法、放缩法 1、放缩法 2、放缩法 3、构造函数法、增量法、定比分点法、斜率法 1、斜率法 2、几何模型法，而且自以为已经是登峰造极了。

王老师读到我写的关于这个不等式的“一题多解”后，忽然发现这道题还有新的解法，出于学术探讨和完善这道题的解法的目的，王老师发来了他的新解——证法 15。

证法 15：如图 1-6，在△ABC 中，利用正弦定理，得到

$$\frac{b}{\sin\angle 1} = \frac{a}{\sin\angle 2} \Rightarrow \frac{a}{b} = \frac{\sin\angle 2}{\sin\angle 1},$$

同理可得 $\frac{a+m}{b+m} = \frac{\sin\angle 3}{\sin\angle 4}$，

由图易知 $\angle 2 < \angle 3$，得到 $\sin\angle 2 < \sin\angle 3$，

由图易知 $\angle 1 > \angle 4$，得到 $\frac{1}{\sin\angle 1} < \frac{1}{\sin\angle 4}$，

于是得到 $\frac{\sin\angle 2}{\sin\angle 1} < \frac{\sin\angle 3}{\sin\angle 4}$，即 $\frac{a}{b} < \frac{a+m}{b+m}$，

即 $\frac{a+m}{b+m} > \frac{a}{b}$。

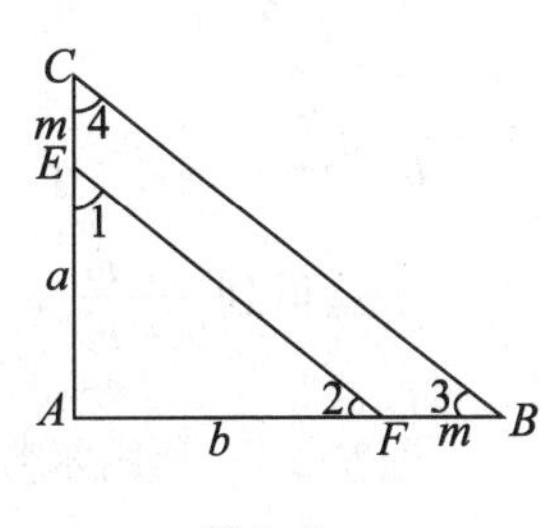

图 1-6

不久，王老师又陆续给出同一题的另外 11 种解法。

证法 16：利用三角形相似，在 △ABC 的边 AC、AB 上分别取 E 、F，

使 $AE=a$，$AF=b$，$EC=FB=m$，延长 EF、CB 并相交于 D，如图 1-7，过 B 作 $BG \parallel EF$，且

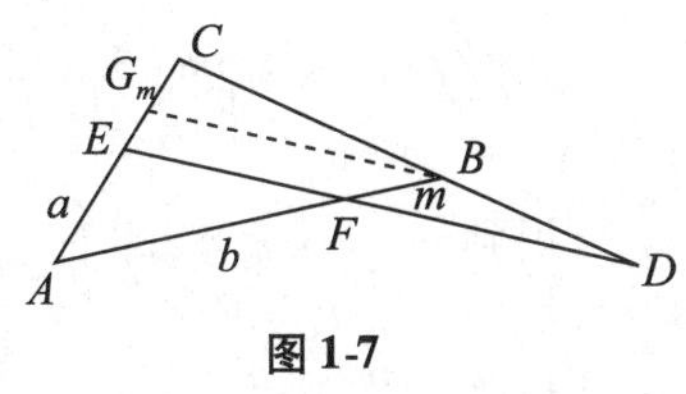

图 1-7

交线段 EC 于 G，显然 $\triangle AEF \backsim \triangle AGB$，

则 $\dfrac{a}{b}=\dfrac{AG}{AB}=\dfrac{AE+EG}{b+m}=\dfrac{a+EG}{b+m}<\dfrac{a+EC}{b+m}=\dfrac{a+m}{b+m}$，

故 $\dfrac{a+m}{b+m}>\dfrac{a}{b}$。

证法 17：换元法，由已知 $b>a>0$，令 $b=\lambda a\ (\lambda>1)$，

则 $\dfrac{a+m}{b+m}=\dfrac{a+m}{\lambda a+m}>\dfrac{a+m}{\lambda a+\lambda m}=\dfrac{a+m}{\lambda(a+m)}$

$=\dfrac{1}{\lambda}=\dfrac{a}{b}$，

故 $\dfrac{a+m}{b+m}>\dfrac{a}{b}$。

证法 18：双换元法，令 $\lambda_1=\dfrac{a+m}{b+m}$，$\lambda_2=\dfrac{a}{b}$，显然 λ_1、$\lambda_2\in(0,1)$，

则 $a=\lambda_2\cdot b$，代入得到 $\lambda_1=\dfrac{\lambda_2\cdot b+m}{b+m}$，推出 $(\lambda_1-\lambda_2)\cdot b=(1-\lambda_1)\cdot m>0$，

即 $\lambda_1>\lambda_2$，故 $\dfrac{a+m}{b+m}>\dfrac{a}{b}$。

证法 19：综合法及放缩法，

$1-\dfrac{a}{b}=\dfrac{b-a}{b}=\dfrac{(b+m)-(a+m)}{b}>\dfrac{(b+m)-(a+m)}{b+m}=$

$1-\dfrac{a+m}{b+m}$，

于是得到 $\dfrac{a+m}{b+m}>\dfrac{a}{b}$。

证法 20：利用函数的定义域与值域之间的关系。令 $t=\dfrac{a+m}{b+m}$，得到 $m=$

$\dfrac{a-bt}{t-1}$，

由题意 $m>0$，即 $\dfrac{a-bt}{t-1}>0$，

得到 $\dfrac{a}{b}<t<1$，即 $\dfrac{a}{b}<\dfrac{a+m}{b+m}$，

故 $\dfrac{a+m}{b+m}>\dfrac{a}{b}$。

证法 21：利用椭圆的离心率。我们知道：对于椭圆 $E:\frac{x^2}{b}+\frac{y^2}{a}=1(b>a>0)$，其离心率 e_1 与$\frac{a}{b}$ 成反比，又椭圆 $F:\frac{x^2}{b+m}+\frac{y^2}{a+m}=1$ $(b>a>0,\ m>0)$，其离心率为 e_2，显然离心率 $e_2<e_1$，

故 $\frac{a+m}{b+m}>\frac{a}{b}$。

证法 22：利用双曲线的离心率。我们知道：对于双曲线 $\frac{x^2}{a^2}-\frac{y^2}{b^2}=1$ 来说，其"张口"大小与离心率 e 成正比，而离心率 e 与 $\frac{a}{b}$ 成反比，于是构造：

双曲线 $E:\frac{x^2}{b-a}-\frac{y^2}{a}=1$，双曲线 $F:\frac{x^2}{b-a}-\frac{y^2}{a+m}=1$，

显然双曲线 F 比双曲线 E 的"张口"大，于是得到 $\frac{b-a}{a+m}<\frac{b-a}{a}$，

化简，易得 $\frac{a+m}{b+m}>\frac{a}{b}$。

证法 23：利用函数的图像，显然当 $x>0$ 时，

函数 $f(x)=ax+ab=a\cdot(x+b)$ 的图像恒在 $g(x)=bx+ab=b\cdot(a+x)$ 的图像下方，

又 $b>a$，$m>0$，

故 $f(m)<g(m)$，

于是 $a\cdot(m+b)<b\cdot(m+a)$，

故 $\frac{a+m}{b+m}>\frac{a}{b}$。

证法 24：利用两条直线的位置关系。我们知道：两条不重合的直线至多有一个交点，于是构造直线 $l_1:y=\frac{a}{b}x$；直线 $l_2:y=\left(\frac{a+m}{b+m}\right)x$，显然，直线 l_1 与直线 l_2 交于原点，所以直线 l_1 与直线 l_2 在第一象限再也没有交点，也就是说，直线 l_1 与直线 l_2 在第一象限的图像必然有一条恒在上方，令 $x=\frac{b}{a}$，代入得到 $y_1=1$，$y_2=\frac{a+m}{b+m}\cdot\frac{b}{a}=\frac{ab+bm}{ab+am}>1$，

于是直线 l_2 恒在直线 l_1 的上方，故 $\frac{a+m}{b+m} > \frac{a}{b}$。

证法 25：利用矩形的面积。如图 1-8 所示，$S_{AMHG} + S_{HGFE} = S_{AMEF} = m \cdot (a+m)$

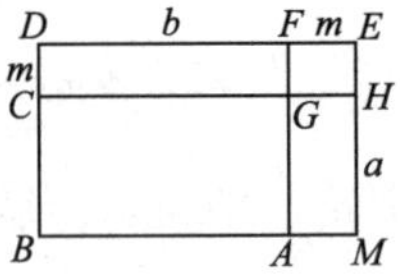

$S_{CDFG} + S_{HGFE} = S_{CDEH} = m \cdot (b+m)$，

由已知 $b > a > 0$，

得到 $S_{AMHG} < S_{CDFG}$，

即 $S_{AMHG} + S_{ABCG} < S_{CDFG} + S_{ABCG}$，

故 $S_{BCHM} < S_{ABDF}$，

即 $a \cdot (b+m) < b \cdot (a+m)$，

故 $\frac{a+m}{b+m} > \frac{a}{b}$。

图 1-8

证法 26：利用定积分在面积方面的应用。显然当 $x>0$ 时，函数 $f(x) = \frac{1}{x}$ 是减函数，见图 1-9曲边四边形 $ABCD$ 的面积大于曲边四边形 $EFGH$ 的面积，

又由定积分的几何意义可得

$$\int_a^b \frac{1}{x}\,dx > \int_{a+m}^{b+m} \frac{1}{x}\,dx \Rightarrow \ln\frac{b}{a} > \ln\frac{b+m}{a+m} \Rightarrow \frac{b}{a} > \frac{b+m}{a+m},$$

即 $\frac{a}{b} < \frac{a+m}{b+m}$，故 $\frac{a+m}{b+m} > \frac{a}{b}$。

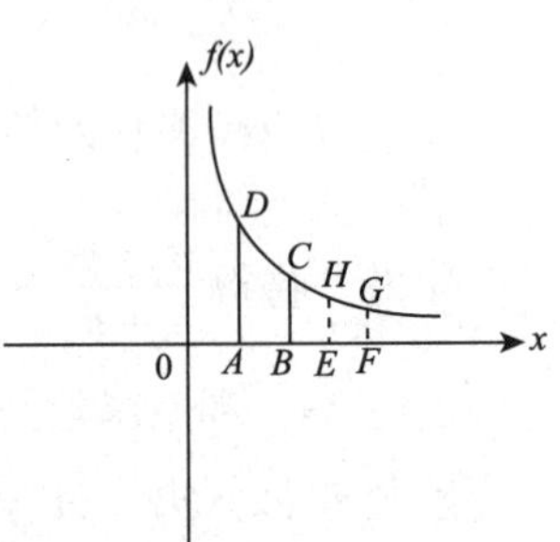

图 1-9

我暗暗惊喜。惊的是看似已经空索枯肠的解法，王老师还竟能再找出 12 种新的解法，不可谓不绝！喜的是有了这 12 种新的解法，这道题的证法就有 26 种了，我今后再上这节课，也就更加从容而自信了！

第三件事，源于我的调离。

2006 年 10 月，我主持完厦门一中百年校庆后，到厦门市教育局履新，一中有不少教师舍不得我离开，王老师就是其中的一位。

“确实舍不得您离开！您永远是我心目中的校长！去年今天认识您，今年的今天您却要调离了！真诚感谢您一年来对我们全家无微不至的关心和爱护！也许我这一生无力报答您，等到您年纪大了，我一定陪您散步；当您身体不舒服时，我一定陪您上医院。真诚感谢您！”这是王老师当时发给我的短信，一般人是不会这样发短信的。但我能读懂这样的短信，而且是红着眼圈读完的。

我对王老师说，今后有什么困难、有什么想法，就找我，一定不要客气。

就这样，王老师成了我家的常客。我们谈论数学，谈论数学竞赛，谈论数学教育，谈论数学文化，谈论数学名家大师，也谈论厦门教育，谈论厦门城市文化，谈论篮球。

当然，谈论最多的还是数学解题。那是我的喜好，更是他的追求。谈着谈着，忽然间他觉得可以把他对数学各类题型的巧妙解法汇集起来，我就鼓励他编书。我们想了好几个书名，比如《数学解题：新、奇、趣、巧》，《原来数学如此精彩》，《高中数学精彩解题100例》，最后定为现在的书名——《数学百题 精彩千解》。

记得是2006年7月底说到写书的事，那年国庆长假时，王老师告诉我，书快写完了。

“十一”之后的一个周六，王老师把书稿带来了，嘱我写序。100题，打印用了550页A4纸，有300张图，还附有光盘。在王老师交来的书稿面前，我再一次为王老师的勤奋、睿智、毅力所折服。

王老师把书写出来了，我的任务是写序。关于序言的标题，我想了好几个，比如《为师当如王森生》，《精彩之师的精彩之解》，《专业名师与精彩之解》，反复权衡，最后定为现在的标题——《数学百题 精彩千解》。

没有专业素养，就没有专业地位；没有专业能力，就没有专业报酬。教师的专业形象，是由教师的素养、教师的文化、教师的气节、教师的胸怀、教师的智慧等诸多方面综合形成的。

读了王老师的书，你就能体验到什么叫精深的专业知识，什么叫数学教师的智慧！

第二章
走向优秀之教学篇

教学永远都是不完美的艺术，但追求有魅力的教学，是所有教师的共同愿望。教学之道施展的主阵地是课堂，唯有聚焦课堂、激活课堂，才能回归教育本身。

数学教师要走向优秀，教学是最重要的基本功。

立足于备课，决战于课堂，习惯于反思，是有智慧的数学教师的基本教学行为。

教师的教学魅力，是指教师在教学实践活动中对学生有强烈持久的吸引力、感召力和启迪力。一个数学教师若要走向优秀，就要不断修炼这种魅力。

第一节　新课改：课当如何备之

所谓备课，也就是教师上课前所做的各项准备工作。它是教师学习课程标准，钻研教材和了解学生，弄清为什么教、教什么，学生怎么学、教师怎么教，创造性地设计目的明确、方法适当的教学方案（写出教案）的过程。其实质是教师通过研习教材内容明确具体的课程目标，并以课程标准和学生情况为依据，使课程目标转化为教学目标，通过完成课堂教学任务使之得以落实。

1. 新课改：课当如何备之

著名特级教师白金声曾对此做过比喻："在备课上多花点时间，如根上浇水；在讲课上增加学生负担，似叶上施肥。"可见，备好课是上好课的先决条件。认真备课，是提高教学质量的关键。而备课在不同的教学背景下，又有不同的要求。

新课改，课当如何备之？

（1）备好教材，心中有书

教材是根据课程标准编写的、供教师和学生阅读的重要材料。要备好课，必须加深对教材的了解。广义的教材包括教科书以及相关的教辅材料，如教参、教学挂图、教学仪器设备、学生练习册、练习簿等。教师对待教材较为科学的态度，是"用教材"而非"教教材"。教师要依据自身的实践和研究，探究学科课程与教材，以课程、内容的创造性使用为前提，深度开发教材资源，实现教材功能的优化。教材是教师"教"和学生"学"的重要凭借，在实施课程改革的当今，它是学生重要的学习资源。

教师研习教材，应做好以下几方面的工作。

把握教材。把握了教材的特色，教师才能准确理解编写者的意图，与教材真正进行对话。在把握教材特色的同时，教师还应了解整套教材的基本内容、基本结构和知识体系。确切了解整套教材在各个年级教学内容的分布情况，统观全局，明确各部分内容的地位、作用及相互联系；从单元序列中了解教学内容的连续性，把握教材编排的指导思想，把握教材在知识与技能、过程与方法及情感态度与价值观培养等方面有哪些程度的差别。因此，教师在研习教材时，应把握课程框架结构，对本学期的课程进行整体规划，简要写出本学期的教学计划，并制定单元教学计划。对教材既要有宏观上的把握，心中有数；又要从微观着手，脚踏实地，力求实效。

吃透教材。首先，要把教材看做一个范本，努力做到入乎其内，把握重点、难点；同时又把教材看成是一个例子，力图出乎其外，举一凡三，触类旁通。其次，要感悟文本的内在意韵。教材的背后是作者，是编者，是“人”，我们要尝试着与文本对话，与作者、编者对话，努力把握他们的编写思路与编写意图。

激活教材。教师在备课时，应在对教材内容合理的挖掘过程中寻找其促进人性发展的因素，通过创造性的劳动，“打开”课本，寻找“亮点”，使“学科”与“学科”之间成为一个“互联网”。教材上的知识是静态的，教材在进入教学过程前，它只是为知识的传递提供了可能。因此，在备课时，要根据教学目标和优化课堂教学的需要，从学生的实际出发，使教材中的静态知识操作化、活动化，从而极大地增强学生的参与欲望，提高学生学习的主动性和积极性。

改组教材。教材不仅是学习的资源，同时也是进行学习和探索的工具。如果长期按部就班开展教学，那么，教材在失去时效性的同时也失去了针对性。“不变”容易导致“僵化”，教师必须保持自己处理教材的独立性和创造性，这样的教学才会勃发生机。

拓展教材。在当今社会中，教材已经不是学生可以获得的唯一学习资源。那么，如何充分利用教材这个载体，达到“不教”的效果？教师在备课中，必须充分研究教材中可拓展的地方，引导学生将学习的范畴由教材向外延伸。在新课程改革实践中，我们要以教科书为依据，进一步开发教材资源。在新课程指引下，在尊重教材的基础上超越教材，从教材所呈现的知识、能力、情感等系统引发出去，向其他学科、其他时空开放和延伸，拓展学生的学习领域，突破传统教学的有限空间。

（2）备好学生，心中有人

只有备好学生，才能有效地激发学生学习的兴趣，充分调动其学习的积极性，使教师的教和学生的学统一。

因此，备好课还要研究学生，具体研究要点如下。

研究学生的学习需求。学生的学习只有在指向某一目标时，才能变成推动他们学习的动机，从而使学生由“要我学”主动转入“我要学”。因此，在备课前，教师可以要求学生进行单元预习，通过“预习卡”了解学生的学习需求，根据学生的个性特点和认知水平确定教学目标：基础目标力求面向全体，做到循序渐进；高层目标则努力照顾学有余力的学生，有的放矢地引导全体学生成功地步入“最近发展区”。

研究学生的学习资源。学习资源不只局限于学校内、课堂里、书本上，只要是能与学生的学习发生联系，学生能以自己认为合适的方式进行学习的一切有价值的信息，都是学习资源。随着知识“外储化”程度的不断提高，学生只要凭借一台电脑，就可以在任何时候、任何地方获取他们需要的学习资源。多方信息源的出现，更是赋予了学习资源多渠道的特点。因此，在备课前，教师可要求学生就教材中感兴趣的内容搜集背景资料，用图或文或非文本的方式制作资料卡，并简要谈谈自己的看法。研究学生的学习资源，是为了引导学生在课堂学习中巧妙地运用、丰富资料，在交叉、渗透和整合中构建开放、有活力的教学氛围。

研究学生的学习方式。所谓学习方式，是指学生在完成学习任务过程中基本的行为和认知的取向。“学习方式没有好坏之分，只有不同之分。”因此，备课时，教师必须重视对学生学习方式的研究：因课而异，对于必须识记的某些材料，采取有意义的接受学习方式帮助学生记忆；对于说明事物发展规律或探究性的材料，则可以运用发现学习方式引导学生探究。在备课过程中，教师更应该思考如何在课堂教学中把思考、发现和批判的权力交给学生。要让学生有自由支配的“空白时间”，首先要让学生有能力支配自己的时间；其次要让学生认识到：“空白时间”是在教师的精心策划下，学生充分发挥其自主性，用自己独特的思考角度去观察，自悟自得，敢为人先的良好机会。

学生是教学工作的落脚点，是备课活动的最终服务对象。备课的目标是要构建以学生为本的课堂教学活动，让学习者有可能从个人实际需要出发，开展学习活动。只有这样，教师才能注意激发学生的学习动机，注意把握学生的认知矛盾，注意尊重学生的差异性，注意把学生视为课程资源，进行有效教学。

一个真正把学生的发展放在教学备课中心的教学设计，定会为师生在教学过程中创造性的发挥提供广阔空间，使其拥有课堂的精彩。

（3）备好教法，心中有术

要根据教材的特点和学生的认知规律，选择恰当的教法。教需有法，教无定法；大法必依，小法必活。

教学是一门科学，同时也是一种艺术。教需有法，需要尊重经验，依靠理性和智慧，逐步形成自己的风格；教无定法，需要克服各种教学方法的局限，兼收并蓄，面对不同情况选择相应的教学方法；大法必依，需要遵循规律，依靠理论基石，走向战略性备课；小法必活，需要个性鲜明、效果明显的教学方法，具体问题具体解决。教师只有了解学生的心理和生理特点及认知规律，优化教学方法，教学效率才会提高。

备好教法，应注意以下几点。

一是要从教学实际出发。任何一种教学方法和教学模式的选择和使用，都应该建立在深入了解其内涵的基础上，好的教学方法应该有利于思维的激活，有利于知识的理解和建构，有利于学生的学习和发展。教师应该根据不同的教学目标、内容、学生的认知心理规律和教学条件以及学生的能力水平等因素，灵活恰当地选用教学方法，并善于将各种方法有机地结合起来。

二是要注意学习方法。教法也就是教学方法，包括教师教的方法和学生学习的方法。新课程重视对所学问题的探究，倡导自主学习、合作学习、探究学习。教师要以教学方式的转变进促学生学习方式的转变，引导学生自主学习，合作交流，探究分析，提高学生解决问题的能力。

三是要灵活开放。课堂有许多不确定性和可变性，教师应根据教学需要，贴近每一个学生的实际，恰当地采用讲授、实验、讨论等方法，做到兼容并蓄、取长补短；同时在教学方案中为学生的主动参与留下时间和空间，为教学的动态生成创造条件，使师生积极互动，发挥创造性。

四是要确立“教是为了不教”的教学思想。教学方法的变革不单纯是“方法”的变化，重要的是教学思想、观念的转变。教学方法的运用要超越方法。在全面推进素质教育的今天，教师的教学要有“对象”意识，教学不是唱独角戏，离开了“学”，就无所谓“教”，换言之，教师必须确立学生的主体地位，确立“一切为了学生的发展”的思想。这一思想的核心，是处理好教与学的关系，明确教师“教”是为了学生的“学”，为了学生学会学习，最后达到“不需要教”的目的。正所谓，“授之以鱼，不如授之以渔”。

现代教学理论认为：课堂教学是一个重要的系统，它是多种教学要素在一定时空下组成的整体，这个整体的功能除依赖于各教学要素的品质之外，主要是由各种教学要素的组成结构决定的，不同的教学结构有不同的功能。在改革课堂教学结构过程中，从建立模式到灵活运用模式，是“教需有法”和“教无定法”的辩证统一，是从必然王国到自由王国的转化过程。

“教需有法，教无定法；大法必依，小法必活。”进一步优化，进一步提升教学水平，从“有法到无法”走向“无法胜有法”的教学境界，这是每位优秀教师的追求。

(4) 备好开头，引人入胜

常言说得好，良好的开头是成功的一半。教师讲课导入得好，不仅能唤起学生的求知欲望，而且可以燃起学生智慧的火花，使其主动获取知识。运用多媒体优化导入教学，更是益处多多。“导入”工作做得好，不但可以引导学生逐步调整自己，尽快进入学习状态；还可以活跃课堂气氛，使教学效果明显，收到事半功倍的效果。

不同学科的导入方法也不尽相同，现摘录一些研究内容在此，以供参考。

有人认为，导入需遵循以下几个原则。针对性原则：有针对性的导入，才能满足学生听课的需要；启发性原则：有启发性的导入，可以发展学生思维能力；新颖性原则：有新颖性的导入，能够吸引学生的注意力；趣味性原则：有趣味性的导入，可以激发学生的学习兴趣；简洁性原则：有简洁性的导入，能够节约学生的听课时间。

有人认为，要营造气氛，宜以“情”导入；要激发欲望，宜以“趣”导入；要创设问题，宜以“知”导入；要设计话题，宜以“议”导入。

有人认为，导入方法大致有题目设疑导入法、趣味语言导入法、简介说明导入法、复习过渡导入法、情境创设导入法、课件放映导入法、教具演示导入法、资料讨论导入法等。

有人研究了具体的导入策略，认为具体导入的策略有激趣导入策略、复习导入策略、实例导入策略、实验导入策略、铺垫导入策略、类比导入策略等。

有人从创设情境入手进行探索，认为可以创设问题情境，引人入胜；可以创设生活情境，学以致用；可以创设悬念情境，扣人心弦；可以创设操作情境，动手实践；可以创设故事情境，兴趣盎然；可以创设游戏情境，寓学于乐。

当然，各种导入法彼此间是有联系的，对它们应做到灵活运用，最大限度地调动学生学习的积极性、主动性，提高学生的学习兴趣，增强学生的求知欲，从而提高教学质量。

总之，导入新课是一种教学艺术，它融知识性、趣味性、思想性、艺术性于一体。巧妙地使用好开课几分钟，对于激发学生的学习兴趣和求知欲望，活跃课堂气氛，都大有益处，可以明显提高课堂教学的效果。

（5）备好结尾，引发探索

一堂课的结尾设计和导入一样重要。在教学中，若能根据授课内容、学生的知识水平和年龄特征，巧妙地设计结尾，可以取得较好的教学效果。在这方面，笔者有如下体会。

一是总结结尾法。总结，就是对一堂课的内容、知识结构、技能技巧，用提纲、表格或图示等方法概括总结，强调要点，使学生对整堂课有完整、清晰的印象。譬如，学完椭圆的几何性质之后，可列表来进行总结。

二是启导结尾法。启导，即启发和指导，就是在一堂课结尾时，对作业的解题格式、完成时间提出要求，对有一定难度的作业给予一定的启发，对新课的预习提出要求并给予指导等。这是常见的课堂结尾设计。

三是呼应结尾法。呼应，就是在一堂课即将结束时解决课前提出的问题，前呼后应，使学生豁然开朗。例如，在学习利用不等式求极值时，课前创设情境，提出问题：在一块正方形白铁的四角各剪去一个小正方形后，再将其折成一只盒子，要使盒子的容积最大，应当剪去多大的正方形？然后，引导学生自觉探求与极值有关的几个定理，并解决几个简单的问题，最后，再回过头来解决课前所提的问题。学生往往对这样的课堂结尾很感兴趣。

四是设疑结尾法。设疑，就是提出有一定难度的问题，这个问题常常是下节课要探讨的，让学生带着疑问结束一节课的学习。例如，讲授对数的课程即将结束时，教师给出一道题目：如果有一张非常宽大的厚度为 0.1 毫米的纸，要对折多少次，才能使其厚度超过珠穆朗玛峰的高度？由此引导学生探讨新问题。

五是伏笔结尾法。伏笔，就是在讲完旧知识后，留一个“尾巴”，使学生感到言而未尽，以引起他们探讨“未尽”（新知识）的好奇心，为以后的教学埋下一笔。

六是引深结尾法。引深，就是根据所讲内容，用各种方法把问题不断引向深入。例如，在学完一元二次方程的根与系数的关系后，提出：一元三次方程是否有类似的情况？一元 n 次方程呢？寥寥数语，常常可以促使数学能力较强的学生探索、钻研。

七是引趣结尾法。引趣，就是提出一些有趣的问题，培养学生对学习的兴趣。例如，在学完根式的运算之后，给出一道计算题，推导形式似乎正确，实际的解答却是错的。究竟错在哪里呢？请同学们课后找找原因。学生对“找出错在哪里”兴趣极大，待他们找出是因为忽视条件而铸成大错时，都会、深刻认识到今后一定要认真审题，注意所给条件，正确解答。

八是游戏结尾法。这里的游戏，就是在上课即将结束时，安排一些与课程内容有关的游戏，使学生在游戏中进一步加深对所学知识的认识。

（6）备好重点，有的放矢

备课时，一定要弄清教材重点和教学重点。备好教材重点，能突出教学目的，有的放矢地进行教学，使教学系统、科学；备好教学重点，能抓住重点、突破难点、渗透学法，将情感、态度、价值观自然地融入常态的教学之中。

备好重点，应做好以下方面的工作。

重点内容重点备。对重点内容，要舍得花时间、花精力重点研究，剖析重点内容的来龙去脉，将其熟记于心。

重点内容反复备。重点内容往往不是一次备课就能完全弄清的，要在反复备课的过程中加深体验，进一步吃透重点内容。

重点内容联系备。重点内容往往与其他相关知识有联系，应挖掘这种联系，引导学生全方位地审视重点内容。

重点内容渗透备。重点内容最初出现在某个章节里，但在其他章节往往又有进一步的应用，备课时要注意渗透这种应用。

重点内容集体备。集体备课出智慧，把重点内容交给集体备，大家集思广益，共同探索，就能对重点内容的教学有全面的把握。

重点内容创新备。研究重点内容的人往往比较多，也就容易形成教学的思维定式，因而备课时要在继承的基础上创新，在创新的基础上提升。

（7）备好难点，突破难点

探讨疑难问题，寻找突破难点的方法，是提高教学质量的关键。备课时，要善于从知识的发展规律和学生的认知规律入手分析教材，确定难点，并根据难点的类型，设计行之有效的突破方法。

对教学内容多加分析，可以把握好难点。认真备课，吃透教材，抓住教材的难点，是突破难点的前提。

教学难点是学生不易理解或不易掌握的技能技巧。难点不一定是重点，有的内容既是重点又是难点。要突破难点，就必须认真研究和分析难点所在，有针对性地加以解决。

难点如何突破？

一是以旧知识为生长点，突破重点和难点。学生获取知识，总是在已有的知识经验的参与下进行的，脱离了已有的知识经验基础进行教学，其原有的知识经验就无法参与，而新旧知识联结纽带的断裂，又必然给学生带来理解上的困难，使其难以掌握所学的知识。因此，可以在教学中运用迁移规律，来实现难点的突破。若一个新知识可以看做是由某一个旧知识发展而来的，教学中则要突出“演变点”，达到突破难点的目的；若一个新知识可以看做是由两个或两个以上的旧知识组合而成的，教学中则应通过突出“连接点”，突破难点；若一个新知识可以看做与某一些旧知识属同类或相似，教学时则要突出“共同点”，进而突破难点。

二是依据教材内容的难点选择板书内容，并以板书设计为突破口。板书是课堂教学的缩影，是揭示教学重点难点的示意图，也是把握教学难点的辐射源。板书在教学过程中起着提纲挈领的作用，它是在吃透教学大纲的基础上，根据教学的要求、特点和学生的实际情况设计的，把提纲性、艺术性、直观性融为一体，既起到纲举目张的作用，又收到激发兴趣、启迪思维的效果。

三是强化感知，突破难点。有些知识较为抽象，学生难以理解、接受，要突破这些难点，教学中必须遵循学生的认知规律，用形象、鲜明、直观的教学手段，强化感知，突破难点。在这方面，教师可以通过应用教具、学具，用实际事例引导学生观察思考，使学生能够正确理解所学知识的含义，在理解的基础上从感知经表象到认识，从而突破教学难点。

四是以形式多样的课堂练习突破难点。精心设计课堂练习是提高教学质量的重要保证，学生是通过练习来进一步理解和巩固知识的，只有通过练习，才能把知识转化成技能技巧，从而提高综合运用知识的能力。

值得一提的是，难点不一定是教学的重点，不一定要把大量的时间用于难点的教学。

（8）备好作业，讲求实效

作业、练习是使学生深入理解、牢固掌握知识的重要手段，是学生形成技能技巧的途径，所以教师在备课时对此应充分重视。备好作业，首先要“下水作业”，这样才能了解各类习题的难易程度和对能力的要求，才能围绕教学目的、结合学生实际，布置好作业。

学生对知识的掌握是通过“学得”和“习得”而来的，无论课内课外，都应“学得”与“习得”并存。因此，作业设计也就成了教师了解、掌握学生学习情况的一把尺子，这把尺子掌握在教师手中。教师怎样用好这把尺子，是需要探讨的。

备好作业要注意作业的量。不论课堂作业还是家庭作业，都应严格控制数量，保证学生在一定的时间范围内完成作业。可以因人而异，对不同学习层次的学生设立必做题和选做题，以满足不同需要。

备好作业要注意作业的质。这是教师备课讨论的重点。作业的设计应既是对课堂学习的巩固，也是对课堂学习的反馈。作业题型的设计既要相对固定，又要有所变化。作业内容的设计既要考虑基础性，又要兼顾发散性，应把对基础知识和基本能力的掌握与巩固放在首位。选题要典型，有代表性，严防作业题的难、繁、偏、旧。

备好作业要注意作业的度。即注意作业设置的层次性和多样性等内容。有人提出作业的“五留五不留”，即留适时适量作业，留自主性作业，留分层型作业，留实践性作业，留养成性作业；不留超时超量作业，不留儿童节日作业，不留机械重复性作业，不留随意性作业，不留惩罚性作业。这样就可以有效地把握好作业的度。

作业的优化设计，可以最大限度地拓展学生的减负空间，丰富学生的课余生活，发展学生的个性。教师还要及时给予学生激励性的评价，建立学生的作业档案并及时记录，指导学生建立错题库，并经常翻阅，对学生出现的典型问题及时矫正，使巩固练习真正起到应有的作用。

(9) 备好学案，渗透学法

先看一则《文汇报》的报道：

> (本报讯) 上海市第八中学近日在一次“教与学的反思”展示日活动中，出现了任课教师持教案和学案“双案”进课堂教学的新鲜事。语文教师卞慧在高一的“人物肖像描写赏析与写作”课上以“双案”为蓝本进行教学，而来自各班的学生代表在旁听后则对该班学生的课堂学习情况进行评学活动。
>
> 教师上课有教案，为什么同时还要备学案？校长盛雅萍解释说，传统的课堂教学中教师备教案是从完成教学计划和怎样传授角度来考虑的，现在再备学案作为学生课堂学习的“副本”，则是教师转换角色，从教学对象——学生怎样学、学得好的深度进一步完善课堂教学。这有助于改变课堂教学以教师为中心，推动教学过程的互动，点拨学生的创新精神和能力。这次卞慧老师设计的学案，专门征求学生意见，找到他们学习的难点并设计了学习流程，把学生放到学习的主人地位上。

在教学中，我们不仅要备好教案，还应备好学案，即设计好学生的学习方案，留给学生较为灵活的学习空间。尽量优化过程，调动学生的积极性，用他们较易接受的方式，如专题性、研究性、自主性的教学活动等，给学生表现机会，引领学生积极投入学习活动。避免老师的枯燥讲解和大段独白。否则，课堂教学过程只能成为教师的独角戏，师生皆累，却收效甚微。

从“教案”到“学案”的转变，把学生学习放到了中心地位，把学习目标设计成学习方案交给学生，根据教学内容、学生现有知识、自学能力水平，制定出一整套学生学习的“方案”，使教学重心由教师如何“教”变为学生如何“学”，可以在根本上改变学生的学习方式，突出学生在课堂上的主体作用。通过备学案，每节课的教学任务、需要解决的问题及解决策略都放到了中心地位。

关于学案，首先要备好学案。学案是教师依据学生的认知水平、知识经验，为指导学生进行主动的知识建构而编制的学习方案。其次是用好学案。教师要有学习指导意识，积极使用学案，学案使用要因课制宜，灵活使用。

（10）备透理念，融会贯通

新课程教学的基本观点是全面发展的教学观、交往与互动的教学观、开放与生成的教学观。新课程教学的基本走向，是由“狭义教学”（以书本知识为学习对象）走向“广义教学”（以教育资源为学习对象），由讲授性教学走向感受性教学，由依赖性教学走向独立性教学，由知识性课堂走向生命性课堂。备课，则要有意识地将新课程教学的这些基本观点和基本走向融入其中。

新课程的备课，是一个多层面且具有丰富内涵的概念。研究教材，精读教参，撰写教案是备课；与学生交谈，了解学生情况也是备课；翻阅报纸杂志、听广播看电视，了解国内外形势还是备课；研究教育理论，锻炼教学能力是备课；与同行交流、收获相关信息也是备课；反省自己的教学行为，发现教学中的问题还是备课，而且是更高层次的备课。可以说，教师的一切活动都是在为上好课作准备。

有人总结了新课程背景下，教师备课应处理好的“四个关系”，这一内容可供广大教师们参考。

一是备课与教案的关系。

备课是不是就是写教案呢？回答是否定的。备课，是为上课作准备。教师在课前准备实验仪器、在课堂上处理师生生成性教学资源、与其他教师讨论研究教材、教学后的总结，都属于备课的范畴。从广义上来说，备课就是生活，生活就是备课。而写教案则是把课前的教学设计的思路用文字表达出来，这只是狭义上的备课。新课程要求教师成为教育教学的研究者、课程资源的开发者，因此，教师必须跳出写教案即备课的狭隘观念，树立广义的备课观。

在新课程理念下，教师在教案设计时除了依据“教材”和“教参”，还应使用其他课程资源支撑新课程。所以，教师在教案设计中，要通过各种情境的创设，引发学生产生问题，促进学生思考和探究，做到走进教材而又大胆超出教材。只有充分利用校内外课程资源作为参照，才能实现“生本设计”，更好地调动学生学习的主动性和创造性。新教材强调了对学生自主获取知识的能力的培养，这对提高学生的科学素养无疑是大有裨益的。现在，教师在设计教案时，自己不去查资料，也不愿意让学生花课堂时间去上网查资料。这种资料收集常常被教师、学生忽视，学生的能力也就被扼杀了。所以，我们必须改变教学的设计，真正变“教参参照”为“多方参照”。

二是接受学习与探究学习的关系。

学生的学习方式一般分为接受学习和探究学习两种。这两种方式各有优缺点，接受学习的优点是能使学生在短时间内获得较多知识，缺点是不利于学生实践能力和创新能力的培养，探究学习则有利于学生探究能力和创新能力的培养，但是学生在短期内难以学到很多知识。从教材内容来看，有些内容宜采用接受性学习的方式，有些内容则应采用探究性学习的方式。因此，教师备课时必须认真分析教材，才能有针对性地选用教学方式，从而提高教学效率。此外，接受学习和探究学习并不是两个极端，而是相互渗透的，在探究学习中可能包括接受学习的成分。比如，当学生在探究过程中普遍出现迷茫情绪时，教师可采用必要的启发式讲授，从而使探究教学活动顺利进行。

三是预设和生成的关系。

“预设”是预测和设计，是教师在课前对教学进行有目的、有计划的设想和安排。“生成”是生长和构建，是师生在与教学情境的交互作用以及师生对话互动中超出教师预设方案产生的新问题、新情况。课堂教学是预设和生成的辩证统一。传统的课堂教学往往过分注重预设，而很少关注生成，教师备课只考虑如何教，强调教学结构严谨、语言精练、进度把握准确以及完成任务不折不扣。这种课堂教学往往沉闷、封闭、机械、程式化，学生几乎没有自主性。既然课堂教学不是预设不变的，教师在备课时，就应该处理好预设和生成的关系。课堂教学的预设方案宜粗不宜细，教师只需设计大致的探究活动框架，设计主要问题，为“自主、合作、探究”提供平台，给师生双方留下广阔的发挥余地。事实上，课堂教学真正的精彩往往是其生成的部分，而并非其预设如何。

四是教学前、教学中、教学后三阶段备课的关系。

新课程背景下，进行教学设计，教师要坚持让学生始终处于主体的地位，即教师力求引导学生主动参与教学活动，自主创新、自主发展；教师角色定位于“合作者”、“指导者”的身份，鼓励学生创新，能使学生真正具有创造性思维能力。所以，新课程要求完整的备课流程应是：教学前的预案—教学中的二次备案—教学后的反思。预案设计应粗线条设计活动内容、设计和情景有关的主要问题，为学生在活动中“自主、合作、探究、交流”搭建平台，且能使教师形成知识网络和活动框架。实际上，备课的中心环节是第二阶段，因为学生存在认知、情感、态度、价值观等各方面的差异，在具体的教学活动过程中，学生的行为往往没有按照教师原有的设计意图进行探究，教师要及时了解学生，发现他们独特的闪光点，从而调整教学目标、教学流程。通过第二次灵活的备课，可以在教学中使每位学生都能得到充分自由的发展，真正在教案设计中体现“以人为本、教学相长”的教育理念。

传统的教学设计一般以教参为标准，结合自己的教学经验设计教学过程，注重教师如何去教，学生如何更好地接受。新课程则非常注重强调在教案设计过程中进行反思，并强调教学反思是“教师专业发展和自我成长的核心因素”。

教师在教学后对教案和设计思路进行反思，不仅是教师对自己教学设计的再次查漏补缺、吸收和内化的过程，更是教师关注学生，体现教学以“教师为主导，学生为主体”这一教育教学理念的行为表现。

教师在课后对教学过程进行反思，能使教学经验理念化。在吸收教学过程中的长处的同时，还能发现问题，从而找出原因并及时解决。通过再次研究教材和学生，可以优化课堂教学方法、手段、模式，丰富教案设计，使其在不断改进中走向成熟。

教学前、教学中、教学后三阶段备课的关系，可以被比喻成播种、耕耘、收获的关系。教学前的备课更多地表现为教学预设，还没有落实到实际课堂教学中去，因此，这是播种阶段。教学中的备课已经把教学预设运用于课堂教学中，在这个过程中会出现很多与教学前的预设不相符的情况，也会发现教学前备课忽略的东西。因此，教师应根据教学的生成情况，不断地调整教学思路、教学策略，从而把教学活动不断地推向前进。这个阶段是耕耘阶段。经过辛勤的播种、耕耘，就到了收获阶段。这就是教学后的备课，也是教学行为结束后的反思阶段。这个阶段的反思往往带有批判性，具有个性化的特点，教师可以思考教学预案的得失、课堂上采用的教学机智、实验探究中出现的问题、因知识储备不足而引起的尴尬等。教学后的备课是为了修正以后的教学行为，是教学经验的理论化，也是第二次教学的预案。因此，这个阶段作为收获阶段，也是提高教师教学能力的必经阶段。我们提倡教师“每课必有所得”，这就要求教师在课后必须进行教学反思。

（11）备多用寡，有备无患

备课不能仅仅备上课要讲的内容，而应该根据所授知识，既备知识的由来，又备知识的延伸；既备不同类型的问题，又备同一类问题的不同要求。只有这样，才能在教学中根据学生接受知识的情况，适当调整教学进度、难度，提高教学效果。

备课要博采众长。只有这样，教师在讲课时才能信手拈来，皆成妙趣。因此，教师备课应当像蜜蜂，广采百花，然后酿蜜。

讲课要酌取精要。准备好的内容不能一下子都塞给学生，其中很大一部分是教师自己掌握的，只有居高临下，才能势如破竹。在讲课时，教师应备多用寡，力求把握特点、突出重点、突破难点、克服弱点、攻其一点，让学生获得真知。

（12）备之研究，深层探索

学生要进行研究性学习，教师就要进行研究性备课。研究性备课，是基于研究的不断提炼和升华。

下面是我上的一节初一年级数学课，供大家评议之。

铺砌问题

（一）教学目的

通过对二维铺砌问题（亦称地板革上的数学问题、花砖铺设问题或镶嵌图案问题）的深入探索，引导学生初步掌握数学问题的研究方法，学会将数学问题特殊化和一般化，学会提出和探索新的数学问题。

（二）创新说明

1. 创新训练 1：引导学生通过活动，探索一种原始砌块的多种铺砌法；

2. 创新训练2：引导学生通过活动，探索多种原始砌块的各种铺砌法；

3. 创新训练3：学会用数学方法，研究新的数学现实问题；

4. 创新训练4：从“直砌块”到“曲砌块”的创新探索；

5. 创新训练5：由“二维铺砌”类比研究“三维铺砌”；

6. 创新训练6：铺砌的“艺术化”探索、构建。

（三）探索点的处理意见

1. 按类型由浅入深、由易到难、由简到繁、由特殊到一般，进行深化探索；

2. 下一个探索点尽量由学生提出，每个探索点尽量由学生先给出实例，师生共同探索、归纳；

3. 在许多探索点处均可“留有空白”，留给学生继续探索的余地；

4. 在探索中适时、适度渗透探索方法。

（四）教学过程

引言：随着人们生活水平的提高，许多人喜欢用各种装饰用的花砖来铺地贴墙，这在数学里也是一门学问，叫做平面花砖铺设问题，也叫做镶嵌图案问题。即采用单一闭合图形拼合在一起来覆盖一个平面，而图形间没有空隙，也没有重叠。换言之，重叠或空隙部分面积为0。什么样的图形能够满足这样的条件呢？

对这个问题，我们已要求同学们设计图案，现在请各组（4人一组，共12组）代表展示你们的图案。

（让学生展示图案）

怎么来研究这些图案呢？

我想，我们可以先从简单的问题入手，先看能否铺砌，再看有几种铺砌方案。

不少同学设计的图案是三角形、四边形和正多边形，我们就先来研究这几种情况。

探索1：以三角形为基础的图案展铺

三角形是多边形中最简单的图形，如果以三角形为基本图形来展铺平面图案，就要考虑三角形的特点。三角形的三个内角和为180°，所以，要在平面上一个点的周围集中三角形的角，必须使这些角的和为360°。因此，将三角形的三个内角集中在一起，并进行轴对称变换或中心对称变换，就可以得到集中于一点的六个角，它们的和为360°，刚好覆盖这一点周围的平面。变换的方法见图2-1。

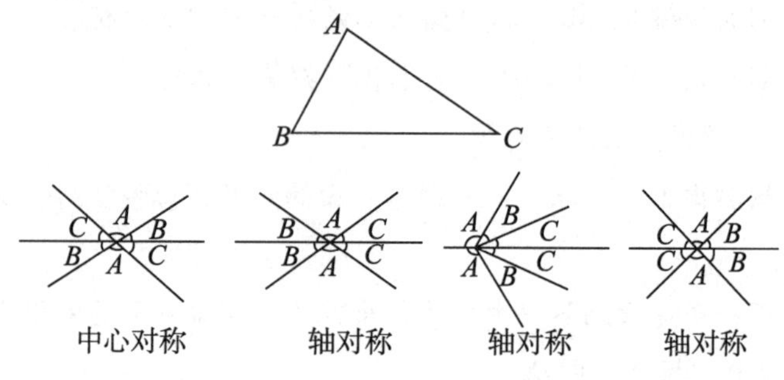

图 2-1

在中心对称的情况下，三角形不翻折，在轴对称的情况下，三角形要翻折。如果把三角形纸片按正、反两面涂上颜色，通过对称变换，正、反面就会明显地表现出来了。

以三角形为基本图形展铺平面图案，共有以下四种情况，如图2-2。

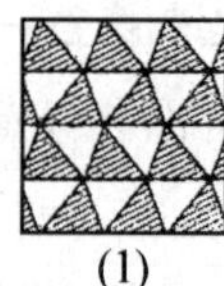
(1)

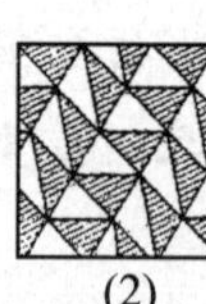
(2)

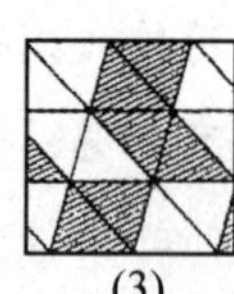
(3)

(4)

图 2-2

探索2：以四边形为基础的图案展铺

由于四边形各内角和为360°，所以，任何四边形都可以作为基本图形来展铺平面图案。图2-3中的四种图案分别是以矩形、菱形、梯形、一般四边形为基本图形的平面展铺图案。

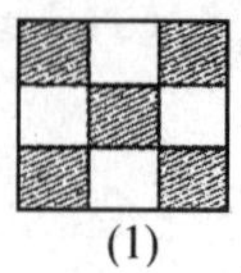
(1)

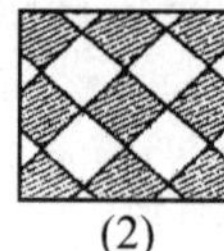
(2)

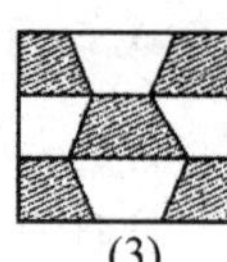
(3)

(4)

图 2-3

探索3：以正多边形为基础的图案展铺

以正多边形为基本图形展铺平面图案，集中于一点的周围的正多边形周围各角的和应是360°。但是这个条件只是必要条件。例如，正五边形的一个内角是（5－2）×180°÷5＝108°，正十边形的一个内角为（10－2）×180°÷10＝144°。两个正五边形的内角和一个正十边形的内角度数之和为：2×108°＋144°＝360°，但是并不能用它们来展铺成平面图案。

如果用同种的正 n 边形来展铺平面图案，在一个顶点周围用了 m 个正 n 边形的角。由于这些角的和应为360°，所以以下等式成立：

即 $m\times\frac{(n-2)\times180°}{n}=360°$，整理得 $mn-2m-2n=0$，

即 $(m-2)(n-2)=4$

因为 m、n 是正整数，并且 $m>2$，$n>2$，所以 $m-2$，$n-2$ 也都必定是正整数。

当 $n-2=1$，$m-2=4$ 时，则 $n=3$，$m=6$；

当 $n-2=2$，$m-2=2$ 时，则 $n=4$，$m=4$；

当 $n-2=4$，$m-2=1$ 时，则 $n=6$，$m=3$.

可见，只用一种正多边形来展铺平面图案，存在三种情况，如图2-4：

（1）由6个正三角形拼展，我们用符号（3，3，3，3，3，3）来表示。

（2）由4个正方形来拼展，我们用符号（4，4，4，4）来表示。

（3）由3个正六边形来拼展，我们用符号（6，6，6）来表示。

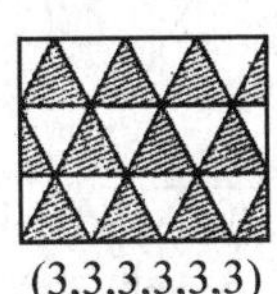
(3,3,3,3,3,3)
(1)

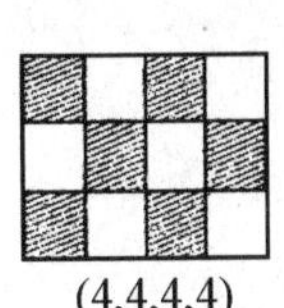
(4,4,4,4)
(2)

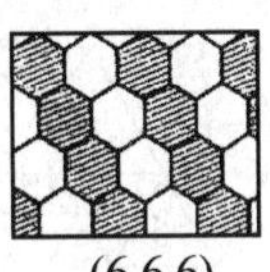
(6,6,6)
(3)

图2-4

如果用两种正多边形来拼展平面图案，那么应有以下五种情况：

（3，3，3，4，4）、（3，3，3，3，6）、（3，3，6，6）、（3，12，12）以及（4，8，8）。

这五种情况的图形见图 2-5 的六幅图。

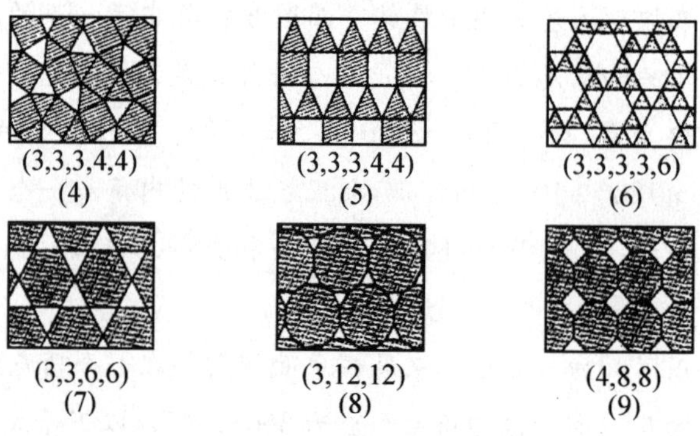

(3,3,3,4,4) (4)　(3,3,3,4,4) (5)　(3,3,3,3,6) (6)

(3,3,6,6) (7)　(3,12,12) (8)　(4,8,8) (9)

图 2-5

用三种正多边形拼展平面图案，情况就比较复杂了，例如有：(3，4，4，6) 及 (4，6，12)。见图 2-6 的两幅图。

(3,4,4,6) (10)　(4,6,12) (11)

图 2-6

用三种以上的正多边形拼展平面图案，情况就更为复杂了，但也更有趣。感兴趣的同学，可以继续探索。

下面我们先给出两个图案，见图 2-7。

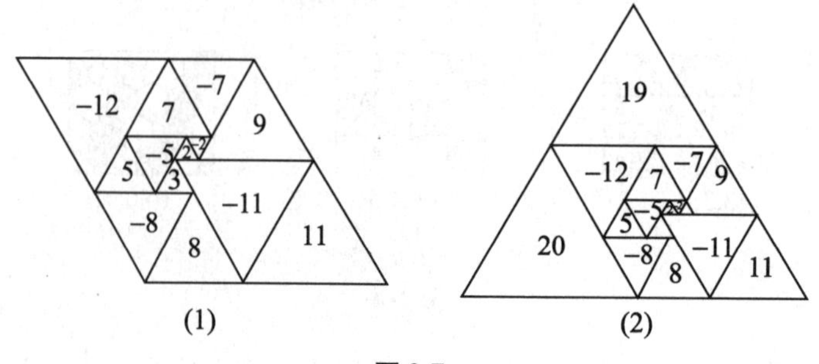

(1)　(2)

图 2-7

说明：正三角形中的数字表示边长，正、负号分别表示三角形正放和倒放。

探索4：以不规则凸多边形为基础的图案展铺

事实上，任何不规则的三角形和四边形都可以覆盖平面。那么，凸多边形能不能覆盖平面？

1918年，法兰克福大学的一位研究生卡尔·莱因哈特曾研究过这个问题，后来发表论文，确定五种可拼成平面的凸多边形。例如，他得出如果五边形$ABCDE$的各边分别为a、b、c、d、e，且c、e两边所对的角C、E满足$C+E=180°$，又$a=c$，那么这个五边形就能覆盖平面，如图2-8。同学们不妨复制几个铺铺看。

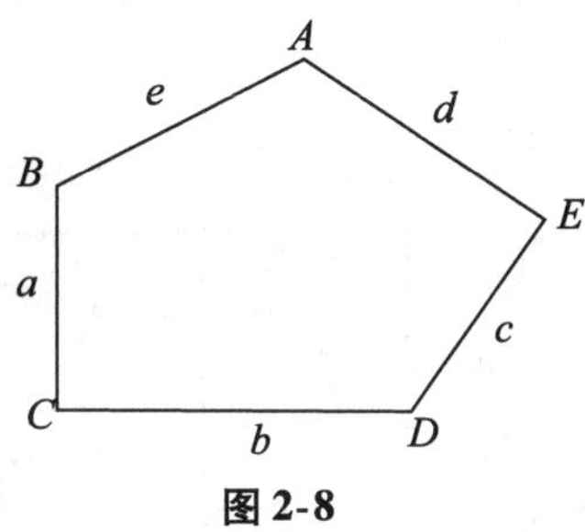

图2-8

1975年，美国人马丁·加德纳在《科学美国人》上开辟了关于镶嵌图案的数学游戏专栏，许多数学家和业余数学爱好者都参加了讨论。其中一位名叫玛乔里·赖斯的家庭妇女是最热情的参与者之一。赖斯有五个孩子，1939年中学毕业前只学过一点简单的数学，没有受过正规的数学专业教育。她除了研究正多边形的拼镶问题，还研究了一般五边形。她独立发现了一种五边形并且向加德纳报告说："我认为两个边长为黄金分割的一种封闭五边形可以构成令人满意的布局。"加德纳充分肯定了赖斯的研究成果，并把她介绍给一位对数学与艺术的和谐具有职业兴趣的数学家多里斯·沙特斯奈德。在沙特斯奈德的鼓励下，赖斯又发现了解决拼镶问题的另外几种五边形，从而使这样的五边形达到了13种。

家事繁忙并没有影响赖斯研究的热情。她对人说："在繁忙的圣诞节，家务占去了我大量的时间，但只要一有空，我便研究拼镶问题。没人时，我就在厨房灶台上画起图案来。一有人来，我就急忙把图案盖住。因为我不愿意让别人知道我在研究什么。"

下面，我们看几个玛乔里·赖斯发现的展铺图案。

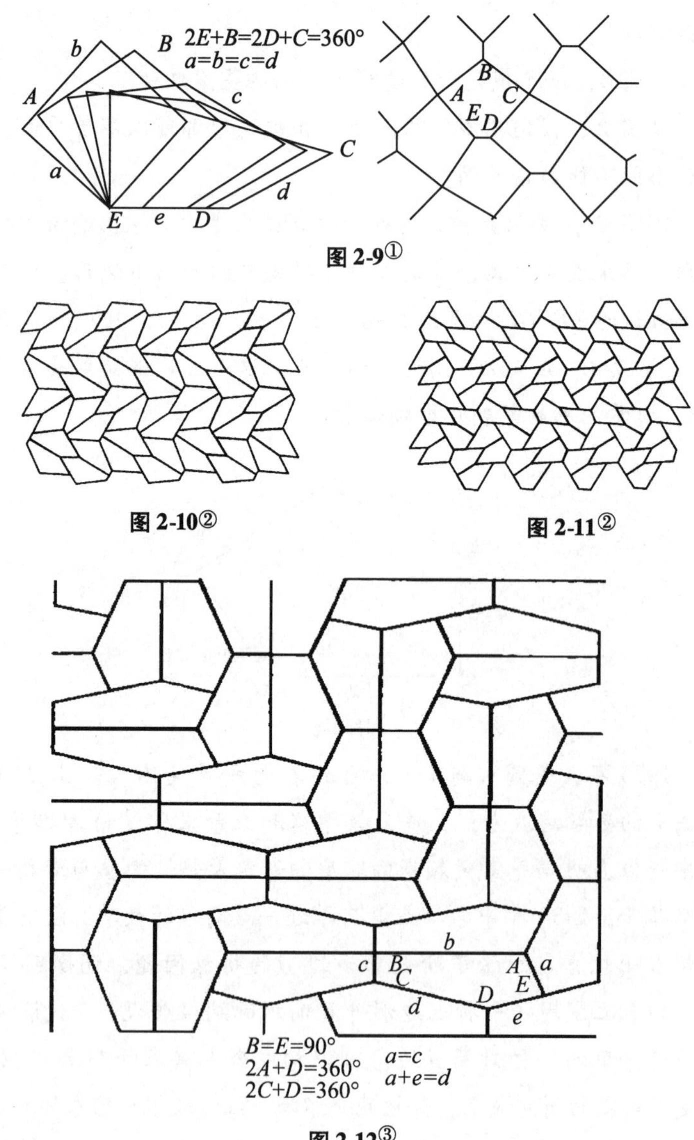

图 2-9①

图 2-10②

图 2-11②

图 2-12③

① 图2-9是1976年2月玛乔里·赖斯发现的五边形展铺图案的一种新类型。图中给出了五边形所能取的形状的范围以及由此种类型中的一个代表图形所作出的展铺图案。这个图案是由边长成黄金分割比的五边形所拼成的。

② 图2-10与图2-11是玛乔里·赖斯在1976年12月所发现的第11及第12种五边形，用它们可以铺满平面。

③ 图2-12是玛乔里·赖斯在1977年12月所发现的第13种可供展铺的五边形。

同学们可探索其他凸五边形的展铺图案，还可继续探索其他凸 n 边形（$n \geqslant 6$）的展铺图案。

附：目前已知的十三类可作为平面的五边形单块合成组件（见图 2-13）。

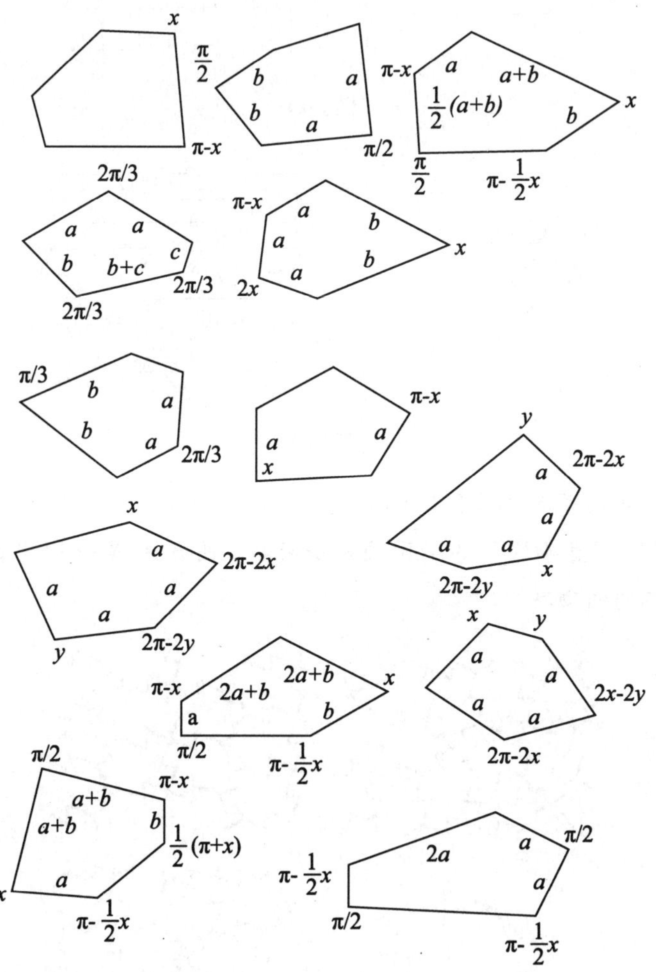

图 2-13

探索 5：以其他“直砌块”为基础的展铺图案

是否存在以其他“直砌块”（边界为线段的原始砌块）为基础的展铺图案？

回答是肯定的。我们先看两个例子，如图 2-14、图 2-15。

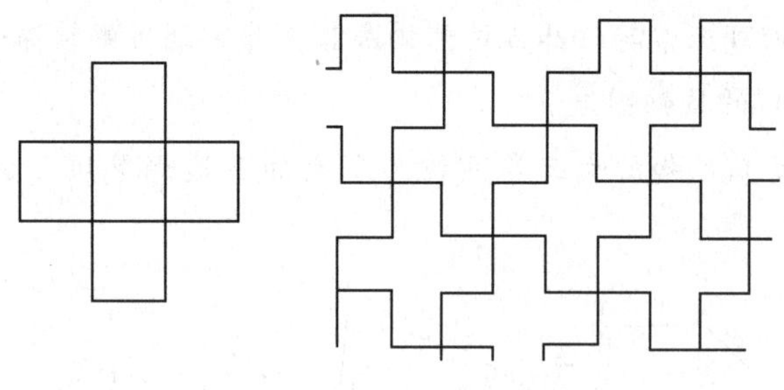

图 2-14

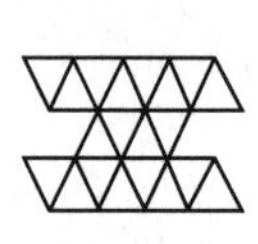

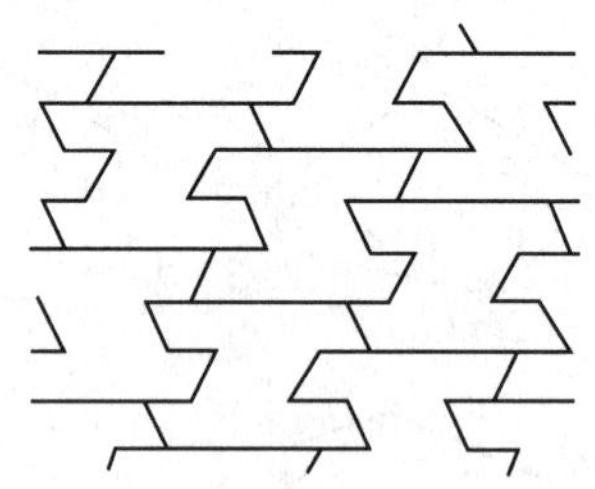

图 2-15

同学们可继续探索以下问题：

（1）“直砌块”的不同铺砌法问题。图 2-16 是一种“直砌块”的三种不同的砌法。

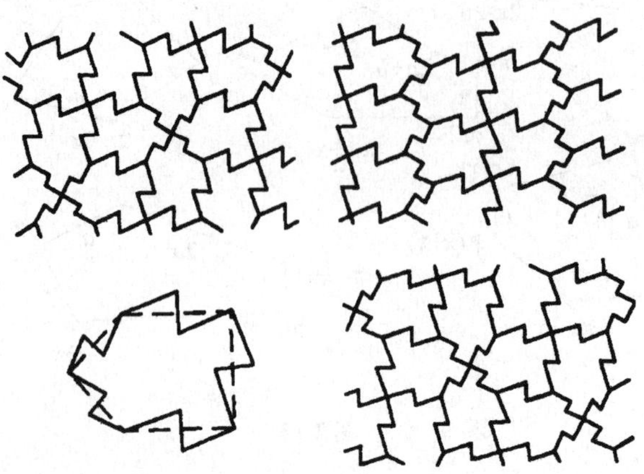

图 2-16

（2）多种“直砌块”的铺砌问题。图 2-17 是一种由六个“直砌块”铺砌的图案。

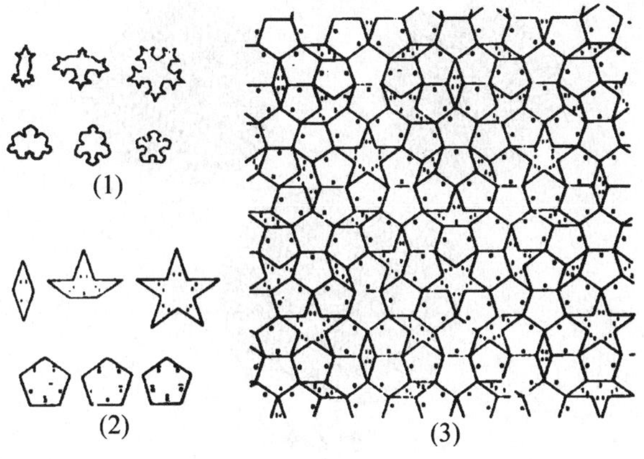

图 2-17①

事实上，还有许多“直砌块”可用于铺砌平面，而且有些图案非常有趣（见图 2-18、图 2-19），让我们又一次体验到了数学之美！

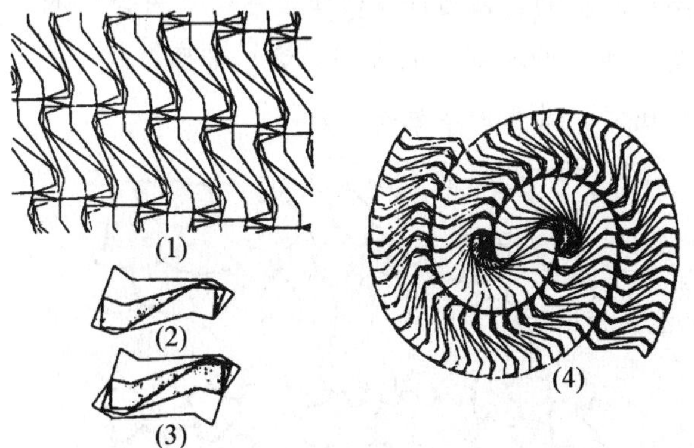

图 2-18②

① 这是由罗杰·彭罗斯所发现的第一组非周期性铺块。图（1）给出了这些原始砌块，图（2）则用数目字来表示突出与嵌入的部位，从而指出了一种“匹配条件”，相同的数字必须相应配合。图（3）则显示了具体的铺砌图案。

② 伏特堡氏铺块有一种值得注意的性质：该铺块的两个拷贝能把第三个拷贝全部围住［图（2）］，甚至能把两个拷贝围住［图（3）］。图（1）是把伏特堡氏铺块用作原始构形时的周期性铺砌图。图（4）是伏特堡氏的螺旋形铺砌图。

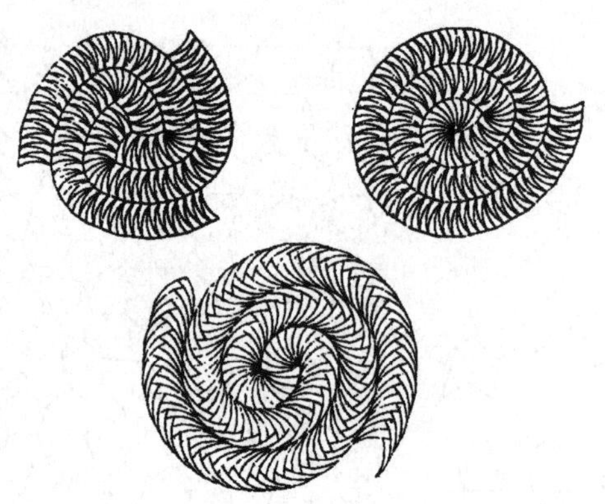

图 2-19

探索 6：以“曲砌块”为基础的展铺图案

是否存在以“曲砌块”（边界部分或全部为曲线的原始砌块）为基础的展铺图案？

这是不难解决的。因为许多曲线是可以“对合”的。

下面是一些“曲砌块”的展铺图案，如图 2-20。（注：教师可只给出一、二种图案，其余由学生探索）

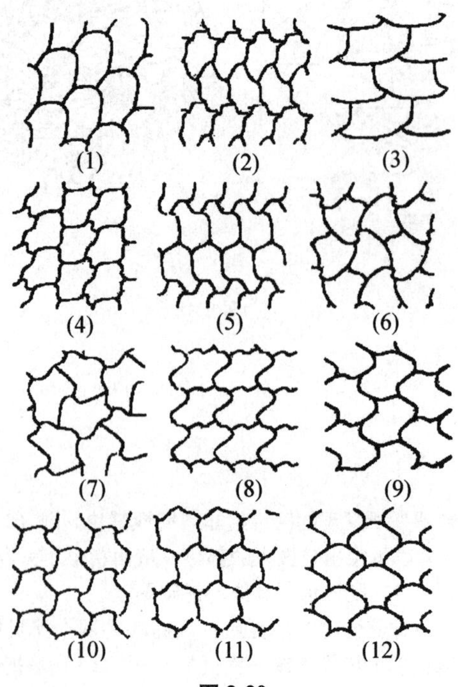

图 2-20

探索7：二维铺砌的艺术化问题

既然“曲砌块”可铺砌，那么，可否让铺砌“艺术化”些？即能否由原始砌块砌出美丽的图案？

让我们看三幅美丽的“曲砌块”，同学们可以剪下复制若干块，再将其铺砌成一个美丽的图案，如图2-21至图2-23。

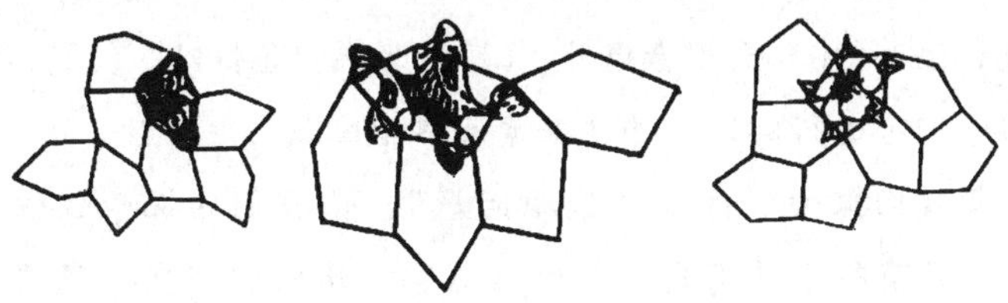

图2-21（蜜蜂）　图2-22（鱼）　图2-23（木槿花）

探索8：三维铺砌问题

平面问题能否向空间发展？即能否将“二维铺砌”深化为“三维铺砌”问题？

答案是肯定的。因为“魔方”就是一个三维铺砌。

问题是，还有没有其他的“原始砌体”？

下面我们给出一个“三维铺砌”实例见图2-24，同学们可按“二维铺砌”的探索之路探索“三维铺砌”问题。

说明：四个N型五连立方体所拼成的砌块，上层中打圆点的单元应与下层中打X的单元配合。

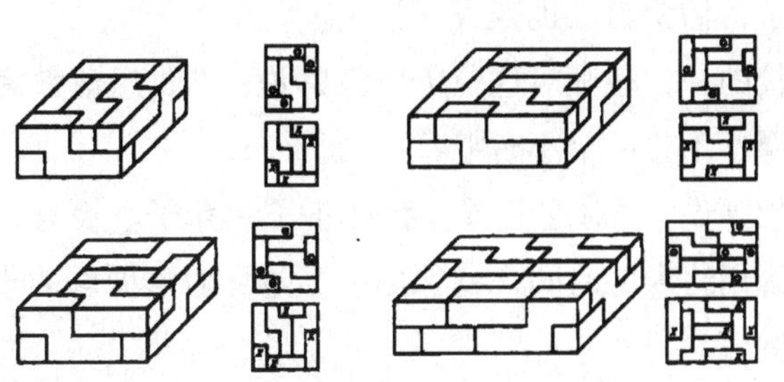

图2-24

（五）小结

对于一个意欲探索的问题，可从以下10个方面着手进行探索：（1）从简单问题入手；（2）从具体对象入手；（3）从特殊情况入手；

(4) 从问题反面入手；(5) 从观察联想入手；(6) 从创新构造入手；(7) 从形象直观入手；(8) 从情况分类入手；(9) 从直觉猜想入手；(10) 从问题转换入手。

美国数学教育家 L. C. 拉松则给出了 12 种探索法：(1) 寻找一种模式；(2) 画一个图形；(3) 提出一个等价问题；(4) 改变问题；(5) 选择有效的记号；(6) 利用对称性；(7) 区分种种情况；(8) 反推；(9) 反证法；(10) 利用奇偶性；(11) 考虑极端情况；(12) 推广。

同学们可进行对比，并在探索实践中尝试上述方法。

尽管我们探索了许多“铺砌问题”，但我们的探索仅仅是初步的。许多问题还有待于“有志者”继续探索。愿同学们在研究“铺砌问题”中学会探索，进而学会探索数学，学会探索世界。

(13) 备之终身，养成习惯

终身备课，是最高层次的备课。今天看到一个题目，也许就是明年某节课的精彩例子；今天读到一个生动的故事，也许就是后年某节课巧妙的导言。我们应及时记录在案，以应来日之需。须记住不是今天在备明天的课，而是终身在备“明天”的课。

苏霍姆林斯基在《给教师的一百条建议》一书中，谈到这样一件事：一位有三十年教龄的历史教师上了一节公开课，课上得非常出色。听课的教师们和视导员本来打算在课堂进行中间写点记录，以便课后提些意见，可是他们听得入了迷，竟连做记录也忘记了。他们坐在那里，屏息静气地听，完全被讲课吸引住了，仿佛自己也变成了学生。

课后，邻校的一位教师对这位历史教师说：“我想请教您：您花了多长时间来备这节课？不止一个小时吧？”

那位历史教师说：“对这节课，我准备了一辈子。而且，总的来说，对每一节课，我都用终身的时间来备课的。不过，对这课题的直接准备，只用了大约十五分钟。”

这位历史教师成功的秘诀告诉我们：选择了教师这个职业，就需要终身备课。

2. 生成因预设而精彩

什么是预设？

预设指教师在课前对课堂教学的规划、设计、假设、安排；然后师生按照课前的设计和安排展开有序的课堂教学活动；学生通过完成各种活动获得预设性的发展。简而言之，预设即预测和设计。

什么是生成？

教学应充分发挥师生双方的积极性，随着教学活动的展开，师学双方的思想和教学文本不断碰撞，新的学习需求、方向不断产生。它体现了课堂教学的丰富性、开放性、多变性和复杂性，激发了师生的创造性和智慧潜能，从而使课堂真正焕发出生命活力。

预设与生成是课堂教学的两翼，缺一不可。没有精心的预设，就没有精彩的生成。预设使课堂教学有章可循，生成使课堂教学充满活力，精彩纷呈。预设体现了对文本的尊重，生成体现了对人本的尊重。预设是教师的有备而来，顺势而导，生成是学生灵感的突现，智慧火花的迸放。

生成是对预设的丰富、拓展、延伸、超越，没有高质量的预设，就不可能有十分精彩的生成。

教学创新，必须在“预设”和“生成”上创新。

课堂教学预设，是指教师课前对课堂教学的规划、设计、假设、安排。即教师对自己课堂各方面可能出现的问题的预见与对策的准备。

课堂教学生成，是根据课堂教学本身的进行状态而产生的动态活动过程，具有丰富性和生成性的特征。

前面我们探讨了基本备课之十三备：备好教材，心中有书；备好学生，心中有人；备好教法，心中有术；备好开头，引人入胜；备好结尾，引发探索；备好重点，有的放矢；备好难点，突破难点；备好作业，讲求实效；备好学案，渗透学法；备透理念，融会贯通；备多用寡，有备无患；备之研究，深层探索；备之终身，养成习惯。

课若如此备，基本上能预设充分，但还可以进一步升华。

预设充分，就能让更多的生成落入“预设下的生成”，套用一句大家耳熟能详的名言：“机遇只青睐有准备的大脑”，我们似乎可以这样说：“‘生成’只青睐有准备的课堂。”

当然，我们更希望每节课都有一些（哪怕一点点）非预设生成，让“无法预约的美丽”来得更突然些。这样的课堂，就是生成的、开放的创造天地。就像布鲁姆说的：“没有预料不到的结果，教学也就不成为一种艺术了。”每位教师都应努力促进更多的生成的东西，并及时地捕捉住智慧火花，让它绽放生命活力，使课堂教学因生成而变得美丽。

近年来，厦门一中、上海市格致中学、辽宁师范大学附属中学、贵阳二中、浙江省茅盾中学、浙江省嘉兴第一中学、贵州省实验中学、海南省琼山中学、深圳市宝安中学等学校联合举办“激活课堂”数学教学研讨活动，每校派出一位老师“同备一节课，同上一节课，同评一节课”，并在理论上对“激活课堂”进行研讨，取得了意想不到的可喜效果。

“同备一节课”，大家都在预设，都在如何创新、怎样激活上动足脑筋。在此基础上的听课，让大家在反思中获益颇多。

“同上一节课”，大家都在预设的前提下实施课堂教学，有预设下的生成，也有不少非预设生成，这是对授课教师业务功底和教学机智的考验。举办了四届这样的活动，大多数教师都身手不凡，处理得恰到好处。

“同评一节课”，是专家与授课教师的平等交流，是理论研究与行动研究的思维碰撞。专家们有了鲜活课例，评起课来有声有色、揭示本质、句句在理；一线教师有了研究课例，评起课来理论提升、深入浅出、可圈可点。

我以为，“激活课堂”数学教学研讨活动，是“预设”和“生成”的“研发基地”，是教师专业发展的平台，我们相信这项活动会越办越好，并且希望将其推广到其他学科。

近读《多一点精心预设 融一份动态生成》（《数学通报》2009 年第 11 期）一文，作者杨育池以执教《两角差的余弦公式》的课堂实录为例，说明了数学课堂中的预设与生成。文中的几个小标题依次是：1. 引入部分：返璞归真，体验知识的发现，促进预设与生成的融合；2. 公式证明部分：逐步完善，感受知识的形成，促进预设与生成的融合；3. 向量法证明公式的教学：挖掘推敲，优化思维方法，促进预设与生成的融合；4. 公式应用部分的教学：捕捉信息，沟通知识联系，促进预设与生成的融合；5. 教学后记：对“预设”与“生成”的一点认识。

杨老师在这篇文章中的“一点认识”写出了数学课堂教学“预设”与“生成”的韵味，现选择其中的片段供读者阅读，希望读者有机会阅读原文。

> 课堂是开放的，教学是生成的，教学是“静态预设”在课堂中“动态生成”的过程，课堂上发生的一切，既不是由教师单方面决定，也不是都能在备课时所预料的；教学过程的真实推进及最终结果，更多

地决定于学生的学情、课堂具体进行状态和教师的处理策略。一节课究竟是怎样的过程，不能在课时计划的预设中成竹在胸，它需要在教师预设的基础上，随着课堂信息的整理、分析、选择与调控不断进行演变，适时调整教学环节，动态生成学习内容。过分强调预设，缺乏必要的开放和不断的生成，就会使课堂教学程式化，课堂变得机械、沉闷，缺乏生机和活力，使师生思维活力得不到充分发挥；如果教学中单纯依照开放和生成，缺乏目标与计划，变得无序、失控，课堂教学显得过于自由化；缺乏精心准备和必要预设，使师生思维活力得不到高效发挥。

教师的“预设”、师生的“生成”是在一定的学习任务的前提下的“预设”“生成”，而不是师生随心所欲、节外生枝。生成，不是对预设的否定，而是对预设的挑战，精彩的生成源于高质量的预设。预设是为了更好地生成，生成是预设的后续发展和进一步的完善，两者是互生共进的。教学中教师还应认识到两者之间的差异，因为这两者之间的差异反映出我们的教学过程具有复杂性和不可预测性。当我们在课堂教学中没有按照预设展开时，当面临的信息使我们措手不及时，我们应努力做到不漠视，不将学生的思维强行拉回到预设的轨道，而是对预设进行及时的“整顿”，对生成进行发掘和利用，努力创造出课堂的精彩，激发学生的思维活力。这要求教师课前应精心预设，有效处理教材、主动走进学生、积极开发资源，才能在课堂中机智地选择预设、整合预设乃至放弃预设，从而收获生成。

总之，教师多一份精心的预设，课堂就会多一份动态生成，学生就会多一份发展。通过“预设”促进“生成”，通过“生成”完成“预设”目标。在“预设”中体现教师的匠心，在“生成”中展现师生智慧互动的火花，追求课堂教学的动态生成，数学教学才是一门名符其实的艺术，这样的课堂才能出现“不期而遇”的精彩。

第二节　走向按理念教学

教育的真谛是什么？这是我一直在思考、探索的问题。总的说来，教育要着眼于学生的发展，着眼于学生的未来。具体地说，教育要尊重和确立学生在教学中的主体地位，要引导学生积极参与教学，要培养学生对问题主动探索、独立思考的积极态度，要激发学生的创新精神和重视培养学生实践能力。

对上述问题的思考和探索，可以从育人角度、课程角度、课堂角度和学习角度进行。

1. 从育人的角度看教学：为经师，更为人师；重师德，也重师能

教育是人类伟大的事业，教育的最终目的是育人。作为一名数学教师，不仅要教好数学，成为“经师”，而且更要成为学生成长和身心健康发展的指导者，成为“人师”。

教师的职业道德是十分重要的。“无能”不能当好教师，“无德”不能当教师。师德与师能并重，才能当教师，才能当好教师。

“爱就是教育，没有爱，就没有教育。”爱是打开学生感情大门的钥匙。当学生知道你真诚地热爱他们时，他们的感情大门、智慧大门就向你打开。数学教育应该是建立在爱之上的教育，教师对学生的热爱，对数学的热爱，对科学的崇尚，会激发起学生对教师的尊重，对数学的执著探索和对科学的追求。

数学教育既要重视智力因素的核心作用，不断提高学生的智力水平，充分挖掘学生的数学学习潜能；又要重视非智力因素的动力、定向、维持、调节、控制和强化作用，数学教师应努力帮助学生树立远大的理想、浓厚的兴趣，以激发学生学习数学的热情。

我们的教学直接面对生命，教学中要最大限度地挖掘学生的情感潜能，提高教学效率。面对生命，上中学数学课要有激情，融氛围之美、数学之美、探索之美、发现之美于数学教学之中。让学生感到，数学学习是一种需要、一种享受。

例如，我在教复数时，顺便给出欧拉公式：

$e^{i\cdot x} = \cos x + i\cdot\sin x$，

令 $x=\pi$，得 $e^{i\cdot\pi}+1=0$。

有趣的是，数学中的“五朵金花”——中性数 0、基数 1、虚数单位 i、圆周率 π、自然对数的底数 e 竟能组成一个重要的“最美的等式”，不可谓不绝！由此，学生又一次体验到了数学之美。

随着科学技术的发展和人才培养的需要，现代数学教育越来越重视创新能力的培养。在数学思维中，最可贵、层次最高的品质是创造性思维。通过数学教育培养学生的创新能力，是数学教育的一项重要任务。要培养学生的创新能力，教师首先要有创新意识，并不断提高自身的创新能力。

“传授知识”的教学，是一个层次；加上“能力培养”便高了一个层次；再加上“方法渗透”就又高了一个层次；那么，是不是再加上“提高修养”就达到最高层次了呢？不！按“教育理念”教学才是教学的最高层次。按理念教学可以对教学不断进行反思，不断地改进，从而走向有理性、又独立见解的教学新境界。

2. 从课程角度看教学：在各种课程中发展学生素质

一般数学教师的课程观，实指学科课程。新的课程观，是构建数学必修课程、选修课程、活动课程、微型课程和潜在课程的数学大课程体系，在五类课程中，按数学素质教育的目标和要求实施。每种课程都有各自的教育价值，是相辅相成的有机整体，组成一个优化的数学结构。学生不仅要上好必修课，还应根据自己的兴趣、爱好，选择其他种类、层次的课程学习，从而全面培养和发展数学素质。

必修课程是实施数学素质教育的主渠道，脱离了这一渠道，数学素质教育就会落空。在学科课堂教学中，我的做法一是精心设计教学内容、教学方法、教学顺序，安排好练习的分量和方式，努力做到课堂教学的节奏紧、容量多、练习精、效率高。二是注意指导学生学习数学的方法，培养学生良好的学习习惯，提高学习效率。三是引导学生积极参与到数学学习的全过程去，让学生在参与中提高数学素质。四是充分运用多媒体等现代化教育手段，让数学教学更直观、更具体。五是注重“多解”训练和“变式”训练，在“多解”中培养学生思维的广阔性和灵活性，在“变式”中培养学生思维的深刻性和独立性。六是辨证施教，如“通法特法不可偏废，以通性通法为主”；“可以胡思乱想，但须小心论证”；“思维要活，格式要死”；“来自学生的解法往往比老师的解法高明”等。

选修课程有进一步巩固数学知识和拓宽数学视野的作用。我开设的选修课程有数学方法论、数学思维训练、集合论初步、导数及其应用、数学博弈、数学美学、数学学习方法等，并为数学选修课编著出版了《中学数学学习法》、《中学数学解题百技巧》、《特殊值漫谈》、《高中新课程数学学习法》等书。此外我还对数学选修课教学进行研究，不断改进教学方法，采用多种形式上好选修课。

活动课程的内容广泛多样，是完善数学素质教育的重要渠道。数学活动课可分为竞赛类、趣味类、写作类、实用类。我带的活动小组有数学竞赛培训班（获全国奖励 20 余人次）、数学兴趣小组（获团中央全国先进小组称号）、数学实用小组、数学研究小组等，注重活动课的教学方法与艺术，让学生在活动中充分发展。活动课一般不需要教材，但有些活动课可适当配一些教材，我编写出版的数学竞赛、趣味数学等方法的教材，对学生活动有一定帮助。学生在活动中进一步提高了数学素质，而这些效果往往是课堂教学所达不到的。

微型课程（即数学讲座）内容包罗万象，有助于营造数学学术氛围，是实施数学素质教育的辅助渠道。我积累了 30 多个课题，形成了自己的讲座风格和特色。开设的讲座课题有：你能学好数学、数学·力量·美、数学的迷幻世界、趣味数学与智力发展、生活中的数学、漫话数学猜想、高考数学命题对数学学习的启示等。数学讲座的趣味性、知识性和科学性，深深吸引了学生提高了他们的学习兴趣。

潜在课程对学生的影响是深刻的，重视并充分利用潜在课程以促进学生个性的全面发展，已成为当今课程改革的一个重要趋势，也是实施数学素质教育不可忽视的一环。我在教学中十分重视这方面的内容，如将思想教育融于数学教学之中，办好班级的数学墙报，以数学家的治学精神、优秀生的学习经验、困难生的“学习一得”对学生进行教育，在全班形成了良好的数学学习气氛，使学生的数学素质得到充分的发展。

教育在迅速发展，如今，我们又从选修课和活动课走向校本课程，同时许多活动课又发展为研究性学习成为教育部颁布的《全日制普通高级中学课程计划（试验）》中综合实践活动板块的一项内容。

3. 从课堂角度看教学：课堂教学要着眼于学生未来的发展

“教需有法，教无定法。大法必依，小法必活。”这是已达成的共识。但在现实的数学教学中，大多数时候仍是由老师讲定义，推公式，讲例题，再由学生解题，教师评判。这势必禁锢学生的思维，扼杀学生主动发展的积极性。因此，教师应树立新的教法观，让学生主动探索、主动发展，不断提高数学素质。在这方面我进行了以下实践。

主体参与。内因是变化的根本，外因是变化的条件。学生是学习的主人，学习是学生个体的自主行动。在教学过程中，只有充分调动学生认知的、心理的、生理的、情感的、行为的、价值的等各方面因素，让学生进入一种全新的学习境界，才能使其充分发挥主观能动性，主动探索，积极发展。

分层优化。一个班的学生，由于学习基础和认识水平的差异，发展总是不平衡的。对于不同学习程度的学生，可通过多种渠道，如指导预习和复习、适当提问、分层次完成作业，同学帮助、教师辅导等，让他们的水平得到提高。只有给予不同层次学生以良好的期望，才能提高他们的素质。

成片开发。数学概念、命题（公理、定理、性质、公式）、解题等，常常是可以“成片开发”的。在教学中，我以单元结构教学法为主，辅以其他教学方法，整体推进。注重数学知识的纵横联系，揭示其本质属性，让学生整体把握数学知识。在解题教学中，引导学生考虑一题多解，让问题由点构成线；引导学生一题多变，让问题由线构成面；引导学生一题多用，让问题由面构成体。这样，学生就可以多层次、广视角、全方位地认识数学问题。

过程教学。现代数学教学有一条原则叫“过程教学”，就是让学生参与和经历整节课的思维过程，充分体现知识发生、形成的过程，充分挖掘解题的思维价值。其特征是“自主性+思维性”。

方法渗透。数学不仅是一种知识，而且具有丰富的思想和方法，为此，我在教学中十分重视数学思想方法的渗透。只有注意数学思想方法的分析，才能把数学课讲懂、讲活、讲深，才能使学生在头脑中形成一个具有“活性”的数学知识结构，促进学生数学能力的发展。

问题解决。把问题作为数学教学的出发点，是现代数学教育的又一条原则。我在教学中，注意设置问题情境，让数学贴近实际、贴近生活、贴近学生活动，逐步培养学生的问题意识，激发学生学习数学的兴趣，学会“数学地思维”。对于一些开放性的问题，提供给学生自我探索、自我思考、自我创造的机会，进一步优化学生的数学素质。

4. 从学习角度看教学：让学生会学、会科学地学、会创新地学

在教学实践中，我深深地感到，一个学生要想取得良好的学习效果，单靠教师教得好、教学得法是不行的，学生自身还必须学得好、学习得法。但遗憾的是，在教育理论与实践中，长期以来，教学多研究“教”，少研究“学”。而如果忽视了“学”，“教”也就失去了针对性。因此，从 1987 年起，我坚持每年为高中（或初中）起始年级开设“学习指导课”，对学生进行系统的学习指导。同时，我还结合数学学科的特点，在教学过程中全方位、多层次地进行学习指导渗透，让学习指导像无声的细雨时时润入学生的心田。

学习指导的种类很多，有讲授类，以宣讲、传授为主要内容，其中包括课程式、专题讲座式。有交流类，以学生教育学生为主要内容，其中包括介绍式、宣传式。有辅导类，以帮助、支持学生掌握学习方法为主要内容，其中包括渗透式、诊疗式、个别指导式、咨询式。有领悟类，以领会其精神为主要内容，其中包括规模式、影响式。有活动类，以活动为特征为主要内容，其中包括学科活动式、综合活动式。

内容的选择上，一是在总体上给学生数学学习指导，二是在方法上给学生数学学习指导，三是在技巧上给学生数学学习指导，四是在能力上给学生数学学习指导，五是在课外学习上给学生数学学习指导。

教材的编写，应注意理论与实践相结合，注意宏观与微观相结合，注意方法、技巧、能力的统一，注意分出层次选好例题，注意智力因素与非智力相结合。

教材编写注重实用性，就学习环节而言，有计划的制定、预习的要求、听课的方法、复习的技巧、作业的方法、考试的能力、小结的方法。就智力因素而言，有注意力的培养、记忆力的培养、观察力的培养、想象力的培养、思维能力的培养。就非智力因素而言，有动机的培养、兴趣的培养、意志的培养、情感的培养、性格的培养。就学习管理而言，有时间的管理、环境的管理、时机的管理。就基础能力而言，有自学能力的培养、阅读能力的培养、创新能力的培养。

学习指导的层次，有按成绩划分的学习指导，如优等生的学习指导、中等生的学习指导、中下生的学习指导；有按年级划分的学习指导，如初中生

的学习指导、高中生的学习指导；有按个性划分的学习指导，如活而有序型的学习指导、活而无序型的学习指导、仔细严谨型的学习指导、不求甚解型的学习指导、凌乱无章型的学习指导、故步自封型的学习指导、傲慢自大型的学习指导、好大喜功型的学习指导、懒惰怕苦型的学习指导、逆反厌学型的学习指导。

新的育人观、课程观、教学观、学习观是一个有机的整体，几者之间相互联系、相互包容、相互影响、相互补充，在教学实践中融会贯通，共同影响和促进学生数学素质的全面发展。

追求数学教育的真谛，永无止境。只要不断地学习、实践、探索，就一定能步入新的境界。

第三节　聚焦课堂，激活课堂

课堂是学生学习的重要阵地，素质教育和课程改革必须聚焦课堂。

关于学生的课堂学习方法，我曾经总结过以下几句话：做好准备，迎接听课；高度集中，专心听课；抓住重点，认真听课；多方配合，高效听课；大胆发言，积极听课；区别类型，灵活听课。这是学生课堂学习的基本要求。新课程要求学生转变学习方式，从根本上说，就是要从传统学习方式转向现代学习方式。但是现代学习方式不是特指某一具体的方式或几种方式的总和，而是以弘扬人的主体性为宗旨、以促进人的可持续发展为目的，由许多具体方式构成的，具有多维度和不同层次结构的开放系统。认识和把握现代中学生学习方式的本质特性，是我们创造性地引导和帮助学生主动、个性学习的重要保证。

1. 聚焦课堂，以智慧点燃创新火花

现代中学生学习方式的基本特征具有“五性”。

一是主动性。主动性是新课程学习方式的首要特征，它对应于传统学习方式的被动性，二者在学生的具体学习活动中表现为：我要学和要我学。前者是基于学生对学习的一种内在需求，后者则是基于外在的诱因和强制。

二是独立性。独立性是新课程学习方式的核心特征，它对应于传统学习

方式的依赖性。如果说主动性表现为我要学，那么独立性则表现为我能学。每个学生，除有特殊原因外，都有相当强的潜在的和显在的独立学习能力，都有一种独立的要求和表现自己独立学习能力的欲望，他们在学校的学习过程，也就是争取独立和日益独立的过程。

三是独特性。每个学生都有自己独特的内心世界、精神世界和内在感受，有着不同于他人的观察、思考和解决问题的方式。也就是说，学生有独特的个性，每个学生的学习方式都是其独特个性的体现。转变学习方式，就要尊重每个学生的独特个性，为其个性发展创造空间。

四是体验性。体验是指由身体活动与直接经验而产生的情感和意识。体验使学习进入生命领域，因为有了体验，知识的学习不再仅仅属于认知、理性范畴，它已扩大到情感、生理和人格等领域，从而使学习过程不仅是知识增长的过程，同时也是身心和人格健全、发展的过程。

五是问题性。问题是科学研究的出发点，是开启任何一门科学的钥匙。没有问题，就不会有解释问题和解决问题的思想、方法和知识，所以，问题是思想、方法、知识积累和发展的逻辑力量，是生长新思想、新方法、新知识的种子。新课程的学习方式特别强调问题在学习活动中的重要性。

上述五个特性相互联系、相互包含，构成一个有机的整体。我们必须从整体的高度对其全面把握，从而有效地促进学生学习方式的转变。

下面是我的教学生涯中的一堂数学探索课。

虚拟问题：

爱国华侨 H 先生准备在 X 市捐建一座圆形公园，公园里要建六个颇具特色的凉亭：在圆形公园的六个角（即正六边形的六个顶点）上各建一个美丽的凉亭。H 先生准备通过招标在 X 市几家建筑公司中选定一家。几家公司都做好了充分的准备。

招标会上，H 先生风趣地说："圆形公园的建造不考虑技术问题。我想提的问题是，要在六个凉亭间修道路，从每个亭子出来都能走到另外任何一个亭子，哪个公司能把道路设计得最短，就由谁承建。"

师：我们班共 48 人，分成 12 个"四人小组"，分别代表 12 个公司，现在开始竞标。

生：（画图探索）

师：可以“胡思乱想”，但要严格计算。

话音刚落，A、B、C 三个公司几乎同时画出图 2-25。

经计算，全长为 $6a$。D，E，F 公司不甘落后，随即画出图 2-26，一算还是 $6a$。

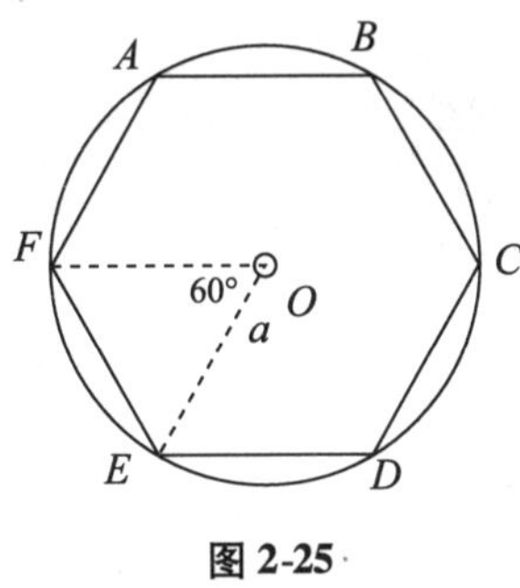

图 2-25

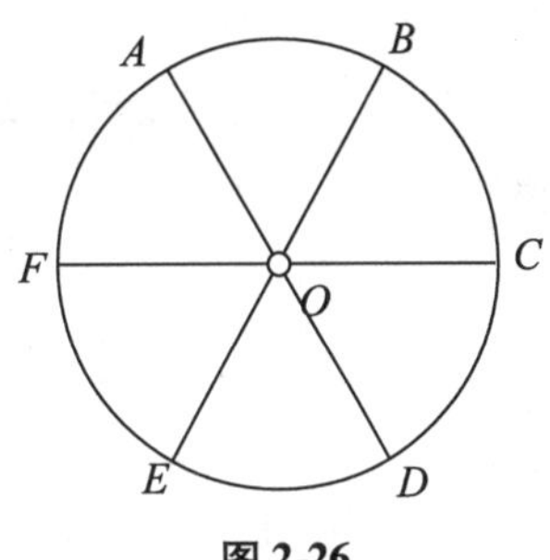

图 2-26

教室里静了下来。

师：（小声地）科学需要默默地探索。

学生们一边微笑，一边画。

G 公司经过冷静分析，画出了图 2-27。

教室里顿时活跃起来。待结果计算出来，众人又开始叹气：“仍是 $6a$。”

师：能不能突破 $6a$ 的大关？

“请看我们的设计！”H 公司激动地展开了图 2-28。

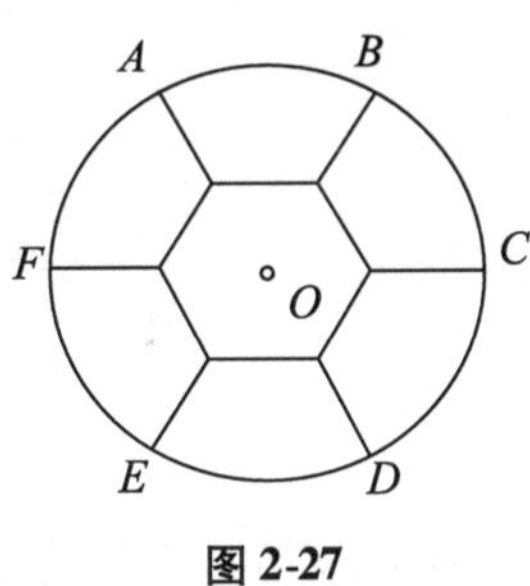

图 2-27

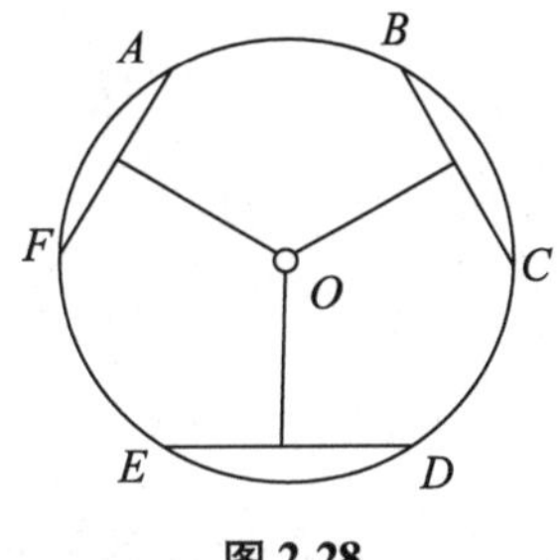

图 2-28

师：很好，大家再算算看。

经计算得出，全长为 $3a+\frac{3\sqrt{3}}{2}a\approx5.598a$。“好！”“妙极了！”大家赞不绝口。

师：有了突破性进展。

H 公司十分得意。

“不必弄得那么复杂。”说罢，I 公司轻松地画出了图 2-29。

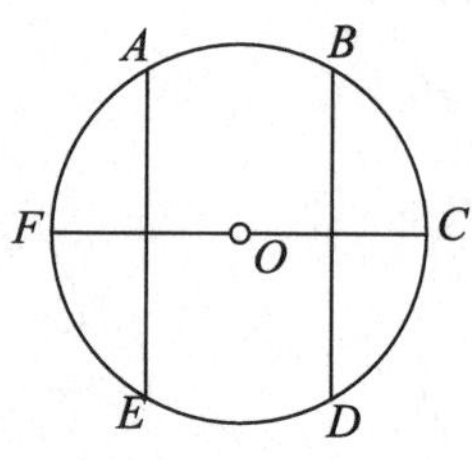

图 2-29

对 I 公司的方案计算结果，大家吃了一惊，其全长为：$2a+2\sqrt{3}a\approx 5.464a$，竟然比 H 公司设计的还短。

此刻，“招标”进入了白热化。各公司紧张地寻找新的突破。

教室里静得出奇，时间一分一秒地过去，眼看时限就要到了。

师：条条道路通罗马，哪条道路是捷径？真的“山穷水尽”了吗？

“我们有新的设计。”一个响亮的声音从 J 公司传出，在展现图 2-30 的同时，他们还列了算式：全长为 $9\cdot\frac{a}{\sqrt{3}}=3\sqrt{3}a\approx 5.196a$。

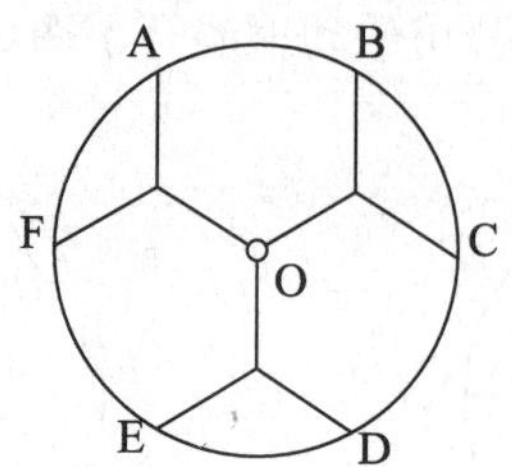

图 2-30

这个结果比 I 公司设计的短了约 $0.268a$！众人惊愕，继而爆出热烈的掌声。

班上一片欢呼，祝贺 J 公司中标。

师：路短且美，曲径通幽。这是科学的力量，是智慧的结晶。数学本来就是美的。当然，对这个问题的探索还没有结束，希望同学们还能设计出全长更短的道路，或者证明 J 公司所设计的道路是最短的。

2. 激活课堂，让课堂流淌生命诗意

我国中学的课堂教学比较沉闷，我们希望课堂教学能更活跃、更智慧、更有生命力。

一个真正充满生命力的智慧课堂应该是：当学生精神不振时，你能使他们振作起来；当学生过度兴奋时，你能使他们归于平静；当学生毫无头绪时，你能给予他们思维的启迪；当学生没有信心时，你能唤起他们潜在的力量。

激活课堂，需要我们用科学的教学观来指导教学实践。课堂教学是科学，是艺术，也是一种文化。活的课堂，才是真正具有生命力、充满智慧的课堂。激活课堂，就是在高度关注生命的前提下，让课堂更富有生机、富有思想、富有智慧、富有创造性。

课堂的“活水之源”，在于教师。激活课堂，就是学生在教师的引导下，围绕教学主题内容，通过启发点拨，诱发惊异、引起困惑、唤起向往。

以数学课堂为例，激活数学课堂教学，就是教师为学生在课堂中营造本原、自然的冲动，奋发的学习氛围，引起学生的求知欲，使其在和谐的课堂气氛中，自觉参与课堂学习，教师和学生一起“揭示数学的神奇，发现数学的完美，探索数学的应用，表达数学的精深”。

激活数学课堂的根本，是以数学问题为主线，以数学活动为中心，使之在“情境—问题—解决—应用—情境—问题—解决—应用”这样一个有机相连，首尾贯通，不断延伸、开放、动态的数学活动系统中完成教学任务。

激活数学课堂的基本策略有：创设数学情境，提出数学问题；以数学对话和数学交流为重要形式的启发式教学；注重数学实践，落实数学训练；用开放观进行数学教学；将情感、态度、价值观有机融入数学课堂教学中。

第四节　数学教师的反思之道

叶澜教授说：一个教师写一辈子教案不一定成为名师，如果一个教师写三年的反思，有可能成为名师。

美国学者波斯纳在总结人的发展时曾得出这样的公式：经验＋反思＝成长。教师工作最显著的特征就是实践性，在这一过程中，教师不断积累丰富的教学经验。换言之，实践情境和经验背景构成了教师建构知识的专业生活场景。但在教学实践中，繁忙的日常工作和各自的狭隘经验，极大地缩小着广大教师的专业和理论视野，教学成为一种开始时承袭他人、到后来重复自己的机械运动。如何走出这一怪圈，促进教师的专业化发展和个人教学风格的形成？教学反思恰如一位向导，带领我们从经验迷宫走向智慧殿堂。

“吾日三省吾身”，说的就是“反思”。

教师的反思，是教师自我觉悟的过程，是教师自我提升的过程。

1. 教师反思

新课程理念认为：教师个人的自我反思，教师集体的同伴互助，教育专家的专业引领，是教师专业成长的三条有效途径。

教师反思，是教师以自己的教学活动过程为思考对象，对自己的行为、决策以及由此所产生的结果进行审视和分析的过程，是一种通过提高参与者的自我觉察水平来促进能力发展的途径。课程改革背景下的这种教师反思，更多的是教师运用新的教育理论来反思和检验已有教育理论的合理性和局限性，以此反思和检验新的教育理论的真理性和合理性。

教师反思的主要内容有：教师教育教学观念的反思，教师角色地位的反思，教师教育教学知识内容的反思，教师教育教学活动组织与开展过程的反思，等等。

有人依据教学进程，把教师的教学反思分为在教学前反思、在教学中反思和在教学后反思。

在教学前进行反思。这种反思具有前瞻性，能使教学成为一种自觉的实践，并有效地提高教师的教学预测和分析能力。

在教学中进行反思。这种反思具有监控性，能使教学高质高效地进行，并有助于提高教师的教学调控和应变能力。

在教学后进行反思。这种反思具有批判性，能使教学经验理论化，并有助于提高教师的教学总结能力和评价能力。

这三个阶段构成了教师教学反思研究的基本过程，对改造和提升教师的教学经验具有重要的意义。

此外，教师反思也可以从教学实践、理论学习和相互借鉴三个层面展开。

一是在教学实践中反思。

特级教师孙双金曾经指出："喧嚣与繁华的社会让我们心浮气躁，现代快节奏的生活让我们慢不下来。我们就像一台永不停止的机器，转、转、转，忙、忙、忙，眼花缭乱，应接不暇。知识的洪水淹没了我们的大脑，也淹没了我们的智慧，我们的大脑几乎成了别人思想的跑马场。"

这种现象在现在的中小学里是常见的，在很大程度上反映了多数教师的教育实践是一种"操作性实践"。专家研究认为，这种实践需要提升。提升时至少应有反思性实践，即在教学实践中反思。这种反思性实践，是一种需要实践智慧的实践，是一种需要创新的实践。

教育的本质是实践性活动，但相同的教育实践活动对不同教师的专业发展的提高程度，则取决于教师的实践反思的深刻程度。

二是在理论学习中反思。

教师应不断学习和研究教育理论，特别是学习和研究基于课程改革背景下的先进教育教学理论。学习和研究理论，不能仅仅停留在"吸收"和"巩固"上，而应在理解消化的基础上进行深刻反思，并付诸于新的实践。

我们知道，"没有理论的实践是盲目的实践"。因而，我们要在学习的基础进行反思。

三是在相互借鉴中反思。

陈玉琨教授在谈到教师专业发展时，有一句常被人引用的话："尊重同行教师，在借鉴他人中完善自己。"的确，教师的专业发展需要不断吸取别人的经验，需要借鉴和学习别人的成果。

教学反思虽然以教师个人为主，但并不排斥教师间的交流、合作与研讨。教师之间的合作学习、同伴互助是校本教研的一项重要策略。教师之间的知识结构、思维方式等存在很大差异，而这种差异恰恰是一种宝贵的教学资源。

"同上一节课"的"百花齐放"，让我们感受到这种差异的价值，感受分享创造的快乐！

欲"常教常新"，不思何来？

2. 反思之法

教学，尤其是课堂教学，历来被称为“遗憾的艺术”。再优秀的教师，再成功的教学，都难免有瑕疵。唯有反思，才能提升，方可超越。

反思之法，视角不同，方法也不尽相同。

余文森教授认为，反思之法有四种。一是内省式反思，即通过自我反省的方式进行反思，可用反思日记、课后备课、成长自传等方法。二是交流式反思，即通过与他人的交流来进行反思，可用观摩交流、学生反馈、专家会诊和微格教学等方法。三是学习式反思，即通过理论学习或通过与理论对照进行反思。四是研究式反思，即通过教育教学研究进行反思。

吕洪波老师在《教师反思的方法》一书中认为，反思有五种方法：一是教育日志，二是教育案例，三是教育叙事，四是教后记，五是网络教研。

周成平教授在《魅力教师的修炼》一书中，专门有一节谈“教师反思魅力之修炼”。他认为，就教师反思魅力的基本内容而言，可以以“点”论之：课堂教学——反思的重点，课前准备和课余练习——反思的基点，学习观摩——反思的生长点，信息技术——反思的亮点，开展对话——反思的要点，合作共进——反思的热点，勇于否定——反思的难点。就教师反思魅力的基本特征而言，可以以“性”论之：即实践性、反观性、反省性、自我性、过程性、研究性。就教师反思魅力修炼的有效策略而言，具体有四种：彰显自我、凸显主体，增长智慧、丰富理论，和谐关系、共享资源，提升能力、提高水平。

马菁菁、湛启标老师探讨了教师反思研究的实践策略，提出三个“让”：让学生成为教师的眼睛，让同事成为教师的镜子，让阅读成为教师成长的阶梯。

许传利探讨了课后反思，提出“七要”：要反思教学行为是否达到教学目标？要反思教学活动是否“沟通”和“合作”？要反思是否创造性地使用了教材？要反思教学过程是否存在“内伤”？[①] 要反思教学过程中是否迸发出“智慧的火花”？要反思教学过程是否适应学生的个体差异？要反思教学过程是否存在“伪探究”？

---

① 即教学是否流于形式，缺少实质内容。

徐武汉老师探讨了教师反思的有效性，认为在读书中警醒自我、在观察自己的教学实践中检查自我、在观摩学习及同事交往中提高自我、在教育教学评价中发展自我最有效。

还有的老师了提出“七从反思法”。

一是从怀疑处反思。从怀疑处寻求问题，至少产生两个角度以上的思考。如教学方法的使用是否科学。从“是”与“否”两个角度，还可以延伸出怎么“更科学”，怎么才能避免“不科学”等思考。

二是从转换立场处反思。一个教学细节，从教师、学生、家长的角度来看也会不同，细究之，从学生的不同层次来看也是如此。因此，反思中，要有机地寻求立场转换，多角度来“包围”反思主题，才能增强反思的深度与客观性。

三是从转换知识系统、学科领域处反思。综合实践、跨学科教学实践是课程标准的新理念。因此，反思有时也应从转换知识系统、学科领域来寻求不同的答案。

四是转换时空处反思。环境、时间的变化影响了人们的认知。每个教学细节都有其发生、发展的时空特性，一堂课、一个教育教学过程的成功与失败都有诸多偶然因素，不要因为成功或失败就放过或忽略其中潜藏的问题。

五是从假设性问题处反思。注重思维的设计性是培养创新思维的要点。假设是逻辑思考的重要方式。一种假设就代表一种新思维、新概念，甚至能产生与已有的问题相悖的结果。反思中提出的一个假设，就可能是在发现问题后寻找到的解决问题的一把钥匙。

六是从联系对比处反思。对比体现差异，联系体现衔接，通过横向、纵向的联系、对比，我们就可以从中发现许多新的问题。

七是从事物本质处反思。哲学是所有科学的基础，心理学、教育学是教育科学的基础。要学会作更深层次的反思，就必须掌握哲学原理，学习心理学、教育学知识，才能使“反思”更全面、更科学、更客观，才能提高“反思”的含金量。

说得都不错，我们大家再细细品味，再反思反思。

第三章
走向优秀之课程篇

数学课程与数学教育变革的动因是什么？二者又分别有怎样的价值追求？

新课程的实施，既是我国基础教育领域发生的一场深刻的变革，也是进一步推动我国教育发展，提高教师水平，更好地为基础教育服务的重要契机。每位教师都将在这场变革中掂出自己的分量，找到自己的位置，作出自己的回答。

第一节　数学教师的大课程观

实施素质教育有多种模式。如何选择教师易接受、学生愿参与、家长能支持，且操作性强、可持续发展的素质教育模式，是人们关注较多的一个热点问题。

对数学教学而言，构建数学大课程体系，也许是一条可行之路。一是构建数学必修课程、选修课程、活动课程、微型课程、潜在课程、社会课程的大课程体系；二是在六类课程中，按数学素质教育的目标和要求实施，使学生得到全面发展。亦即构建数学大课程体系，实施数学素质化教育。

1. 必修课程

与其他课程相比，必修课程的优势有二：一是能使学生有效而经济地继承人类文化文明遗产，并在一定程度上促进学生的个性发展。二是能帮助学生掌握生活技能和社会行为规范，加速人的社会化和现代化。

数学必修课程具有目标的明确性、内容的确定性、教学组织形式的稳定性、成绩评定的定时定量性等特征。在数学大课程体系中，必修课程在基础知识的掌握、技能和能力的培养方面为其他课程奠定了一定的基础。数学教师在上必修课时，要做到以下五个方面。

（1）要优化教学

课堂教学应坚持五个有利于，即有利于激发学生的学习兴趣，有利于基础知识、基本技能的落实，有利于智力开发和能力培养，有利于全面提高教学质量，有利于减轻学生过重的课业负担。

（2）要精心施教

数学教师应精心设计数学必修课程的教学内容、教学方法、教学顺序，安排好练习所占的分量和方式，努力做到课堂教学的快节奏、大容量、精练习、高效率。

（3）要渗透学法

数学教师要注意指导学生的学习方法，使学生形成良好的学习习惯，学会科学管理时间，提高学习效率，并调动学生主动学习的积极性，创造生动活泼的学习气氛。

（4）要提高效率

应注意提高数学教学素质化水平，着力进行数学课堂教学改革，充分运用多媒体等现代化教育手段，提高课堂教学效率。

（5）要师生互动

教学过程是师生互动的过程，教师在课堂教学中，应引导学生积极、主动地参与到数学学习的过程中，让学生在参与中获知，在参与中启智，在参与中提高素质。

2. 选修课程

必修课程在中学课程教学中虽起着重要的作用，但也存在缺点和局限性，这就需要其他类型的课程来弥补，选修课程是其中之一。选修课程可以进一步巩固文化基础和拓宽学科视野等作用，是中学教育的重要内容和个性化教育的重要组成部分。

选修课程分必选课和任选课两类。必选课指同一年级学生必须选择学习的课程，如数学学习方法、数学问题解决等。任选课指学生可以在教师的指导下，按照自己的兴趣、爱好选择的课程，如数学方法论、数学思维训练等。

从内容上看，选修课可分为两大类，其中的一大类是学术性选修课，它可分为三类：

（1）高深类选修课

这是为了提高或加深相应的数学必修课而开设的选修课，目的在于让学生对相应必修课的基础知识掌握得更深厚、更扎实。高中数学课程改革中涉及的选修课程，多为此类，如数列与差分、欧拉公式与闭曲面分类等。

（2）拓宽类选修课

这是为介绍新的数学知识、提高数学研究水平、丰富学生的视野而开设的选修课，如关于分形的科学、不动点初探等。

（3）趣味类选修课

这是为了满足不同学生的不同兴趣爱好，为发展其某一特长和才能而开设的选修课，如拓扑趣谈、数学博弈等。

选修课的另一大类是职业性选修课，包括农业类选修课、工业类选修课和商业类选修课。

研修数学选修课程知识，探讨数学选修课程教学艺术，也是数学教师必须具备的看家本领。因为在课改背景下，高中数学新课程直接由模块构成。这些模块又分成必修和选修两个部分。

选修课程的开设不应是数学必修课程的简单重复、延伸和补充，否则，便会失去在培养学生素质、发展个性特长方面的功能。数学教师应加强对数学选修课程与必修课程之间的比例关系的研究，只有二者的比例相应平衡，才能使素质教育和谐发展。同时还应加强对数学选修课教学的研究，改进教学方法，提高选修课的教学质量。课程的教材建设至关重要，各校应注意选修课教材的购置，有条件的学校可考虑编写校本教材。

最后，数学选修课的考核、评估不应流于形式。

3. 活动课程

活动课程指学校为实现培养目标，根据学生的年龄特点和身心发展规律，有目的、有计划、有组织地开展活动，让学生在活动中培养动手和动脑能力、发展兴趣和特长、全面提高素质的课程。设置活动课程是转变传统教育方式、构建数学教育模式的重要举措，也是实现人的全面发展的需要。

数学活动课程可分为以下几种类型。

（1）竞赛类：为参加各类数学竞赛而组织的活动小组。

（2）趣味类：为培养学生的数学兴趣而组织的活动小组。内容包括数学课外阅读、数学游戏、数学故事会、数学墙报、数学制作与实践、数学游艺会等。

（3）写作类：为培养学生的写作能力和提高学生的研究水平而组织的活动小组，主要内容是数学小论文或数学小品文的写作。

（4）合格类：为弥补部分学生的数学知识缺陷而组织的活动小组。

由于不受教学大纲和教学计划的限制，数学活动课程的内容有较大的伸缩性和开放性，泛及面广，丰富多彩，开展形式有很大的灵活性和多样性，因此，数学活动课程成为完善素质教育的重要渠道。

数学教师在活动课程的驾驭上应注意做到以下几方面。

（1）统筹安排，各方协调，加强落实。数学活动课程应定计划、定教师、定学生、定时间、定地点、定内容，并通盘考虑学校活动、年级活动、分组活动的不同层次的安排，将各方面有机结合，从而把数学活动课有序、深入、持久地开展下去。

（2）数学活动课程的内容广泛多样，学生兴趣千差万别，其组织形式也应该多种多样。在确定数学活动课程的组织形式时，要充分考虑到学生的特征和活动内容的需要与要求，使活动产生效果，使学生真正有所收获。

（3）各类数学活动课程，均有各自特定的目的、任务、内容要求和相关注意事项，只有充分发挥各自的作用，才能实现活动课程的整体教育功能，全面提高学生素质。

（4）数学活动课程在具体操作上，应注意趣味性、主体性、差异性、灵活性和时代性。

（5）数学活动课程的教材——如果需要教材的话，可由学校设法购置，有条件的教师可自编教材，进行校本教材开发实践。

4. 微型课程

“微型课程”亦称“组件课程”、“单题课程”，是现代课程的一种新形态，与人们常说的“讲座”或“系列讲座”有相似之处。

微型课程的主要特点有：

（1）短期性：所需课时不多，短时间内即可完成教学。

（2）专题性：微型课程的内容选择范围十分广阔，凡是学习需要的知识领域，均可进入微型课程。

（3）灵活性：微型课程的科目设置、教学时间安排、教学方式的采用、教学对象的确定及考核办法等，有很大的灵活性。

（4）及时性：微型课程可以及时反映数学研究领域产生的动态（如费尔马猜想获证），数学在现代化建设中的新成就，新兴的、边缘的数学学科的出现，以及新的数学研究成果（如谷超豪获科学奖）等。

（5）针对性：微型课程往往因时、因地、因学生的具体情况开设，故有较强的针对性。

微型课程教学活动的开展，教师和学校应做到以下几点。

（1）数学微型课程应纳入学校教学管理之中，采用计划性与临时性相结合的方式进行。所谓计划性，就是学校对有关处室、年级、教研组、其他部门下达一定的讲座任务，由有关部门负责完成。所谓临时性，就是教师可临时申报讲座课题，获得批准后实施。

（2）数学微型课程应注意因时、因事开设。例如，新学期开设“初中数学学习方法的内容、特点与对策”讲座；考试前夕开设“数学考试方法与技巧”讲座；结合摸彩开设“奖券中的数学”讲座；结合学校艺术节开设“数学之美”讲座等。

（3）数学微型课程应注意知识性、科学性、实用性、教育性。例如开设“漫话数学猜想”、“生活中的数学”、“数坛英豪”、“趣味数学与智力发展”、“运动中的数学问题”、“生物数学趣谈”等讲座。

（4）应充分利用各种条件开设数学微型课程。可请本地数学专家开设讲座，可请知名校友开设讲座，还可请本地开学术会议的专家开设讲座。

（5）数学教研组长应带头开设讲座，同时培养一批“开讲”积极分子，树立典型，逐步形成良好氛围，让学生感受到数学学习的乐趣。

5. 潜在课程

潜在课程作为一种独立的课程形态，是指学校通过教育环境（包括物质的、文化的和社会关系结构的）有意或无意地传递给学生的非公开性教育经验。

潜在课程的构成因素十分复杂、多变，数学潜在课程主要是教师在教学中隐含的价值观、态度、理想、信念、道德观念、世界观等意识形态内容，以及在数学其他课程实施过程中所产生的偶然的、无意识的文化影响。

数学潜在课程可以从以下几个方面进行：一是寓思想教育于数学教学之中；二是寓数学文化于数学活动之中；三是全面提升数学教师的人格魅力和学识魅力；四是办好班级、年级、学校的数学墙报；五是充实校园网的数学资源；六是充分利用其他教育因素，如数学家的治学精神、数学优秀生的学习经验、数学困难学生的学习心得等，对学生进行教育。

6. 社会课程

随着教育改革的深入发展，新一轮基础教育课程改革明确提出要构建国家课程、地方课程和校本课程。校本课程，就是以学校为课程编制主体，自主开发与实施的一种课程，是相对于国家课程和地方课程而言的。校本课程的开发是学校面临的一个新课题，不少学校的教师已在这方面进行了积极的探索，开设了课程甚至编写相关教材。在这一过程开发中，如何进一步推进课程建设，充分利用社会课程资源，为学生发展创设更大的空间和平台，是一个值得探索的课题。为此，我提出了“社会课程”的概念，将其作为校本课程中的一类。其指导思想，一是树立新理念，实施新课程；二是用好社会资源，培育一流人才；三是让学生走向社会，把专家请进校园。

让学生走向社会，包括利用社会活动、科研场所，使之成为学生进行社会实践、研究性学习、专项训练的场所。例如，竞赛类课程可以争取得到高校有关院系的支持，趣味类课程可以争取得到青少年宫的支持，社团类活动可以争取得到有关科研部门的支持。

把专家请进校园，包括利用双休日、寒暑假等时间，开设“数学百家讲坛”，结合学生需求，为其开设各类讲座、开展有关活动。

课程改革呼唤社会课程，但现在绝大多数学校和教师还不能有意识地开展这方面的研究和实践。有识之“数学教师”，如果先期开展这方面的研究与实践，必有新的收获。

第二节　课改背景下数学教师的变革

走向优秀的数学教师，应该成为课程改革过程中的弄潮儿。

1. 数学课程与数学教育的变革动因

课程和教育的变革总是由一定的动因引起的，社会进步、数学进展、学生发展是促使数学课程与数学教育变革的三大动因。

（1）社会进步与数学课程

一方面，社会进步对数学课程和数学教育提出新的要求。信息化社会要求人们具有良好的数学信息素养，并要求人们提高数学能力，这就需要数学课程的开设。另一方面，数学课程与数学教育应主动适应并促进社会的发展。这表现为数学课程与数学教育更加注重“社会目标”，在内容的选择上要反映公民的数学需求，且内容的呈现要使学生感受到数学与现实的联系。

社会的进步必然对数学课程提出新的要求，数学课程也会对社会产生一定的作用。二者之间的这种交互作用，历来为专家学者所关注。

社会总要进步，课程不可不改。

（2）数学进展与数学课程

一方面，数学进展为数学课程和数学教育注入新的活力。表现为数学得到了空前的应用，具有技术的品质；经典数学得到了蓬勃发展，形成了许多新成果和新思想；数学研究的方式发生了变化，“做数学”的过程更加凸显。

另一方面，数学课程与数学教育要紧跟数学进展的步伐。表现为数学科学的广泛应用，要求数学教育必须重视培养学生的应用意识；数学科学的独特思考方式，要求数学教育重视培养学生思考问题的方式方法；数学科学的发展为数学课程与数学教育内容的选择提供了依据；数学科学的发展要求数学教学做到“返璞归真”，适度“非形式化”。

数学知识的更新是数学课程发展最活跃的内在因素，它必将影响数学课程与数学教育的价值取向、内容选择、实施要求以及教与学的方式。

数学总要进展，课程不可不改。

（3）学生发展与数学课程

一方面，数学课程与数学教育受学生身心发展规律的制约。表现为学生身心发展规律和身心发展水平都制约着数学课程的设计与实施，学生学习数学的特点是数学课程设计与实施的重要依据。

另一方面，数学课程与数学教育要促进学生发展。表现为满足、促进学生发展成为数学课程设计与组织的本体性依据，并成为数学课程的首要目标；以学生的发展作为数学课程的出发点和归宿点。

学生的发展依赖于课程的指引，课程的设计也须符合学生发展的规律和水平。两者相互依存、相互制约、彼此促进。

学生总要发展，课程不可不改。

2. 数学课程与数学教育的基本理念

数学课程走向何方？数学教育走向何方？回答这些问题，还要从认识数学和数学课程说起。

（1）对“数学与数学课程”的“新”认识

第一，对数学内涵要有“新”的理解。

数学是什么？数学是对客观事物的一种反映形式，也是人类认识客观世界的过程和改造客观世界的手段。因此，简单的定义难以揭示数学丰富的内涵。因为数学不仅是一门知识，更是人类实践活动创造的产物，社会与文化推动着数学的发展，同时数学也推动社会与文化的发展。对数学的认识不仅要从数学家关于数学本质的观点中去领悟，更要从开展数学活动的亲身实践中去体验；数学发展的动力不仅要从历史的角度考虑，更要从数学与人和现实生活的联系中去寻找。这样，我们对数学的理解就有了“新”的视角：

——数学是人们生活、劳动和学习必不可少的工具，能够帮助人们处理数据，进行计算、推理和证明，数学模型可以有效地描述自然现象和社会现象。

——数学为其他科学提供了语言、思想和方法，是一切重大技术发展的基础。

——数学在提高人的推理能力、抽象能力、想象力和创造力等方面有着独特的作用。

——数学是人类的一种文化，它的内容、思想、方法和语言是现代文明的重要组成部分。

由是，数学作为人们生活的工具的实用功能，对支撑科技进步的基础作用，作为促进思维和创造性发展的力量，作为表征和交流相关信息的“语言”，作为人类文明的文化成果，也就全面地凸显了出来。

第二，对数学课程要有“新”的诠释。

其一，“作为课程的数学”和“作为科学的数学”不同。前者除了数学内容，还包括课程目标，课程实施方式、手段、管理等非数学形态的结构要素。两者就知识而言，范围不同、选择标准不同、层次不同、内容结构不同。课程数学源于科学数学，同时，课程数学作为数学学习的载体，要引领学生通过学习数学知识逐步认识数学的本质，把握数学的价值。因而，如何引领、超越科学数学之所在，也就成为优秀数学教师的追求。

其二，“教育数学”和“科学数学”不同。著名数学家张景中院士认为，数学教育要靠数学科学提供材料，对材料进行教学法加工，使之形成教材；而教育数学则是为了教育的需要，对数学研究成果进行再创造式的整理，以提供适宜教学法加工的材料，这往往需要教学上的创新。由此我们认识到，数学的知识要成为数学课程的知识，仅靠教学法的加工还不够，必须在它们之间架一座桥梁，这就是教育数学，它本身是对数学的再创造。

我以为，教育数学，要在“育”字上做足文章，既要对数学进行再创造，又要对数学教学进行深化。数学教师的优秀之道，也就是“再创造”、“再深化”之道。

其三，数学知识的“教育形态”和“学术形态”不同。数学教育家张奠宙教授提出，数学教学的目标之一，是要把数学知识的学术形态转化为教育形态。数学的学术形态通常表现为冰冷的美丽，而数学知识的教育正是火热的思考。数学教材的编写有一定的要求，呈现给学生的往往是“美丽而冰冷的数学”，火热的思考被淹没在形式化的海洋里。

数学教师的任务之一，就是要化“冰冷”为“火热”。当然，这“火热”是建立在“思考”基础上的，如用创设情境引出形式化的表述，通过活动激活学生对数学的思考，引导学生学会思考问题。

第三，对课程理解要有“新”的观点。

我们需要什么样的数学课程？在课程改革全面推进的今天，这已经成为课程建设和课程实施必须面对的问题。

可以这样说，第一，我们需要“学生为本”的数学课程。“以学生为本”是数学教学的根本原则。数学教育的要求须着眼于对学生潜能的唤醒、开掘与提升，促进学生的自主发展。

第二，我们需要“动态发展”的数学课程。任何课程都是动态发展的，具有继承性和发展性。数学知识只是绝对真理长河中的相对真理，具有发展性、开放性和不完备性。我们应该以更加包容的目光审视数学课程的建设。

第三，我们需要“自我生长”的数学课程。数学课程应当是富有活力、具有自我生长力的“有机体”。数学课程的自我生长常常是在数学课程实施的动态过程中随机产生的，课程实施的过程，也就是师生共同构建教育经验并且共同成长的过程，是师生共同创造和开发课程的过程。

第四，我们需要“系统开放”的数学课程。数学课程应当是一个拓展的开放的系统，表现在数学内部的拓展性和数学外部的适应性上。就数学课程自身的教学实施和设计而言，它的课程目标、课程内容、课程资源开发、数学思维和教学活动等，都是拓展开放的，它的适度不确定性为数学课程的可持续发展留下了创新的空间。就数学外部来说，数学课程应适应不同地区、不同学习需求的学生，为他们的发展提供足够的“弹性”。

（2）数学课程与数学教育的基本理念

新形式、新情况，带来了新任务、新问题，呼唤着新思路、新对策，更需要以新的教育理念，引导课程改革的探索与实践。教育的基本理念必然在教育教学改革的实践中产生，也应当在教育教学试验的探索中逐步升华与完善。我们把内在影响教师课程实践与教育活动的和对课程与教育基本问题的认识与看法，统称为课程理念或教育理念。

中学数学教育观近年来发生了积极的变化，体现了时代精神和数学课程改革发展的方向。

一是基于时代发展的数学课程观。时代发展要求公民具有基本的收集整理数据、加工处理数据、获得结论、作出选择并进行有效表达和交流的能力。因此，数学课程应该为学生的终身发展奠定良好的基础。

二是全面认识数学本质的数学观。科技的发展，特别是计算机的出现及其与数学的结合，使数学得到了空前的发展，极大地改变了数学的面貌。数学直接影响着公民素质和生活质量，良好的数学修养将为人一生的可持续发展奠定基础。

三是突出学生主体的数学学习观。学生的知识和经验是在与客观世界的相互作用中逐步形成的。学生的数学学习活动应当是一个生动、活泼、主动和富有个性的过程。

四是转变教师角色的数学教学观。好的数学教学应该从学习者的生活经验和自身的知识背景出发，提供给学生充分进行数学实践活动和交流的机会，使他们在自主探索的过程中真正理解和掌握数学知识、数学思想和方法，同时获得广泛的数学活动经验。学生应是数学学习的主人，教师的作用在于成为学生学习数学的组织者、引导者、合作者和共同研究者。

五是多种价值取向的数学教育评价观。既要评价学生数学学习的结果，也要评价学生在数学学习过程中的变化和发展；既要评价学生数学学习的水平，也要评价学生在数学实践活动中表现出来的情感和态度。评价的目的是为了促进每一个学生的全面发展，为学生的学习活动和教师的数学活动提供自主的空间。

六是顺应时代潮流的教育技术观。要充分利用信息技术，特别应把计算机作为研究、解决数学问题的强有力的工具。既要重视利用计算机免除大量繁杂、重复的运算，更要充分利用计算机的探索功能、创造功能为数学教学服务。

3. 课改背景下数学教师的变革

课程的变革，必然带来教师角色、教师行为和教师文化的变革。

（1）教师角色的变革

何为师者？对此，唐代韩愈的《师说》提出了“师者，传道、受业、解惑也”的职业定位。现代社会，人们对教师角色的理解在秉承了上述认识的同时，进一步用“园丁”、“蜡烛”、“人类灵魂的工程师”等表述进行定位。

不可否认，长期以来，人们对教师角色的上述定位促进了中华文明的传承和中华民族的昌盛，在保证教师的社会地位同时也培养出许多优秀人才。然而，随着社会的前进和发展，这一定位的局限性也开始凸显，主要体现在：强调教师的知识传递性，忽视教与学过程中知识的创造性；强调教师的权威性，忽视教师与学生之间的合作关系；强调教师的社会责任，忽视教师个体的生命价值；强调教师的学科素养和教学技能，忽视教师综合素质的提高。

社会变革呼唤新的教师角色，教育改革也呼唤新的教师角色。课改背景下，教师尤其是数学教师的角色应如何定位，是需要我们每一个人探究并实践的内容。

（2）教师行为的变革

教师是课程实施的关键，没有教师行为的变革，就不可能有新课程的真正落实。教师的教育行为主要表现为教师的教学行为和师生交往行为。

新课程呼唤教师教学行为的变革。要让每一个学生都得到发展，教师就必须变革教学行为，真正使课堂教学焕发出生命活力。

传统的教师教学行为存在“四重四轻”的失衡：重教师主导，轻学生主体；重知识灌输，轻建构过程；重书本知识，轻生活世界；重智力发展，轻人格塑造。新课程教学要变革这种失衡，优化教师的教学行为，促进学生和谐发展。为此，在教学方式上，要从灌输转变为寻求学生主体对知识的建构。教师应平等地参与教学过程，为学生学习提供帮助，引导并促进学生的发展。在师生关系上，要从控制转变为对话与合作。建立平等的师生关系，构建融洽和谐的学习氛围，师生之间应互相接纳、互相敞开、互相理解，教师应尊重、理解学生。此外，在新课程背景下，还迫切需要构建新型的师生关系，使之具有以下特征：理解宽容，真诚真实，民主平等，对话交流，相互期待。

（3）教师文化的变革

所谓教师文化，是教师在教育教学活动中形成与发展起来的价值观念和行为方式，包括教师的教育观、教学观、学生观、课程观、质量观，教师的教学方法、教学质量、教学风格，教师的师德、师能、师智、师魂等。

传统的教师文化本质上是一种与教师的“技术熟练者”身份相适应的适应型文化。这种教师文化的价值取向是“效率取向、控制中心”，教师的职责在于熟练地执行课程，遵守既有的操作程式与规范。在这种文化主导下，判定教师专业成熟度的标准是适应而不是创造。这种文化与新的课程文化、学校文化不协调。因此，新课程背景下，教师文化需要重塑，并具有以下四个方面的特点。

一是教师走向合作与对话。新课程使教师的教学方式、学生的学习方式、学校的管理方式和评价方式都发生了变革，教师的合作不仅变成可能和现实，而且更是一种工作必需。

二是探究和反思成为教师的生活方式。探究和反思是教师专业发展和自我更新的核心因素，而且能增进教师技能，改进教学，使之成为一个更有能力、更有思想的专业人员。

三是关注教师个体经验，形成教师个人风格。保持教师个人的独立性并促进教师之间的相互协作、共同提高，这既符合以人为本的时代特征，也是教师文化应有的发展方向。

四是引导教师走出功利主义。教师要保持心灵宁静，在归于宁静的过程中发挥教育智慧，推进教育教学工作。

我喜欢下面这首名为《宁静》的诗，故录之，与老师们共勉。

宁 静

心灵的宁静。

宁静的心灵。

心灵的宁静，一种超然的境界。

高朋满座，不会昏眩；

曲终人散，不会孤独；

成功，不会欣喜若狂；

失败，不会心灰意冷。

迎接社会的鲜花美酒，我坦然；

面对生活的刀风剑雨，我洒脱。

平静地，

寻找阳光，

寻找希望。

第三节 数学教师的课程领导

教师成为课程领导中的一员，是新课程改革理念的召唤，教师参与课程领导，可以对课程、学生和学校的发展起到重要的作用。

首先，教师参与课程领导能优化课程本身。因为，教师作为拥有相当智慧和创意的群体，其创意和创造力的发挥是课程发展不可缺少的动力。

其次，教师在一定程度上参与课程领导工作，会影响课程实施的进程并进而影响学生的学习结果。

第三，教师参与课程领导有利于学校的发展。教师在参与课程领导的过程中，逐渐形成合作的工作关系并养成合作的工作能力，可以形成一种积极的学校氛围，从而促进整个学校的发展。

1. 数学教师的课程领导角色

数学教师课程领导角色的扮演，要做到以下方面：理念的追寻及实践者；课程的生成及开发者；成员的融入及引领者；创意的提出及推动者；资源的整合及利用者；成效的回馈及监督者。

（1）理念的追寻及实践者

小学数学新课程的基本理念有：数学课程生活化；让学生亲历数学知识的形成；转变学生的学习方式；教师要转变教学的方式；评价的根本是要促进学生的发展；重视现代信息技术的应用。初中数学新课程的基本理念有：突出数学学习的基础性、普及性、实用性和发展性；推崇数学应面向全体学生，实现“人人学有价值的数学”、“人人都能获得必需的数学”、“不同的人在数学上得到不同程度的发展”。高中数学新课程的基本理念有：构建共同基础，提供发展平台；提供多种课程，适应个性选择；倡导积极主动、勇于探索的学习方式；注重提高学生的数学思维能力；发展学生的数学应用意识；与时俱进地认识“双基”；强调本质，注意适度形式化；体现数学的文化价值；注重信息技术与数学课程的整合；建立合理、科学的评价体系。

数学教师应当根据教学实际，用心品悟新课程理念，并在教学中积极践行。

（2）课程的生成及开发者

数学教师不仅要有“动态生成”的课堂教学能力，还要有数学课程的生成开发能力。课改背景下，教师由对教科书内容的忠实执行者变为课程的创造者，即在兼顾课程共性的前提下自主设计、选择开发、实施和评价形成具有个性化的课程。

数学课程如何生成呢？如下几点，可供参考：相互借鉴不同版本教材，融合吸收相关学科内容，二度开发数学教材，开发运用学生生活经验，开发利用社会资源和自然资源，捕捉并运用教学中的有利信息。

（3）成员的融入及引领者

一项有价值的、新开发的数学课程，需要数学教师的“融入”，即使实验不是很成功，“一路走来”也必有收获。此外，数学教师不仅应融入新的数学课程的开发，更应该成为“具有正确的数学教育观”的数学课程的引领者。

什么是引领？当绝大多数人在追求功利的“应试数学”时，我们开发基本无功利的“数学文化”课程，就是一种引领；当绝大多数人在关注“作为科学的数学课程”时，我们开发“作为人文的数学课程”，就是一种引领，因为，“科学少了人文，缺乏气质；人文少了科学，缺乏理性”。

（4）创意的提出及推动者

爱因斯坦在《物理学的进化》中说：“提出一个问题往往比解决一个问题更为重要，因为解决一个问题也许是一个数学上或实验上的技巧问题。而提出新的问题、新的可能性，从新的角度看旧问题，却需要创造性的想象力，而且标志着科学的真正进步。”可见，在一定程度上，提出问题是成功的一半。

类比到课程，就是数学新课程创意的提出。“提出”固然重要，但我们还要善于“推动”。“推动”并非易事，如何让创意有效实施，是需要每位数学教师在实践中探索的重要内容。

（5）资源的整合及利用者

数学课程资源的整合与利用，是课程改革的一项重要任务。不断进行数学课程资源的整合与利用，丰富数学课程内容，让学生在数学学习过程中，得到更多的数学涵养，是时代赋予数学教师的责任。

数学课程资源是指依据数学课程标准所开发的各种教学材料以及数学课程可以利用的各种数学资源、工具和场所。数学教师应该因地制宜，有意识、有目的地整合和利用各种资源，使学生在获得对数学的理解的同时，思维能力、情感态度与价值观等也得到发展。比如，我们可以挖掘教材资源、运用生活资源、捕捉意外资源、拓展学科资源、开发网络资源，整合出“有价值”的数学课程。数学课程资源无处不在，无时不有。只要用心，就有“源头活水”不断涌来。

（6）成效的回馈及监督者

数学课程成效的回馈，要求数学教师，尤其是数学教研组长或备课组长对课程实施进行监督。具体的方法有：一是定期召开座谈会或进行问卷调查，把学生、家长满意度作为衡量数学课程实施水平的关键指标；二是实行课程考核积分制，引进竞争与合作机制，建设良好的数学教师团队；三是激励数学教师（也包括自我激励）努力突破自我，尝试新教法，建立新模式，总结新经验；四是在一定范围内传播数学新课程实施经验，推进下一轮课程实施。

2. 数学教师课程领导的走向

数学教师课程领导的走向，包括以下几个方面的内容和要求。

（1）从课程管理走向课程领导

从管理走向领导是新课程改革对数学教师的角色要求，也是课程发展的必由之路。数学教师个人的自我发展和完善，是课程领导的基础。

（2）从课程自然走向课程自觉

课程“自然”，就是数学教师进行课程领导时，凭借的是经验，而不是理论，不是自觉地进行课程领导，而是在无意识的状态下从事课程领导行为。

课程“自觉”，就是数学教师在课程领导过程中能运用课程领导理论，有意识地从事领导活动，更好地发挥领导的作用。

新课程改革需要数学教师从“自然”走向“自觉”，成为有效能的课程领导者。

（3）从领悟理念走向融入课堂

数学教师是教育思想的践行者，如何将课改精神落实到学校实践层面，是对数学教师的实践智慧的考量。

融入课堂，就是一切从数学教学实际出发，综合运用各类课程资源与灵活实施各类领导，从而产生课程改革精神落实的校本推进力。

校本推进的途径很多。可以从微型课程入手开发数学校本课程，可以对国家数学课程进行校本开发，可以对地方数学课程进行校本深化。

（4）从“领导”领导走向共同领导

这里的“领导”，是指学校领导、学校教务处领导或数学教研组长。

传统的数学课程领导基本属于“独自”行为，新课改则强调“合作”。课程领导的主体由个人变为团队。“领导”不再是孤立的，因为数学课程变革与数学教师、学生、家长息息相关，故可以将数学课程领导权力分散给教师、学生、家长，使课程利益相关者都承担一定的领导责任。为此，学校“领导”应组成由校长、中层领导、教师领导、学生、家长代表参与的数学课程领导共同体，共同参与数学课程的领导工作。

（5）从内部愿景走向外部借力

数学教师要有自己的课程文化和课程愿景，让数学课程全面、有特色和持续完善。

数学教师的课程领导不能只在校内进行，数学教师的课程领导需要外部的支持和帮助。国本的，地本的，校本的，家长的，社区的，校际的，高校的，研究机构的，社会团体的，主管部门的，种种资源，皆可“为我所用”。

（6）从忠实取向走向校本取向

数学课程实施有四种取向：得过且过取向、忠实取向、调适取向、创生取向。数学新课程实施过程是一个统一理念、理解标准、互动调适、主动创新的过程。我国以往的数学课程改革实施，采用的一直是单一的忠实取向，我们认为，数学新课程改革，在实施上应采用基于校本的调适和创生取向。

（7）从面临困境走向迎难而上

数学教师课程领导面临的困境有：数学教师在课程发展方面的专业技能不足，欠缺课程领导的专业技能，参与课程开发的意愿不足；数学课程决策系统的松散特性；部分缺乏正确数学教育理念的家长介入课程实施；教育行政部门急功近利，追求表面绩效。

针对这些问题，我们应当迎难而上。

（8）从“一力”提升走向“三力”融通

所谓三力，即“要提升校长的课程领导力，要提升教研员的课程指导力，要提升教师的课程执行力”，这其中，“教师的课程执行力”是最重要的，是需要再提升的。但同时，教师也是课程的领导者和指导者。数学教师要“三力”融通，当然，更要有所侧重。

（9）从课程领导走向价值领导

数学教师的课程领导不考虑应试层面不现实，但过于考虑应试层面又缺乏远见。数学教师的课程领导应当从应试层面走向品牌层面。为此，数学教师应该成为有思想的教育实践家，从而会在课程领导中体现价值领导，以价值领导来谋划课程领导。

3. 我的数学课程领导实践

我在福建省的龙岩一中、厦门双十中学、厦门一中三所学校担任过数学教师，在此期间，我不同程度地从事着数学课程领导实践。

（1）在龙岩一中承包“杂课”

我在龙岩一中工作期间，学校对课程设置和课外活动做了许多探索。要求各年级、各教研组、各部门（如教务处、图书馆、工会等）都为学生开设选修课、活动课，举办知识性、科学性、趣味性的讲座，这对许多教师来说，都是一个挑战。我那时还比较年轻，精力充沛，便主动揽下了这个任务，在年级里开设了“中学生多功能智能开发与训练”、“初中生心理特征与学习对策”、“中学生灯谜入门”等课程，举办了“智力因素与学习”、“非智力因素与学习”、“怎样搞好课外学习？”、“学会利用图书馆”等讲座，受到学生的欢迎。更重要的是，我在这一过程中，不但学到了许多新的知识，演讲水平也得到了锻炼。

担任学校教研室副主任后，我又在全校范围内开设了与数学相关的课程并举办讲座，并受邀去兄弟学校讲课，以使更多的学生受益。

在数学学科方面，我展开了一系列专题教学，课程类的有“微积分初步”、“数学对策”、“数学归纳法趣谈”、“数学猜想”、“身边的数学”等，讲座类的有“你能学好数学”、“数学·力量·美”、“数学的迷幻世界”、“趣味数学与智力发展”、“漫话数学猜想”、“高考数学命题对数学学习的启示”等，广泛受到学生的好评。

（2）在双十中学构建数学大课程体系

从龙岩一中调到厦门双十中学后，我先是教高三数学，后来又兼任教研室副主任。对教研室的工作，我将龙岩一中形成的工作思路和内容搬过来，并将其与厦门的文化、教育的具体情况结合起来，取得了很好的效果。

1997年，厦门市教育科学研究所要各个学校申报课题，王校长找到我，提出做一个全校性的素质教育方面的课题。

这真是具有挑战性的、非常矛盾的一件事。在应试教育占上风的时候，要搞素质教育而且还是全校性的，并非易事。而且，我那时仅仅是一个教研室主任，从事这项工作，离不开学校各级领导的支持。

一方面，在学校领导的支持下，我分别召开了各个层面的论证会，希望能统一思想；另一方面，我不但向厦门市各高校的专家请教，而且利用各种机会向省内外的专家请教。综合各方面的意见和学校实际情况后，我们提出了一个相对平稳的方案——课程化素质教育体系。

学校教代会通过了。

厦门市人民政府教育督导室的陈天球主任来到学校，激动地对我说，你们的方案太好了，关键在实施。

厦门市教育科学研究所把这个课题列为市级重点课题。

然而，学校正在有计划地进行这项工作时，一个“声音”差点把这项工作置于死地。

一个省级学术研讨会召开时，一位颇有名望的专家得知我们在进行“课程化素质教育实验”，在大会上批驳说：“有的学校连素质教育的基本要义都不知，素质教育怎么可以‘课程化’?!”

参加这个会议的代表是全省中学名校校长和教育专家，这个发言引起极大震动，当时令我几乎无地自容。我一慌乱，便跑出了会场。

我等待着批判的声音，我等待着老师们的质疑，我不敢正视所有人。我不知会场上后来是什么样，但我诚惶诚恐，感觉自己在学术上跌入了低谷。

实验一度停止。

正当我不知如何收拾残局时，福建省人民政府教育督导室的一位领导打来电话，要我提供方案及实验的前期情况。我以为又要挨批了，但事实上，这次是省里要全文刊登并正面宣传这个方案。原来，那位专家没有认真了解方案的具体内容，仅凭他对“课程化”的理解，便以为这不过是在课堂里实施素质教育，所以予以批驳。那次会议上，大家已经认识到专家理解错误，并且以为我也意识到了，所以没有再提这件事。

实践证明，“素质教育课程化”实验是成功的。厦门市教育委员会在《中学素质教育的回顾与思考》一书中刊登了这项实验成果。为了避免再次被人误解，文章的标题被改为《素质教育课程模式的构建、实践与探索》。

我带头进行的《数学素质教育课程模式的构建、实践与探索》，就是这一总课题下的一个子课题。

(3) 在厦门一中带头开设数学校本课程

中国教育进入新时期，最为引人注目的莫过于面向21世纪的课程改革。

2002年，我到厦门一中担任校长，提出厦门一中要“让课程适应每一个学生的发展”，开发一系列的学校课程，满足学生个性全面发展的需要。

学校课程开发，既是挑战，也是机遇。

这种挑战，来自心理认知与参与意愿的挑战，来自知识与能力的挑战，来自时间与经费的挑战，来自制度与模式的挑战，来自家长与社区的挑战，等等。

现实的机遇则是，课程关注学校生活，有利于推进素质教育，有利于教师的专业化成长，可以为学生发展、教师发展、学校发展提供创新平台，有利于师生参与决策，等等。

就当时情况看，对大多数教师来说，“挑战”的成分多于“机遇”的成分。

于是，我们开始重视课程资源的科学开发和合理利用。我们深知，没有课程资源的广泛支持，再好的课程改革设想也很难变成学校的实际教育效果。因此，我们从课程思想资源、课程知识资源、课程经验资源、课程财务资源、课程人力资源、网络课程资源等方面入手，编写系列的学校课程书籍，供师生使用。

学校课程资源的开发是课程改革的新亮点，对教师的教育和学生的学习都提出了全新的挑战。

我一方面鼓励和指导全校教师开发校本课程，同时自己带头开发数学校本课程。我结合为学生开设“数学学习指导”课的实践，在以往资料积累的基础上，编写了《高中新课程数学学习法》一书，作为“厦门一中课程资源书系”的一本。这本书的内容简介这样写道：

> 本书从高中生的实际出发，结合高中数学新课程，运用教育科学和学习科学原理，用经典例题深入浅出地讲述了高中数学学习概观、数学学习方法，中学数学能力培养、数学课外学习，高中数学解题技巧等方面的100个至关重要的问题。

我为“厦门一中课程资源书系”写了一个准“总序”，其中一段是对该书的“个性化评价”。我为自己的这本书写的“个性”文字是：

> 《高中新课程数学学习法》一书是“厦门一中课程资源书系”中的一本。作为校长，理应为学校的课程改革与创新多做研究并起抛砖引玉的作用；作为一名数学教师，有责任把十几年来从事数学教学指导工作积累下来的经验系统地整理成册，相信这对高中生“学会学习”会有很大的帮助。

尽管我们开发了“厦门一中课程资源书系”，但我们清醒地看到：课程资源的开发和利用，对中小学来说尚处在起步阶段，我们需要在日后不断进行探索，使其得到完善。

有了“一”的突破，后来我又和另一位老师合作编写了《精妙的初等数学模型》一书。这本书的内容简介这样写道：

本书除对数学建模理论作精辟论述外，还着重介绍了50个精彩的数学模型，其中大多是古今中外的经典力作。其内容涵盖数学、物理、生物、军事、经济、社会以及生产、生活等诸多方面。这对于开拓高中学生的视野，帮助他们学会利用数学工具解决实际问题，将实际问题“翻译”为数学语言，予以求解，并应用于实际，最终提高学生的数学素质和应用数学知识解决问题的能力，将有所裨益。联系到近年高考要求，本书专设一章论述高考中的数学建模问题，供中学生借鉴、参考。

我为这本书写的“个性”文字是：

《精妙的初等数学模型》一书，是张远南老师与我合著的一本书。张远南老师是著名的数学科普专家、特级教师，也是厦门一中“名师工作室”特聘的第一位名师。2004 年，我邀请张老师作为特聘名师时，顺便提出能否写点给学生看的东西。几个月过后，当张老师把一摞整齐的书稿放在我面前时，我的确惊呆了。惊其速度之快，惊其内容之广，惊其质量之高。张老师希望我能写数学建模概论部分的内容和近年与高考有关的数学建模问题。基于张老师的热忱，基于积极推进厦门一中校本课程建设的心愿，基于迎接挑战的冲动，我接受了任务，于是就有了这本特聘名师为厦门一中课程资源书系编写的书。

此后，我又编写了第三本校本课程教材——《数学：趣在其中》。这本书的内容简介这样写道：

本书从趣味数学入手，结合中学数学课程，通过设立趣味迷宫、数学游戏、幻方基础、数学故事、数学古算、数学推理、数学猜想、算 24 点、连分数、数学实验、数独游戏、数学智巧、数学对策、数学设计、数学写作等二十多个妙趣横生的数学专题，让学生在活动中体验到“数学好玩”，让学生在“玩”中学习常用的数学思维方法，并乐于进一步自主探究数学的奥秘，在提升数学思维品质的过程中逐步实现“玩好数学”。

我为自己编写的这本书写的“个性”文字是：

《数学：趣在其中》一书，是厦门一中数学组集体的杰作，是厦门一中数学组平时教学活动的一个缩影。厦门一中数学组是一个强大的学术群体，有三位在职的特级教师，有一位在职在读博士生，有六位硕士研究生，有全国模范教师、国务院特殊津贴获得者、福建省优秀教师、厦门市拔尖人才、苏步青数学教育奖获得者，有多位数学奥赛金牌教练，有六位教师参加骨干教师国家级培训，有三位福建省数学学科带头人，更多的是有崇高师德、有丰富中高考经验、有多届奥赛经验、有丰富课程改革经验的教师，相信他们能为广大中学生献上一本妙趣横生的数学读物。

除了编写数学校本课程外，我还把自己多年带灯谜兴趣小组的资料整理出来，编写了《中学生的灯谜猜制与训练》一书。这本书的内容简介这样写道：

本书系统详尽地介绍了猜制中华灯谜的理论知识，包括灯谜的结构和规则、猜制方法、常用迷格和破格法及灯谜的种类、发展历史等，并穿插佳谜赏析于其间，兼具理论性和艺术性。书中深刻阐述了灯谜对中学生的智力、情感和品德等方面特有的教育功能，对中学生如何进行灯谜猜制活动作出了指导，并提出了建立中华谜学的设想。书还汇集了数千条各类精品灯谜作品，并提供了相当丰富的书刊与网络资源供灯谜爱好者学习、欣赏之用。

我为自己编写的这本书写的“个性”文字是：

《中学生的灯谜猜制与训练》一书，是我的一本“另类”著作，是我业余爱好的一次梳理，也是我“误入‘谜’途”的意外收获。因为灯谜寓教育于娱乐之中，增知识于谈笑之间，长智慧于课堂之外，对青少年成长大有益处，所以我一直想写一本“校园灯谜”的书，作为“厦门一中课程资源书系”中的一本，作为对厦门一中课程建设的一点贡献。

除了自己编写校本课程，我还鼓励数学教师编写数学校本课程。张远南老师编写的《高中数学新课程拓展模块》就是一例。这本书针对最新《普通高中数学课程标准》中选修系列16个专题的要求，开发了初等数论简介、矩阵与变换、拓扑趣谈、风险与决策、三等分角与数域扩张等22个拓展模块。每个模块的知识定位都略高于选修课的要求，特别是对现有高中数学课程涉及较少的部分，阐述得更为详细。为增加可读性，书中还介绍了许多名题、趣题等，叙述生动，内容充实。这本书既可作为中学数学拓展课程的参考教材，又可供数学爱好者作为普及读物。

张老师这本书分上、下两册，且为专著，这两本书的写作具有一定难度，出版后，我高兴万分，并写下“个性”文字：

> 《高中数学新课程拓展模块》一书，是我校特聘名师张远南老师为厦门一中课程资源书系贡献的一项新成果，是继他与我合著《精妙的初等数学模型》一书之后的又一部力作。更难能可贵的是，面对席卷而来的课改浪潮，有人彷徨，有人迷惑，但张老师却凭借着对事业的执著追求，凭借着迎接挑战的勇气和胆识，也凭借着在数学方面的深厚功底，决然地把自己推到了风头浪尖，终于取得了成果。这的确令人可钦可佩！

第四节　“奥数”课程：何去何从

我很欣赏这样一段话：

“如果说，一名中学生，他有可能选择是否接受竞赛数学的培训，那么，一位中学数学教师没有理由对中学数学中的这一‘高档菜’毫无所知。”

1. 竞赛数学

当今，各种层次的数学竞赛已经成为大家十分熟悉的一项智力竞赛活动，它不仅引起了广大中学师生越来越浓厚的兴趣，而且日益得到全社会的重视。因为实践证明：数学竞赛对于促进中学数学教学，培养学生能力，提高青少年数学水平，发现和培养数学人才，都有着非常重要的作用。所以，如有条件，应当鼓励、支持学生参加。

（1）中学数学竞赛概况

在世界体育史上，奥林匹克运动会起源于古希腊人关于灵活、力量与美的竞赛。它因古希腊的一个地名——“奥林匹克”而得名。而全世界的中学生数学竞赛，也同样以“奥林匹克”来命名。

最早举办数学竞赛的国家是匈牙利。早在 1894 年，匈牙利物理数学会就通过一项决议：每年为中学生举办一次数学竞赛。此后，除了因第二次世界大战和匈牙利事件中断了 7 年以外，这个竞赛每年 10 月都要举行，沿袭至今。

1934 年和 1935 年，苏联的列宁格勒和莫斯科分别举办中学数学竞赛，并最先冠以“数学奥林匹克”的名称。1959 年，罗马尼亚数学物理学会向匈牙利、捷克斯洛伐克、保加利亚、波兰、苏联、民主德国等 6 国发出邀请，在布加勒斯特举办“第一届国际数学奥林匹克”。国际数学奥林匹克（简称 IMO）每年举办一次，至 2010 年，共已举办了 51 届。

1985 年，我国派出 2 名选手，试探性地参加了第 26 届 IMO，由于仓促上阵、准备不足和缺乏经验，成绩不太理想，仅获一枚铜牌。1986 年，中国选手参加在波兰华沙举行的第 27 届 IMO，有 3 人获得金牌，1 人获得银牌，1 人获得铜牌，团体总分名列第四。我国中学生这次参赛表现出这样高的水平，受到关注。它第一次向世界显示：中国中学生数学奥林匹克代表队已跻入世界强队之列！

此后，我国中学生不间断地参加了历届比赛，并取得了好成绩。

（2）中学数学竞赛的培训

在中国数学会和各省、市、自治区数学会的领导和支持下，每年 4 月份举行全国初中数学联赛，每年 10 月份举行全国高中数学联赛。

高中数学联赛试题的难度低于国际数学竞赛，从中选出 100 多名优胜者（每省、市、自治区至少一名，从高分向下挑选）参加数学冬令营。数学冬令营每年 1 月举办，经过两天考试，由分数最高的 20 多名学生组成国家集训队，从 3 月下旬起进行集中训练。集训队的训练工作由中国数学奥林匹克委员会的教练组负责。训练分两个阶段：第一阶段从 3 月下旬到 4 月下旬，约 1 个月时间，主要是选定 6 名出国比赛的队员；第二阶段从 5 月中旬开始，训练重点之一是对 6 名队员进行心理训练。在这两个阶段的训练中，都有讲座、解题讨论会等活动，并鼓励学生自己读书，交流学习心得。

为了让更多的学生有机会参加数学竞赛和奖项，全国高中数学联赛又衍生出两项数学竞赛——中国西部数学竞赛和中国女子数学竞赛。

学校和区、县的数学竞赛培训有三种形式：一是把各校参加竞赛的学生集中在一起，请教师定期作辅导讲座，这种辅导的质量一般较高；二是把学校参加竞赛的同年级学生组成数学课外活动小组，由任课教师和数学教研组的教师共同辅导，这种辅导形式比较灵活，目前多数学校采用这一形式；三是有些有条件的学校，在高一年级办理科实验班，把准备参加数、理、化、生物、计算机等竞赛的学生集中在一个班，采用综合教学和分流辅导方式进行培训，以便集中管理。

2. 我的数学竞赛课程实践

自从担任教师，我就走上了数学奥林匹克辅导之路。1991 年，龙岩一中办了个理科实验班，竞赛成绩突出。1994 年，理科实验班进入第二轮实验，我是这个实验班的数学教练。正当工作进入关键阶段，我调往厦门工作。当时的情况是，厦门这边缺少老师，我立即接手高三年级的数学教学，而龙岩一中则希望我把那一届数学奥赛带完。

面对两难抉择，我下定决心，尽量两头兼顾。

全国数学奥赛在 1996 年 10 月 13 日进行。从那年的 9 月 1 日起，我周一至周六上午九点半在厦门上课，周六上完课，我立即赶到汽车站坐上开往龙岩的班车，那时路很不好走，到龙岩一般是晚上八点多，到住处后立即继续备课（周一至周五已备一些），周日上午连上五节课，上到中午十二点，学校雇一辆摩托车送我到车站，我再坐车回厦门。连续六周，我没有休息一天，即使在车上，也要批改厦门的学生的高考练习或龙岩的学生的竞赛练习，可谓超强度运行。

也许是我的这种精神感动了学生，龙岩的学生参加竞赛取得了历史性的突破，刘鸿获全省第二名的好成绩并参加 1997 年中国数学奥林匹克竞赛，获全国二等奖，被保送到清华大学，为此，我还领到了龙岩一中给我的奖金。厦门带的这个班的学生，原来底子稍差，我接手后学生的学习有了很大的起色，高考时跃为年级前列，我得到学校的奖励。

一天，当时的厦门市教委主任邓渊源把我叫去，说我省著名教育专家、特级教师池伯鼎给厦门市市长洪永世写信，说厦门有很好的数学竞赛方面的教练，可以成立厦门市数学奥林匹克学校，并推荐由我来领衔。我当时感到压力很大，但最后还是答应下来了。

于是，1997年，厦门市数学奥林匹克学校成立了，我担任校长。学校为厦门培养了一大批数学尖子，参加全国数学奥赛成绩在全省连年第一，受到社会各界好评。

实际上，数学奥林匹克学校校长工作非常辛苦，事无巨细，都要操心劳神。数学奥校没有专职员工，我要找场地、排课表、请教练，甚至负责开门关门、给教练发放补贴，自己还要上课。奥校有高一班、高二班和高三班，高三班就是冲刺班，利用星期天上午或寒暑假的时间上课。可以说，奥校开办后的五年内，只要有课，就必定有我的课。我平时在教学之外兼做行政工作，现在，星期天也不能休息了。

我家离学校仅十分钟的路程，一次，上完四节奥数课，下课的女儿要和我一起走，我疲惫至极，对女儿说："你先走，跟你妈说，我迟几分钟回。"随后，我腿一软，就坐在学校的台阶上。

我，确实太累了。

我的数学奥赛情愫被记者知道了，记者采访了我，下面是采访的一些片段。

奥赛之路应该如何走？

中学生奥林匹克竞赛，在许多人眼里感到有些神秘，奥赛怎么进行，奥赛之路怎么走，怎样才能取得奥赛的优异成绩，记者带着这些疑问，近期走访了任勇老师，请他谈谈这方面的情况。

记者：任老师，您的书房里的书架中竟有五层书都是数学竞赛方面的，看来，您在这方面颇有研究？

任勇：怎么说呢，我对中学生数学奥林匹克竞赛特别感兴趣，也就有些研究。可以这么说，我从当老师的那天起，就开始研究数学竞赛了，当时我就带了一个奥赛班，一直到现在，我还在上些奥数课，还在指导几位数学奥赛尖子。

记者：中学生参加奥赛究竟有什么好处呢？

任勇：一是可以拓展学生的知识面；二是加强学生思维能力的训练；

三是培养学生的实验能力和探索精神；四是可以培养学生的意志力，这点是十分重要的。当然，如果竞赛获奖了，有的可以保送，有的可以加分，这也算是一种好处。今年高考数学、理综比较难，参加过奥赛班的学生就颇有获益。

记者：目前奥赛种类繁多，哪几类是大家比较认同的？

任勇：我觉得，教育部规定的高考具有保送资格的六个竞赛类项目是大家认同的，即数学、物理、化学、生物、信息学奥赛和英特尔国际科学和工程大赛，前五项是单项的，第六项是综合的，俗称“高中生科学奥林匹克”。

记者：竞赛之路应该如何走？

任勇：要走进国际奥林匹克竞赛，是很不容易的，要以顽强的意志来支撑。以数学为例（其他学科类似，只是进入国家队的只有4、5人），首先要参加全国高中数学联赛，争取进入福建省前三名（至少要第四名），这样才有资格进入全国数学奥赛“冬令营”，在“冬令营”的150名左右“高手”中，战胜125名进入前25名，前25名组成国家集训队，经过1个月的“集训”，主要是十几次考试，在国家集训队25名“特高手”中，战胜19名进入前6名，一般说来，由前6名组成国家队，参加国际数学奥林匹克竞赛（IMO）。我国参赛选手，一般都有拿金牌的实力。进冬令营的学生，在冬令营结束前，大多都被保送到一流高校了。

记者：教师应该如何辅导学生？

任勇：以我多年的经验，可归纳为十二个结合，即：课内深化与课外指导相结合；立足平时与赛前指导相结合；打好基础与能力训练相结合；小组活动与个别辅导相结合；教师辅导与学生自学相结合；教师精讲与学生勤练相结合；通法指导与特法渗透相结合；激发兴趣与严谨论证相结合；规范训练与创造训练相结合；理论学习与实际应用相结合；学校辅导与社会参与相结合；智力因素与非智力因素相结合。把这十二条落实到位，抓好奥赛就没问题。这些话虽然是对老师说的，其实对学生也适用。

记者：从管理的角度，应如何做好这项工作？

任勇：一要选好苗子，超前培养；二要选好一科，全力强攻；三要全面规划，分段实施；四要一步到位（定位在国际水平），“多管齐下”；五要内建队伍，外请专家；六要筹措经费，舍得投入。

记者：您能不能对正在或即将参赛的学生说几句话？

任勇：可以这样说：“经历过奥林匹克竞赛的人是不一样的，我愿意和更多的人一同经历。”

记者：谢谢任老师。

任勇：不用谢。

3. 数学竞赛课程的辅导

数学竞赛具有自愿性、实践性、探索性、灵活性、开放性和综合性等特点。根据数学竞赛的目的、意义和特点，此处就数学竞赛的辅导提出若干应遵循的原则。

（1）课内深化与课外指导相结合的原则

课内深化就是要求在数学课堂教学中，指导学生在扎实掌握基础知识的基础上，适当在知识上加以拓宽，在能力上加强要求。课内深化能普遍提高学生的整体水平，为数学竞赛选拔人才创造条件，为数学问题的辅导奠定了基础。课堂教学是面向全体学生的教学，不能一味拔高，因此，数学竞赛还应组织有一定数学才能的学生，对他们进行课外指导，让他们系统地、深入地学习数学竞赛的知识和技巧，让他们的聪明才智得到充分的发挥。

（2）立足平时与赛前强化相结合的原则

数学竞赛的辅导，首先要立足平时，从早抓起，做到“五定”：定时间、定地点、定内容、定学生、定教师。在平时的辅导中，应从知识内容上逐步拓宽，从能力要求上逐步提高，从解题技巧上逐步渗透，让学生扎实掌握数学竞赛的基本知识和基本技能。在赛前两三个月时还应进行强化训练，尤其是进行综合解题能力、应试能力和心理素质等方面的训练，让学生以最佳的状态参加竞赛。

（3）打好基础与能力训练相结合的原则

数学竞赛的辅导应要求学生打好基础。一味拔高，一则难以维持学生学习的积极性，二则造成学生的基础不扎实，也就谈不上能力的提高。数学竞赛是一项高水平的智力竞赛，因此还应要求学生在打好基础的前提下，着眼于综合能力的培养，培养学生在观察、记忆、想象、思维、运算、论证、探索、创造、自学等方面的能力，全面提高学生的数学解题水平。

（4）小组活动与个别辅导相结合的原则

小组活动是数学竞赛辅导的常见形式，它可以使数学竞赛的辅导能系统、全面、深入的开展。但为了让这些尖子学生“吃得饱，吃得好”，还应当对他们进行个别学习辅导，如介绍数学竞赛的学习方法、推荐自学书籍、增加练习、答疑解难、另请老师专门辅导，从而进一步提高他们的竞赛水平。

（5）教师辅导与学生自学相结合的原则

数学竞赛，教师进行辅导十分重要自不待言，它能在有限的时间内让学生系统地掌握相关知识。但教师辅导毕竟时间有限，还要通过学生的自学，使能力进一步得到提高。教师对学生自学活动的指导，开始时可以少一点，要求低一点，并逐步提高。教师可以向学生介绍自学的方法并推荐自学用书，并经常检查、答疑，适时给予检测、评价、激励，从而使学生的自学活动产生好的效果。

（6）教师精讲与学生勤练相结合的原则

对于数学竞赛，教师的辅导应建立在精讲的基础上，精讲应在精心安排、精心准备、精选内容的基础上进行，而且，必须和学生的勤练相结合，从而使学生切实掌握和巩固知识，形成一定的分析问题、解决问题的能力，使辅导落到实处。

（7）通法指导与特法渗透相结合的原则

“通法”是指解题的一般方法、通用方法，“特法”是指解题的特殊方法。数学竞赛的解题指导，应以通法为主。因为通法运用面较广，能使问题的解答一般化，并使学生深刻认识一类问题的解答方法。但由于数学竞赛的特殊性，不少问题的解法往往很奇特，因此，数学竞赛解题指导还应重视对特法的介绍和训练，使学生能够灵活地、简便地解决问题。

（8）激发兴趣与严谨论证相结合的原则

数学竞赛问题往往抽象枯燥，因而，教师在辅导时应不失时机地、巧妙地将问题“引趣”，以使学生保持浓厚的学习兴趣，坚持学习。但由于数学竞赛要求解题严密，每道题都要严谨论证，因此，教师应重视严谨论证的规范训练，着力提高学生的解题素质。在数学竞赛辅导中，人们倡导“问题应该引趣，但需严谨论证”，“可以胡思乱想，但需小心求证”，就是这个道理。

（9）规范训练与创造训练相结合的原则

规范训练，就是要求学生在数学竞赛的学习中，认真上好每一节课，作业要规范化，书写要规范化，计算要精确，论证要严谨。这是数学竞赛辅导的最低要求，要力争达到。创造训练，就是使学生在达到规范化要求的同时，使他们具有创造性的思维品质和个性，培养他们在规范性解题的基础上发挥独立性与创造性的能力，使他们能别出心裁地解题，创造性地完成作业，标新立异地提出问题，成为学习与创造的佼佼者。

（10）理论学习与实际应用相结合的原则

在数学竞赛辅导中，应坚持学好系统的理论知识，但同时要使学生明白理论来源于实践，学习理论是为了应用于实践和指导实践。应通过课内外学习，逐步培养学生应用理论知识解决实际问题的能力和习惯，培养学生解决实际问题的技能技巧。要防止把数学竞赛人才培养成只懂理论、只会解题，不了解实际、不会解决实际问题的“书呆子”。近年来的数学竞赛重视实际问题的介入，目的也在于此。

（11）学校辅导与社会参与相结合的原则

数学竞赛辅导主要靠本校教师开展，这是基本的，也比较容易实现。本校教师容易组织，教师对学生的情况较为了解，有利于辅导。但由于数学竞赛的特殊性以及教师专业水平和能力水平的差异，数学竞赛的辅导还常常应借助社会力量来共同完成。可以聘请校外专家和学者开设专题讲座，可以把辅导课开到大专院校中去，可以组织学生参加有关数学竞赛的培训班，可以几个学校联合起来搞“校际合作”进行辅导，还可以组织学生适当参加社会举办的、能够提高学生水平的数学竞赛，培养学生的应试能力并提高他们的竞赛水平。学校辅导与社会参与相结合，有助于解决学校师资不足、水平不高的问题，能形成新的整体效应，这是许多数学竞赛先进学校的共同经验。

（12）智力因素与非智力因素相结合的原则

智力因素一般包括注意、观察、记忆、想象、思维，非智力因素（狭义）一般包括动机、兴趣、意志、情感、性格。在数学竞赛辅导中，智力因素是十分重要的，它在学生分析问题、解决问题过程中起着核心作用，而思维能力又是核心的核心，因此，数学竞赛辅导应不失时机地、全方位地对学生进行智力训练，培养学生高度的注意力、敏锐的观察力、高超的记忆力、丰富的想象力和广阔的思维能力。但数学竞赛中又应强调非智力因素的辅助作用，培养学生远大的理想、浓厚的兴趣、顽强的意志、丰富的情感和刚毅的性格等品质，并注意加强应试方面的心理训练。只有智力因素与非智力因素有机结合，才能使学生以极大的热情参加数学竞赛活动，并使学生在竞赛中充分发挥水平，取得好成绩。

第四章
走向优秀之育人篇

教书育人，是教师的天职。走向优秀的数学教师，不仅要教“数学书”，更要在这一过程中育人。现代育人观的内涵既包括德育和智育，也包括艺术和文化。

第一节　数学学科德育

数学同样具有人文色彩，我们完全可以在数学教学中渗透德育，充分开发利用数学学科的德育功能，推动数学学科德育进步。

例如，张奠宙先生和他的团队，尝试构建了数学学科德育的框架。

> 数学学科德育框架＝一个基点＋三个维度＋六个层次。
>
> 一个基点：热爱数学。
>
> 三个维度：人文精神，科学素养，道德品质。
>
> 六个层次（按数学和数学以外领域的紧密程度排列）：
>
> 第一层次：数学本身的文化内涵，以优秀的数学文化感染学生；
>
> 第二层次：数学内容的美学价值，以特有的数学美陶冶学生；
>
> 第三层次：数学课题的历史背景，以丰富的数学发展史激励学生；
>
> 第四层次：数学体系的辩证因素，以科学的数学观指导学生；
>
> 第五层次：数学周围的数学现实，以昂扬的斗志鼓舞学生；
>
> 第六层次：数学教学的课堂环境，以优良的课堂文化塑造学生。

上海七宝中学文卫星老师的《超越逻辑的数学教学：数学教学中的德育》一书，仅看目录，就可以知道数学德育有广阔的研究和实践前景：

> 第一章　数学教学中的德育；
>
> 第二章　情感视角下的数学德育；
>
> 第三章　人文视角下的数学德育；
>
> 第四章　哲学视角下的数学德育；
>
> 第五章　文化视角下的数学德育；
>
> 第六章　数学史视角下的数学德育；
>
> 第七章　数学解题视角下的德育——培养创新精神；
>
> 第八章　数学解题视角下的德育——培养坚毅品质；
>
> 第九章　教学实录二例。

可见，只要数学教师都有数学德育渗透的意识，并在实践中加以运用和

不断创新，数学德育就不会是“一个沉重的话题”。

作为数学教师，根据数学自身的特点，我从以下几个方面开展德育工作。

1. 以数学的广泛应用，激励学生为建设祖国学好数学的热情

从测绘制图到工程建筑，从医学诊断到家畜饲养，从飞机设计到地质勘探，从天气预报到昆虫生态，从军事运筹到情报检索，都已经或正在兴起“数学化”的革命，这场革命甚至波及社会科学的各个领域。数学的这种在各个领域广泛的应用，能使学生认识到学习数学的重要性，激发学习热情。

2. 以丰富的数学内容，培养学生的辩证唯物主义观点

恩格斯在《自然辩证法》一书中指出，数学是“辩证的辅助工具和表现方式”，这意味着数学有利于培养辩证观点。因为数学是从现实世界中抽象出来的科学，遵循辩证法的规律运动、发展和变化，数学集中而凝练地反映着辩证法的规律。因此，在数学教学中，我从四个方面进行“观点”教育：矛盾的观点，运动的观点，发展的观点，转化的观点。

3. 通过对数学美的感受，培养学生高尚的审美情操

关于数学美及其表现形式、数学美感和数学审美能力，目前比较一致的看法是：第一，数学中充满着美的因素；第二，追求数学美在一定程度上促进了数学的发展；第三，要注意数学审美能力的培养。我们可以通过传达对数学美的感受，培养学生高尚的审美情操，使学生形成良好的道德品质。

4. 通过数学学习的深化，培养学生的非智力品质

数学学习是一项艰苦复杂的劳动，学习过程中必然会遇到各种困难、如数学知识的抽象、数学论证的严谨、数学问题的多变、解题思路的曲折等。意志坚强的学生可以战胜困难，体会到成功的乐趣，意志薄弱的学生常常因缺乏信心，半途而废，产生挫败感。有了良好的情感，学生就会感到数学学习是一种乐趣，即使遇到难题，也往往会通过努力，使问题得以解决。数学自身的特点，如数学内容的丰富、应用的广泛、论证的严谨、理论的抽象、表达的简洁，都能唤起学生强烈的学习兴趣，并培养学生学习踏实、耐心细致、沉着冷静、勇于探索、独立思考、果断机智、思维缜密等品格。可见，数学学习的深化，有助于学生非智力品质的优化，进一步促进其良好道德品质的形成。

5. 通过介绍数学史和数学家的光辉事迹，培养学生的奉献精神和探索精神

事实证明，当学生对学科的简单发展史和学科的本质有所了解时，他们的求知欲望和探索精神也随之产生。古今中外的数学家，大多有着共同的可贵精神：事业上，志坚如磐，如痴着魔，锲而不舍；治学上，勤奋刻苦，严谨认真，孜孜不倦；品格上，或刚正不阿，或虚怀若谷，或诲人不倦，或智圆行方，或淡泊明志。这一面面“人镜”，可以帮助我们鉴别是非曲直，激发学习热情，在治学之道上给人以启迪。

第二节　给学生一个活性的大脑

学科教学是育智的主阵地。

数学的学科育智，更多地体现在数学能力的培养上。数学能力是学生顺利完成数学活动所必备且直接影响其活动效率的一种个性心理特征，它是在数学活动过程中形成和发展起来，并主要在这类活动中表现出来的比较稳定的心理特征。发展数学能力，是数学学习目标的一个重要组成部分。

1. 我的一节汇报课

初为人师时，我曾上过一节名为“实数的大小”的汇报课，那次，很多老师都来听课，包括教务主任甚至分管教学的副校长。用十分钟的时间讲完原理和书上的例题之后，就开始进行数学游戏活动，课堂气氛十分活跃，学生学习数学的积极性很高。那节课上，我组织学生讨论过这样一个问题：用6个1组成一个最大的数和最小的数。

有人说111111最大；有人说111^{111}最大；有人说1111^{11}最大；有人说11^{1111}最大；还有人说$11^{11^{11}}$最大。引导学生把所学的知识全用上，学生们终于得出结论$11^{11^{11}}$最大。

那么，最小的数呢？学生说答案不唯一，有1^{11111}、$1^{1111^{1}}$、$1^{1^{1111}}$，等。于是，我进一步启发学生思考：究竟有多少种不同的答案？而且，如果是7个1，8个1，…，n个1呢？

就这样，课堂沸腾了，学生的情绪和思维被激活了。

见此情景，我趁热打铁：如果是 a_1 个 1，a_2 个 2，…，a_9 个 9 呢?

课堂又一次沸腾了，听课的老师们为之惊愕，我的这堂汇报课成功了。

这节课好评如潮：听课的老师们说我数学功底扎实，说我会调动学生学习的积极性，说这才像数学课，说这节课的思维量大，说我的教学确实与众不同，等等。

就这样，三年的初中生活结束了，我们班在中考中取得优异成绩，而成绩的背后更多的，是他们三年来形成的良好的品德和被激活了的智慧的大脑。

那时，我曾经专门花费时间研究数学能力的培养，并把我的研究结论整理成“中学数学能力培养”的系列成果，具体探究中学数学的观察能力、记忆能力、想象能力、思维能力、运算能力、论证能力、运用能力、猜想能力、探索能力、创造能力、自学能力、审美能力等十二方面的能力培养问题，这一成果在《中学生数理化》（高中版）上连载一年。

2. “放倒”师生的几何题

我在龙岩一中教书时，常爱出“题外题”。

教师布置作业，与所授课题有密切联系的习题，即“题内题”，而与授课内容看似无关、实则联系密切的题，可称之为“题外题”。一次，出差临行前，邻居张老师命好一份初二数学试卷，请我过目，我发现有一道题目太难，证明过程太长，不宜作为试题，建议换一道题。在张老师的邀请下，我为他出了一道题。

那道题是这样的：图 4-1 中，$\triangle ABC$ 中，$AB=AC$，不作辅助线，证明：$\angle B=\angle C$。

出差回来后，教初二数学的赖老师见到我，立即告诉我：“任老师，不好啦，出大事啦，你出的那道题，全年段没有一个学生做出来，老师们可以用正弦定理或余弦定理证明，但这些知识初二学生还没学!”

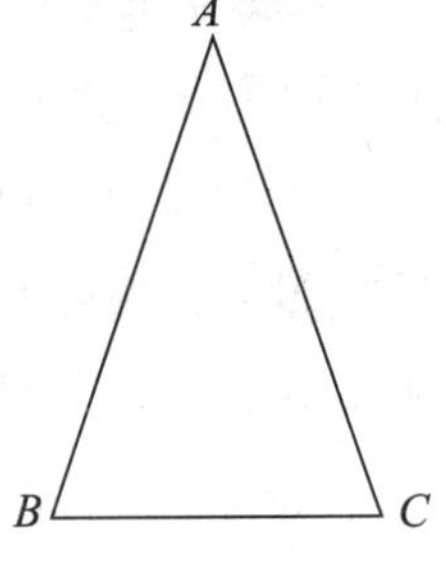

图 4-1

张老师见到我，一脸尴尬和无辜。我因心里有数，便主动和张老师打招呼：“真对不起，我没想到会是这样一个结果。我去请所有数学老师过来，我‘检讨’，我请客。”

在同事面前，我在黑板上写了如下“检讨”：

在$\triangle ABC$和$\triangle ACB$中，

$\because AB = AC$，$AC = AB$，$BC = CB$，

$\therefore \triangle ABC \cong ACB$。

$\therefore \angle B = \angle C$。

所有的数学老师惊愕，几位恰巧来办公室交作业的数学课代表也惊愕了：没作辅助线就证明出来了！而且没有超纲！我们为什么没有看到两个三角形呢？

是啊，初二年级的所有数学老师和学生没有一个人看到两个三角形，“思维定式”让大家尝到了失败的苦头。这道题给全体初二师生上了一课！

3. 在数学游戏中启智

游戏可以育智，数学游戏、趣味数学更是如此。在这方面，读者可以读一下我发表于华东师范大学《数学教学》1984 年第 3 期的《趣味数学与智力发展》一文。

趣味数学与智力发展

所谓智力，简单地说，就是一个人的各种认识能力的总和，即智慧力量的总和。智力的结构是一个完整的结构。一般说来，它包括：观察能力、记忆能力、想象能力和逻辑思维能力。

数学的逻辑性、系统性、条理性、抽象性很强。在数学教学中发展学生的智力，是主要的。教科书有一定的知识系统性，而知识是发展智力的重要条件，智力又是顺利掌握知识的必要条件，所以课堂教学是促进学生知识、技能和智力三者统一发展的重要途径。但除了课内应给学生安排充裕的认识活动外，课外还应该让他们有一些补充的认识活动。课内教学由于受到教材内容的限制，某些能力的培养也受到一定的限制，因此可以通过课外的认识活动（如数学游戏、智力测验等）来弥补课内之不足。同时，对于学习较好的学生，可以预早给他们播下热爱科学的种子；对于学习成绩较差的学生，也可以通过合适的途径激发他们学习数学的兴趣。

趣味数学，贵在“趣味”。帕斯卡说过：“数学研究的对象是这样

的严肃，最好不要失去能使它变得稍微有趣些的机会。”趣味数学正是把数学问题“变”得十分有趣，引发好奇，激发学生学习数学的兴趣。打开科学家传记，可以发现，其中不少人的创造、成就往往和他们具有某方面的兴趣分不开。爱因斯坦小时候曾被认为是呆头呆脑的，进入初中后成绩也不好。正在这时，他的一位当工程师的叔叔却用趣味的魔术师似的语言，引起爱因斯坦对知识的好奇。他对孩子说；“代数嘛，就像打猪一样有趣，那头藏在树林里的野兽，代数把它叫做 x，然后一步一步逼近它，直到把它逮住！”他还从几何学入手，打开爱因斯坦思维的门扉。他在纸上画了个直角三角形，标上 A、B、C，并写上 $AC^2+BC^2=AB^2$，然后说：“这就是大名鼎鼎的毕达哥拉斯定理。两千年前的人就会证明了。孩子，你也来证证看！”十二岁的爱因斯坦被这个定理迷住了，他一连三个星期苦苦思索，最后终于证明了这个定理。想想爱因斯坦在初中的学习生活，看看这位 20 世纪的物理大师，我们从中可以得到什么启示呢？可以发现：天才的秘密就在于强烈的兴趣和爱好。而趣味数学正是促进学生的兴趣和爱好的重要方法之一。我们应当把培养学生的兴趣和爱好作为正在形成的某种智力的发展契机来培养。

兴趣和爱好好像催化剂，它能不断地促进学生去实践，去探索，逐步引导他们酷爱数学，从而发展他们的智力，为他们将来钻研科学技术打下牢固的智慧基础。

在趣味数学题中，有相当一部分可以用来培养观察力。简单举一个例子：图上有几个小钉，排成正方形，见图 4-2。

●　●　●

●　●　●

●　●　●

图 4-2

请问，你能用彩色橡皮筋把它围成多少个正方形？学生往往回答能围成五个正方形，而漏掉各边中点还可组成一个正方形。

观察能力不强的学生，做题时看不清题意，学习概念时不能掌握实质，一味死记硬背，因而学习成绩差，也缺乏求知欲。可见，善于观察是极为重要的一种能力。千百万人都看见苹果落地，唯有牛顿发现了万有引力定律；许多人都分离过空气，唯有瑞利发现了惰性气体。难怪巴甫洛夫的座右铭是："观察，观察，再观察。"

歌德说得好："哪里没有兴趣，哪里就没有记忆。"人们有一个共同的记忆心理特征：有趣的材料容易记，记得牢。对于好奇心强的中学生来说更是这样。《有趣的数学》一书中有这样两个题目：

1. 巧妙的算法：

$1^3+2^3=9$，$(1+2)^2=9$；

$1^3+2^3+3^3=36$，$(1+2+3)^2=36$；

……

请你仔细研究上述几组等式，看能否从中找出规律，并迅速算出下式的答案：

$1^3+2^3+3^3+\cdots+10^3$

2. 不必通分，下面是一个有趣的式子：

$$\frac{1}{2}+\frac{1}{6}+\frac{1}{12}+\frac{1}{20}+\frac{1}{30}+\frac{1}{42}+\frac{1}{56}+\frac{1}{72}+\frac{1}{90}$$

你能正确迅速地算出它的结果吗？

这两道题分别引出两个有用的公式：

$$1^3+2^3+\cdots+n^3=(1+2+\cdots n)^2$$

$$\frac{1}{n(n+1)}=\frac{1}{n}-\frac{1}{n+1}$$

学生对此一旦理解了，便会印象深刻，记忆效果良好。

想象力在人的社会实践中起着重要的作用，在艺术创作和科学发明中占有特别重要的地位。没有想象力，就没有李白的"飞流直下三千尺，疑是银河落九天"这千古名句；没有想象力，就不可能发明微积分。可以说，没有想象力就没有艺术，没有想象力就没有科学。要提高学生的想象力，利用趣味数学题是一个方法。

例如，用六根火柴棒拼成四个等边三角形，见图 4-3。不少学生在平面上苦思冥想，毫无办法，而有的学生从平面到空间，通过想象，完成了这道题。

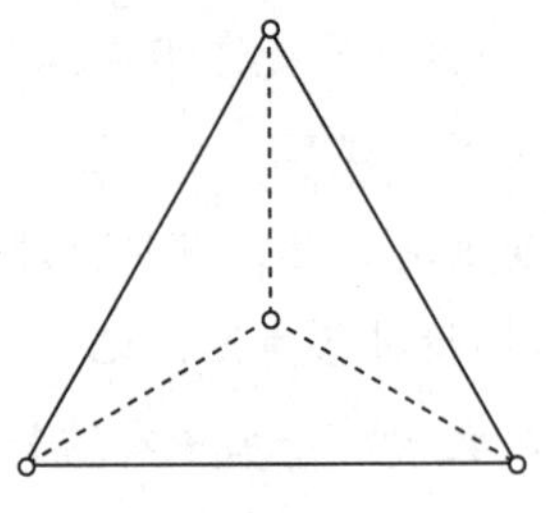

图 4-3

又如，有一个正方体，见图 4-4，它的表面涂满了红色，在它每个面上切两刀，可得 27 个小正方体，而且凡是切面都是白色的，问小正方体中三面红色的有几块？两面红色的呢？一面红色的呢？各面都是白色的呢？如果每面切三刀，情况又怎样呢？每面切 n 刀呢？若要得到各面都是白色的小正方体 100 块，每面至少要切几刀？此类趣味数学题，既帮助学生学习了三角形和正方体的概念，又激发了他们学习几何的兴趣，有助于学生的空间想象力的发展。

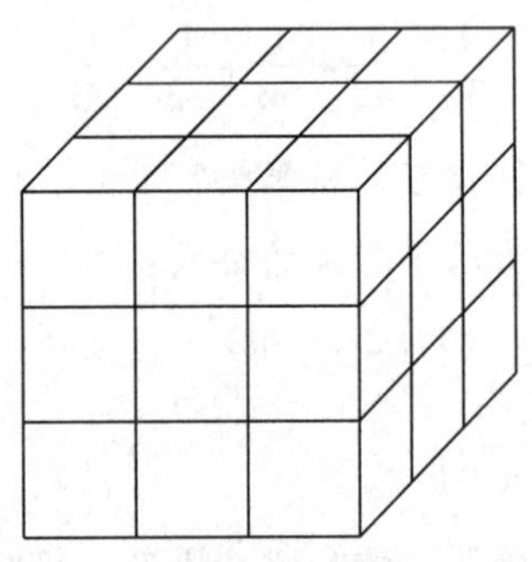

图 4-4

思维是人的心理活动的核心。人类认识客观事物，学习基本知识，掌握基本规律，进行创造发明，都离不开思维能力。在数学教学中，逻辑思维能力则被作为核心能力来培养。一般说来，逻辑思维包括概念、判断、推理等基本思维形式以及比较、分类、类比、归纳与演绎、分析与综合等常用的思维方法。解趣味数学题的过程就是一个强化逻辑思维的过程。不少趣味数学题，都可用来培养学生思维的广阔性、深刻性、独立性和敏捷性。如有 A、B、C 三个等式，A 和 C 是错误的，只要在 A 式中加上两点变成 B 式，就可以使等式成立。请你在 C 式中加上两点使等式成立。

A：72×3－5＝166；

B：7.2×3－5＝16.6；

C：（51－3）×2＝34。

如果学生用类似（加小数点）的方法，没有独创性和敏捷性，是不可能将C式中的“一”号加两点变成“÷”号，从而使C式成立的。

我们知道，不少趣味数学题有着较深刻的理论和实践背景，如“韩信点兵”问题，不仅涉及剩余定理，而且在计算机的结构中派上了大用场；“称球问题”：十二个球在天平上称三次，找出其中唯一的坏球来（实际上可以处理十三个），这看起来是数学游戏，实质上是信息论中的一个重要例子；“周游世界”、“地图染色的四色猜想”和“哥尼斯堡七桥问题”等，都是饶有趣味的图论问题。有目的地引导学生去思考这些趣题，是可以培养一些较高水平的数学人才的。

趣味数学还是数学科普中相当重要的一环，但过去并不为人们所重视，认为这是小玩意，不登大雅之堂。现在这种局面有所扭转，国内有许多刊物都登载了趣味数学和数学游戏题，近年来还编写和翻译了不少这方面的读物。对中小学生来说，这些都是促进智力发展的很好的课外读物。也正是在这种情况下，我们应当注意：第一，趣味数学题或智力测验题，并不是心理学上所指的智力测验。这些趣味数学题能培养学生的观察能力、记忆能力、想象能力和思维能力，但决不能单依靠它来测定一个人的聪明程度。第二，课堂教学的任务是面向全体学生，所以在课堂教学中不能随意扩大教材以外的内容。如果能结合授课内容，适当将数学问题引趣，常使学生感到生活中处处存在数学，学生学起来也就兴趣盎然了。应当指出，趣味数学题内容广泛、形式多样、涉及题外因素多，它容易偏离中小学双基训练，对学生智力发展不易有系统的帮助。所以，课堂教学中应以培养智力为主、课外活动为辅。只有这样，我们才能充分利用这一有利条件，因势利导，不断在课内课外全面发展学生智力。

这是我在杂志上发表的第一篇文章。我的教学风格之一，就是喜欢利用趣味数学之“趣”，以趣导趣，以趣育情，以趣启智。

现在读来，我觉得，如果今天我再写这篇文章，例子会更生动些，因为这些年来我又积累了不少素材。

我以为，对趣味数学在理论上进行一些研究是很有意义的。一是可以充实相关研究成果，写一篇《趣味的数学和数学的趣味》这样的文章；二是对趣味数学的价值，我们还远远没有发掘出来；三是研究这方面内容的人不多，出成果较为容易。

第三节　数学实质上是艺术的一种

我们的学生不但要有美的心灵，也应具有美的仪表和风度，我们的学生还应有一定的艺术修养和文学修养，体现良好的涵养和气质。而数学中其实也充满了“艺术”的因素，数学家维纳就曾说过：“数学实质上是艺术的一种。”

1. 数学之美

数学之美，美在何处?

(1) 数学之美，美在对称、和谐

数学的内容和解题方法多具有对称美。例如，几何中的中心对称、轴对称、镜像对称，都给人以舒适、美观之感；代数中的对称多项式、对称行列式、多项式方程其虚根成对出现，函数与反函数图像的对称性等，都具有对称之美。解题中的互逆思维、对称原理等，则是对对称美的追求。

和谐是指事物之间按一定规律相互联系、有一定秩序以及明确的变化规律。例如波浪滚滚的正弦、余弦曲线，欲达不能的渐近线，变化多端的定值问题，直观有趣的数形结合，它们在和谐中动静结合，富有诗意。

又如黄金数$\frac{\sqrt{5}-1}{2}=0.618\cdots$，它是现实世界中美的反映，可你知道吗?建筑物的窗户的宽与高度的比一般为这个数；人的膝盖骨是大腿与小腿的黄金分割点，人的肘关节是手臂的黄金分割点，肚脐是人身高的黄金分割点；名画的主题，大都在画面的 0.618 处；弦乐器的声码放在琴弦的 0.618 处，会使声音更甜美。建筑设计的精巧、人体科学的奥秘、美术作品的高雅风格、音乐作品的优美节奏等，交融于数的对称美与和谐美之中。

（2）数学之美，美在简单、明快

简单、明快既是数学美的直观显现，又反映了数学的内在美。法国哲学家狄德罗曾说过："数学中的所谓美的问题是指一个难以解决的问题。所谓美的解答则是指对于困难和复杂问题的简单解答。"也就是说，数学美是指追求用最容易、最清楚而且更经济的方法来解题。

1644 年，数学家梅森宣布：当 $p=2$，3，5，7，13，17，19，31，67，127，257 时，2^p-1 都是素数。以后，人们把可以写成 2^p 形式的素数称为梅森素数。在几百年的时间内，人们已经找到了 46 个梅森素数，其中最大的一个是 $2^{43112609}-1$。后来，人们证明若 $P=61$，89，107 时，2^p-1 也是素数，长期以来，人们曾以为 $2^{67}-1$ 也是素数。1903 年，在一次国际学术会议上，大家要求科尔教授作报告，科尔走上讲台，在黑板上计算了，然后又计算了 $193707721\times761838257287$，两式的计算结果完全相同。科尔一言未发，就回到了座位上。全场顿时响起了热烈的掌声。也许，这是有史以来最简洁的一次学术报告。这就是数学方法的简洁美。1922 年，数学家克莱契克验证了 $P=257$ 时，$2^{257}-1$ 不是素数。

（3）数学之美，美在雅致、统一

雅致包括了和谐、严谨、缜密、抽象、直观、简明之美；而统一是指部分与部分、部分与整体之间协调一致。雅致、统一之美，是数学发展的深层动力。数学往往表现出多样的统一性，例如，不同的三角形有统一的面积公式 $S=\frac{1}{2}ah$；圆台、圆锥、圆柱的体积计算公式有统一的形式；椭圆、双曲线、抛物线有种种不同的性质，其图形也有极大的差异，但随着极坐标的出现，它们可以统一于公式 $\rho=\frac{ep}{1-e\cos\theta}$ 之中，随着 e 的变化而表示为不同的曲线，给人以美的享受。

追求统一美，可以系统地解决许多数学问题，请看下面这一例题关于中点弦问题的统一解法。

试证：二次曲线 $f(x, y)=0$ 的以定点 $M(a, b)$ 为中点的弦所在的直线方程为 $f(2a-x, 2b-y)=f(x, y)$。

证明：弦的一个端点 $P(x, y)$，因弦的中点为 $M(a, b)$，则另一端点为 $Q(2a-x, 2b-y)$，且

$$f(x,y) = 0 \quad ①$$

$$f(2a-x,2b-y) = 0 \quad ②$$

$$\therefore f(2a-x,2b-y) = f(x,y)。 \quad ③$$

$\because f(x, y)$ 与 $f(2a-x, 2b-y)$ 的二次项系数相同，

$\therefore f(2a-x, 2b-y) = f(x, y)$ 是 x、y 的一次方程，而 P、Q 的坐标都适合①、②，故③是直线 PQ 的方程。

(4) 数学之美，美在奇异、突变

奇异与突变是一种奇特的数学美。我们在解题时，不止一次地为自己有新颖奇妙的证法和出人意料的发现而感到由衷的喜悦。培根说过："没有一种极美的东西不是在调和中有着某些奇异!"可以说，数学家的工作就是在调和中追求奇异性的结果。

请看求 π 值的一个奇妙的方法。

1777 年的一天，法国数学家布丰邀请朋友到他家看一个试验。他事先把画着一条条等距的平行线的白纸铺在桌上，又拿出一把质量均匀且长度为平行线间距离一半的小针，他请人随便把针抛到纸上，共抛了 2212 次，并作了统计，其中与任一平行线相交的有 704 次。他计算了一下：$2212 \div 704 \approx 3.1420455$ 然后宣布："这就是圆周率的近似值。" 1901 年，拉萨里尼做过同样的试验，他共抛小针 3408 次，计算出 π 的近似值为 3.141592920。这种计算 π 的方法的正确性，现在用几何概率的知识很容易证明。而我们在"意料之外"与"令人震惊"之中，又一次体验到了数学美。

2. "育美"的数学教学

我教数学，很喜欢发掘美。以美育情，以美启智。例如，我每次教复数，讲到复数的指数形式时，总要把其中的美挖出来。

复数的指数形式是：

$e^{i\theta} = \cos\theta + i \cdot \sin\theta$

令 $\theta = \pi$，得

$e^{i\pi} = -1$，

即

$e^{i\pi} + 1 = 0$

最后这个等式，是被数学家公认为最美的等式。我由此入手，写了一篇

数学小品文，以期唤醒学生的数学美感。

数苑中的“五朵金花”

在万紫千红的数的大花园中，有五朵瑰丽的花朵——0，1，i，π，e。欣赏这五朵花，你将得到美的享受；透过这五朵花，你可以窥视五彩缤纷、雄伟神奇的数学世界。

0，1，i，π，e是无穷无尽的“数花”中的“花魁”，是数学史上划时代的符号，它们如同宇宙里无数行星中最明亮的五颗巨星。

1是人类认识的第一个数，它标志着数学的诞生。有了1，就有了其他的数，也就有了数学法则和数学结构。在数学概念中，1是高楼的基石，没有1的基础，就没有2以上的累进数。1是有效数字的起头，又是无限数字的归宿。数学如此，世界万物亦然。

0诞生在印度，成长在阿拉伯，足迹遍布全世界。它是正负数的分水岭，是水和冰的界碑；它是实数中唯一的中性数。它是无中的有，又是有中的无；它是内在的有，又是特定的无。

0和1朝夕相伴，一歌一舞，配合默契。在二进位制和逻辑代数中，它们双双在一起，创造了电子时代的智能世界。

神奇的$\sqrt{-1}$（用字母i表示）并非是虚无缥缈的。局外人看它，玄而又玄，是蓬莱仙境中的海市蜃楼；局内人看它，实在真确，是雄伟壮丽的复数大厦的支柱。在实际生活中，我们找不到它的对应物；但在自然科学和工程技术中，又到处出现它的身影。数学科学有了它，就脱掉了幼稚之气而生长成熟；科学技术有了它，就蓬勃兴旺，使人类文明社会不断发展。

π有尖尖的脑袋，它无声无息地钻进了每一扇窗户，每一个烟囱，每一间厨房，每一家工厂，它真是无孔不入。它是圆周率的记号，却与曲线、角度等有密切关系。祖冲之对它的研究，给中华民族带来光荣；欧拉建立弧度制，使它的内容更加丰富。它有巨大的魔力，数千年来吸引着无数的科学家为它贡献毕生的精力；它又有极高的威望，以它的精确度来衡量人类各个时代的数学水平。

e具有高雅庄重的风度。如果仅仅认为它只是自然对数的底数，那么未免显得浅浮；在自然科学中，它的内容极为丰富。从定义看，它是无穷级数的和；就实质说，它是宏伟壮观、严整精密的大自然结构的产物。以普通人看来，它是一个简单的常数；在科学家眼里，它是数中的精灵。人类探索它的奥秘越多，人类就越聪明。

π和e是一对孪生兄弟。它们有个性，π与曲线相好，e与万千气象结下友谊；它们又有共性，是无理数，又是超越数。我们无法计算出它们的真确值，只能用无穷形式来表示。如果你用尺规能作出它们的长度，那么你在世界上就是创造了奇迹——其实是不可能的。

奇妙而有趣的是，欧拉以其惊人的天赋和敏捷的分析，给出了整个数学中最卓越的公式：

$$e^{i\pi}+1=0$$

它是自然界的神奇巧立和人类的聪明智慧的综合产物，是数学中的一大杰作。数苑中的“五朵金花”竟能开在同一树枝上，不可谓不绝！难怪数学家说：“数学实质上是艺术的一种。”

知识的海洋是无穷无尽的，愿你像π那样富有钻劲，像i那样富于幻想，像e那样联系实际，一切从0开始，从眼前迈开第1步，沿着崎岖的道路，在知识海洋里，勇敢地探索和追求吧。

我虽然只花了几分钟时间，讲复数的指数形式并引申至数学的奥秘和数学中的美，全班学生却情不自禁地爆发出热烈的掌声，我则以微笑、点头回应学生并品味着作为教师的幸福。若干年后，许多现已小有成就的学生回忆起这节课时，有的说：“从那一刻起，我才发自心底真正想学好数学了！”有的说：“任老师，那时我真觉得，数学太神奇了！”

第四节　用数学文化感染学生

“数学不仅是数字、符号、公式，而且还有浸润其中的数学文化。只有把抽象的、逻辑的、严谨的数学，即冰冷的数学，转化为生动的、人文的、思考的数学，即火热的数学文化，数学课堂才是人才陶冶的炉膛。”张奠宙先生的这段话生动地说出了“数学可以塑造人的灵魂”的道理。

数学育德，当从数学文化开始。

1. 数学文化就是要“文而化之”

这是张奠宙、赵小平先生发表在《数学教学》2007 年第 4 期上的文章的题目，原文如下。

数学文化就是要“文而化之”

近来，于丹的《论语心得》大火特火。十博士联名发起攻击，措辞激烈，不过大多数群众还是喜欢于丹。这使我们联想到数学。数学如同国学，也有其象牙塔部分，学术性很强，外人很难弄懂。即使是中小学校里的数学，也不大招人喜欢。我们的数学教育为什么非要板着面孔讲数学呢？数学文化的教学，能否也能够大众化一些，使得一部分的数学，也如“心灵鸡汤”那样可口呢？

所谓文化，按照于丹的说法，“文化是一个流动、生长的形态，重要的是‘文而化之’，进入人的内心世界”（2007 年 3 月 19 日《文汇报》第四版）。数学文化何尝不是如此？数学是人创造的，必然打上社会的烙印。数学是人们观察世界的一种立场、观点和方法，具有很强的人文特征。在形式化了的数学的背后，有生动活泼的思维过程、朴素无华的思想方法乃至引人深思的人生故事。

教育形态的“大众数学”，应该区别于具有学术形态的“形式化数学”。数学教学“既要讲推理，更要讲道理”。这些道理中包括数学文化底蕴。举一个例子。平面几何课程里有“对顶角相等”，这是一眼就可以看出其正确性的命题。教学的目的，主要不是为了掌握这一事实本身，关键在于：为什么古希腊人要证明这样显然正确的命题？为什么中国古代算学没有“对顶角相等”的定理？理性思维的价值在哪里？如能联系古希腊的奴隶主和民主政治加以剖析，则可以感到其中更深刻的文化韵味。反之，如果依样画葫芦，只是“因为、所以”地在黑板上把教材上的证明重抄一遍，那就是“文而不化”，没有文化味了。

学学于丹，让我们把数学也“文而化之”，使之进入人们的内心世界。让孩子们喜欢数学、亲近数学、欣赏数学。

2. 感悟数学文化

我曾应邀为数学教师做过数学文化方面的讲座，并把讲座的题目定为《感悟数学文化》。我以为，对数学文化除了介绍有关内容外，更多的还应用心感悟。

下面是讲座的提纲，读者不妨用心感悟之。

感悟数学文化

一、引言：我为什么要讲数学文化？

基于高中新课程的要求；基于对新领域的挑战；基于当今数学课堂的沉闷；基于正在研究数学的横向渗透问题的归结；基于数学教育改革的热点问题；基于数学教师教育的思考。

二、数学与文化

1. 文化

出现较早。西方：公元前5世纪至公元前4世纪，希腊；中国：公元前480年左右。

文化与人。文化与人融为一体、密不可分；哲人云：人即文化，文化即人；人之道，文化之道也。

最早的定义。爱德华·泰勒在1871年出版《原始文化》中说："文化是一个复杂的总体，包括知识、信仰、艺术、道德、法律、风俗，以及人类社会里所有一切的能力与习惯。"

《辞海》的界定。广义：文化，指人类社会历史实践过程中所创造的物质财富与精神财富的总和。狭义：文化，指社会的意识形态，以及与之相适应的制度和组织机构。一般而言：文化是一个内涵相当丰富的多维概念。人们可以从不同角度、不同层面、不同维度、不同理论出发去界定文化的内涵。同时，随着人类自身对文化认识和应用的深入，又出现新的文化内涵。

2. 数学

什么是数学？有万物皆数说、哲学说、符号说、科学说、工具说、逻辑说、创新说、直觉说、集合说、结构说、模型说、活动说、精神说、审美说、艺术说，等等。

传统说：（对数学专业的人来说）数学是一门关于模式（空间形式和数量关系）的科学。

学生说：数学是一门必修的基础课。

大众说：数学是一种文化（或数学是一种文化体系）。

力量说：数学是一种推动文明前进的巨大力量。

3. 数学文化

郑毓信教授认为，就基础教育而言，数学文化是指数学对于人们思维方式、价值观念乃至世界观等方面的重要影响。

梅全雄教授认为，就数学科学而言，所谓数学文化，是指以数学家为主导的数学共同体所特有的行为、观念、态度和精神等。

三、数学文化的特征

1. 数学文化是传播人类思想的一种基本形式。

2. 数学文化包含着人类所创造的语言的特殊形式（高级形式）。

3. 数学文化是自然与人类社会相互联系的一种工具。

4. 数学文化具有相对的稳定性和连续性。

5. 数学文化具有高度的渗透性和无限的发展可能性。

四、数学的文化价值

1. 数学：打开科学大门的钥匙

诺贝尔物理学奖的第一位获得者伦琴认为："科学家需要什么素养？第一是数学，第二是数学，第三是数学。""数学方法渗透进、支配着一切自然科学的理论分支……它已愈来愈成为衡量成就的重要标志。"

2. 数学：科学的语言

概念，公式，法则，定理，方程，模型，理论；$f(x)$，$\varepsilon-N$，语言。

3. 数学：思维的工具

如反证法、分析法、数学归纳法，"智力的体操"。

4. 数学：一种思想方法

如对海王星的发现。

5. 数学：充满理性精神

如三次数学危机的解决（毕达哥拉斯悖论，贝克莱悖论，罗素悖论）、费马大定理证明。

五、数学文化的构成

1. 数学共同体

科学共同体：由一些学有专长的实际工作者所组成，他们由所受教育及专业训练的共同因素结合在一起。他们自认为、也被人们认为专门探索一些共同的目标。这一共同体有这样的特点：内部交流比较充分，专业方面的看法也比较一致。

数学范式：数学工作者所共有的并因此形成一个群体的数学的专业基质，它包括数学的知识成分和观念成分。

数学共同体：数学工作者由于共同的数学专业基质及共同的目标而结合在一起形成的群体。

2. 数学传统

数学传统的概念：相应的数学共同体在什么是数学和应当如何去从事数学研究这样一些基本问题上的共同认识，也即一种总的观念和信念。

数学传统的具体内容：核心思想（什么是数学?），规范性成分（从事数学研究的一些具体规范或准则），启发性成分（用自己的想法解决问题）。

3. 数学精神

日本数学家、数学教育家米山国藏认为：数学具有应用化的精神，扩张化的、一般化的精神，组织化、系统化的精神，致力于发明发现的精神，统一建设的精神，严密化的精神，“思想经济化”的精神。

中国数学教育家胡炳生认为：数学具有数量观点；函数观点；概率统计观点；空间观点；图和网络观点；统筹观点；程序化观点；逻辑观点。

4. 数学文化的基本层面

作为一门具有严密逻辑结构的科学体系的数学，作为自然科学和工程技术所需要的数学（其主体是应用数学），作为社会科学领域中离不开的数学，作为社会生活中人人需要的数学（大众数学）。

六、数学文化的外延

华罗庚：“宇宙之大，粒子之微，火箭之速，化工之巧，地球之变，生物之谜，日用之繁，无处不用数学。”

经济学家：“今天一个不懂数学的经济学家是绝不可能成为一位杰出经济学家的。”

有位数学家断言：“只要文明不断进步，在下一个两千年里，人类思想中压倒一切的新鲜事物，是数学理智的统治。”

公元前4世纪，柏拉图学园门口的牌子，“不懂几何者不得入内”。

公元21世纪门口的牌子，“不懂计算机者不得入内”。

而计算机专家王选则说：“计算机＝数学的心脏＋机械的外壳。”

七、数学文化与课程改革

1. 数学是人类文化的重要组成部分

数学是人类社会进步的产物，也是推动社会发展的动力。通过在高中阶段数学文化的学习，学生将初步了解数学科学与人类社会发展之间的相互作用，体会数学的科学价值、应用价值、人文价值，开阔视野，寻求数学进步的历史轨迹，激发对于数学创新原动力的认识，受到优秀文化的熏陶，领会数学的美学价值，从而提高自身的文化素养和创新意识。

2. 数学文化教学的要求

（1）数学文化应尽可能有机地结合高中数学课程的内容，选择介绍一些对数学发展起重大作用的历史事件和人物，反映数学在人类社会进步、人类文明发展中的作用，同时也反映社会发展对数学发展的促进作用。

（2）学生通过对数学文化的学习，了解人类社会发展与数学发展的相互作用，认识数学发生、发展的必然规律；了解人类从数学的角度认识客观世界的过程；发展求知、求实、勇于探索的情感和态度；体会数学的系统性、严密性和应用的广泛性，了解数学真理的相对性；提高学习数学的兴趣：

（3）以下选题供参考：数的产生与发展，欧几里得《几何原本》与公理化思想，平面解析几何的产生与数形结合的思想，微积分与极限思想，非欧几何与相对论问题，拓扑学的产生，二进制与计算机，计算的复杂性，广告中的数据与可靠性，商标设计与几何图形，黄金分割引出的数学问题，艺术中的数学，无限与悖论，电视与图像压缩，CT扫描中的数学——拉东变换，军事与数学，金融中的数学，海岸线与分形，系统的可靠性。

3. 数学文化教学说明与建议

(1) 应当采取多样化的教学方式。例如，教师可以在教授数学知识时介绍有关的背景文化；可以作专题演讲；也可以鼓励和指导学生就某个专题查找、阅读、收集资料文献，在此基础上，编写一些形式丰富的数学小作文、科普报告，并组织学生进行交流。

(2) 教师应结合有关内容有意识地强调数学的科学价值、文化价值、美学价值。

(3) 教师在教学中应尽可能对有关课题作形象化的处理，例如，使用图片、幻灯、录像以及计算机软件。

(4) 教师应充分开发和利用校内外的教育资源，并主动与其他学科的教师（包括人文各学科）交流，更好地促进学科间的交融和渗透。

(5) 可以和其他学科教师一起，考查学生在查阅文献、阅读资料、撰写作文或报告、合作交流中的表现，对于优秀的作品应当给予鼓励、展示和推荐。

(6) 对教材中有关数学文化的内容。要注意介绍重要的数学思想、优秀的数学成果、有关人和事的人文精神，使贯穿于思想品德教育中，做到短小、生动、有趣、自然、深入浅出、通俗易懂。

八、数学文化的教学实施

1. 《数学课程标准》强调："数学是人类文化的重要组成部分"

(1) 作为人类文化组成部分的数学，它的一个重要特点是追求一种确定、完全可靠的知识。

(2) 数学以不断追求最简单的、最深层次的、超出人类感官所及的宇宙为根本。

(3) 数学不仅研究宇宙的规律，而且也研究它自己。

(4) 数学深刻地影响人类精神生活，提高与丰富了人类的整个精神水平。

2. 正确理解《数学课程标准》中的"数学的文化价值"

数学文化教育价值表现为：

（1）提升改造世界的能力，促进科学文化交流。

（2）学会理解与欣赏文明成果，领悟文化传统。

（3）学习数学的文化品德。

（4）养成科学的思维方法。

3. 正确把握数学文化的教学要求

（1）数学文化教学应立足于数学课程的内容，重视教材中文化内涵的挖掘，同时充分开发和利用校内外的教育资源。

（2）数学文化教学的目的重在提高学生的综合文化素养。

（3）倡导数学文化教学的灵活多样的形式。

4. 数学文化观在教学中的渗透

（1）渗透数学史。

（2）渗透数学美。

（3）渗透心理素质教育。

5. 数学文化的教学策略

（1）树立作为文化的数学教育观，将科学精神与人文精神结合起来。

（2）充分挖掘教材本身所具有的人文资源，提高学生的人文素养。

（3）注重培养学生的探索基本功和创新意识。

（4）以学生的发展为本，重视对学生的科学态度和个性品质的培养，完善人格。

6. 数学文化的课程资源

（1）书籍。

（2）音像。

（3）媒体。

（4）数学共同体。

（5）数学模型。

九、结束语

愿大家成为有“文化”的数学教师，愿数学教师自觉成为“数学文化”的传播者，愿数学教师自觉成为有“文化”的教育者。

3. “数学文化”应用一例：猜谜也能用数学

小时候，父母的工作单位经常举办猜谜活动。灯谜独特的魅力和其中蕴含的丰富知识深深地吸引了我。我学到了不少知识，增长了智慧，同时也对学习产生了浓厚的兴趣，所以，我的成绩一直不错。

上山下乡时，出于对谜的爱好，我在知青队里经常搞猜谜活动，既给枯燥的插队生活带来了乐趣，又使自己掌握了不少知识。

刚刚恢复高考，我参加高考并考上了数学系。而我的高考文科成绩较好，其中也有灯谜的功劳。

数学系的学习生活辛苦而枯燥，课余猜谜，既调剂精神，又不乏乐趣。工作后，灯谜更派上了用场。我是班主任，在班里经常举办谜会，丰富学生的课余生活，充实第二课堂内容，收到“寓教育于娱乐之中，增知识于谈笑之间，长智慧于课本之外”的效果，受到领导、师生和家长的好评。

我上数学课时，对学生说，我们能用数学来猜灯谜。学生不信，于是我出了一个谜语让大家猜。“天没它大，人有它大（猜字一）”。

有学生猜出了谜底。

我接着说，其实全班同学都能猜出。学生还是不信。

于是我说，我们用方程来猜谜吧。

设谜底为 x，依谜面之意，有

$$\begin{cases}\text{天}-x=\text{大}\\ \text{人}+x=\text{大}\end{cases}，\text{则}\begin{cases}x=\text{天}-\text{大}=\text{一}\\ x=\text{大}-\text{人}=\text{一}\end{cases}，\therefore x=\text{一}。$$

见学生惊愕，我又出了一条谜语“知难相逢叹别离（猜字一）”，让学生猜，有不少学生列出了如下算式：

$x=$知$+$难$-$叹$=$雉。

读者朋友，你看到那个被减去的“叹”字了吗？

那天的数学作业，我特地布置了一道猜谜题：“各有风格（猜字一）”。

效果还真明显，第二天，几乎全班学生的谜底都为“枫”字。

讲集合的概念时，我先出一谜“刘邦闻之则喜，刘备闻之则悲（猜字一）”。

我风趣地说，设 $A=\{$刘邦闻之则喜之事$\}$，$B=\{$刘备闻之则悲之事$\}$，并引导学生回忆历史，学生七嘴八舌，说 A 里有什么什么，说 B 里有什么什么，我提示学生往共同处着想，并进一步启发学生，我们的任务是什么？是求 $A\cap B$ 啊！于是有学生想到“羽”，对刘邦而言，“项羽之死”是喜，对刘备而言，“关羽之死”是悲。我便又启发道：“交集是什么?”学生答道：“羽之死”。

忽然，一位学生叫道：“谜底是‘翠’，‘翠花’的‘翠’。”我故意问：“何解?”学生自豪地回答：“‘羽之死’就是‘羽卒’，合起来为‘翠’。”全班爆发出一阵掌声。

那天的数学作业，谜题为“四五六八九（猜七字俗语一）”，读者不妨猜猜看。

我讲“无穷递缩等比数列”时，课前在黑板上写上：

$\frac{2}{3}$（猜成语一）

学生好奇，怎么有分数做谜面的谜？我神秘地说：“算一算，就能猜中!”

$\frac{2}{3}=0.666\cdots$，见学生一时没有反应过来，我进一步启发道：“6，汉字怎么写?”

学生中传来了“陆续不断”的回答，大家悟出谜底，掌声、笑声渐起。

我顺势大声说：“对，6（陆），续，还不断！这就是

0.6，0.06，0.006，……

这就是我们这节课要讲的无穷递缩等比数列。”

至今，学生见到我时，还有人提到当时的这节课。

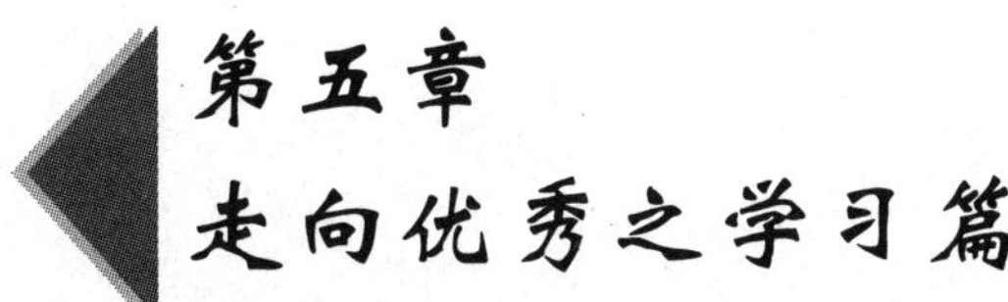

第五章 走向优秀之学习篇

学生是学习者，但要让学生成为“会学习的人”，则需要我们对其进行有效的学习指导。

教师要成为学习者，必须实现从“教书匠”到学习者、研究者，从“要我学”到“我要学”的转变，强化终身学习意识，提升主动学习的品质，成为“敏而好学”的学习者。

第一节　教师成为学习者

当前，许多学校都在努力创建学习型学校，是学习型学校，就必须有一支学习型的教师队伍。换言之，学习型组织要求教师成为学习者。

1. 我的学习方式

看了我的简介后，不少青年教师问我："您成功的最主要因素是什么?"对此，我这样回答："学习，而且是主动地学、用心地学、创新地学，做学习中的有心人。"

"学习对我们就真有这么重要吗?"一些老师不解地问。

的确，教师的成长，离不开学习。勤于学习，不断充实，是成为名师的基础。

"那你是怎样学习的?"老师们常这样问。

首先，要树立大的学习观；其次，要树立新的学习观；第三，要善于学习；第四，要终身学习。

具体地说，我的学习方式有以下几种。

（1）向同行学习

可以向名师学习，也可以向一般老师学习；可以向本校老师学习，也可以向外校老师学习；可以向年长的老师学习，也可以向年轻的老师学习。取人之长，补己所短，改进教法，不断提高自身素质和教学水平。

（2）向学生学习

"师不必贤于弟子"，教师还应开诚布公地向学生承认自己的过失或不足，经常向学生学习。陶行知说："你要教你的学生教你怎样去教他。如果你不肯向你的学生虚心请教，你便不知道他的环境，不知道他的能力，不知道他的需要，那么，你就有天大的本事也不能教导他。"可见，向学生学习是多么重要。我写的《来自学生的巧解妙证》一文，就列举了多个学生解数学题比我高明的案例。

（3）向报刊书籍学习

"要给学生一杯水，教师要有一桶水"，这一桶水从哪里来？很重要的一个途径就是向书本、杂志学习。当然，现在人们说，一桶水不够了，教师要有一条常流常新的小河。但不管是一桶水还是一条河，都要求教师不断地充实知识、更新知识。为此，教师应扩大阅读面，广泛获取各方面的知识。

（4）进修学习

我1980年毕业于福建省龙岩师专，拿到专科学历，此后，我坚持参加各种进修学习活动，不断提升自己。1986年我读完了福建师范大学数学函授本科，1999年我读完了福建师范大学教育硕士（数学教育）研究生课程，2001年我又完成了骨干教师国家级培训。进修学习的最大好处，是能够系统地学习，对知识有整体的认识，还可以与同学共同探讨有关问题。

（5）课题学习

从事一项课题的研究，要从课题的选题、论证入手，进行文献综述，阅读他人的文章著作，进行课题计划，进行课题实施，还要进行数据的收集和资料的整理、课题结题等，总之，研究者要经历课题研究和实验的全过程。我在完成课题的过程中学到了许多知识，也培养了科研能力。我以前对非智力因素的了解并不深刻，但从事了“非智力因素与数学学习”课题研究后，对非智力因素的认识深刻多了。学会了做课题，就能自觉地将实践纳入科研的轨道，学会在研究状态下工作，成为一名扎根于中学“土壤”的教育研究者。

（6）学术学习

参加学术会议，可以了解学术动态，获取新的知识。而要参加学术会议，不进行某项课题的深入研究是不行的，否则就没有发言权。参加学术会议，还可以聆听大师、专家、同行对这一问题的真知灼见，提高业务水平。

（7）追踪学习

一是对一类书籍文章的追踪，如中学生研究性学习是一个新课题，我就与京、沪、粤等地有关书店联系，追踪这类书籍。同时在报刊中寻找这类文章，占领研究的制高点。二是追踪教育名师。如我在北师大听了裴娣娜教授的“教育研究方法导论”讲座，还听了肖川博士的报告，感到很有收获。之后，无论购他们的书，收集他们的文章，找机会向他们请教，还是索要一些资料，都是一种追踪。

（8）阶段重点学习

没有抓住重点便学习，就可能杂乱无章，无法形成体系。在这方面，一是按系列学习。例如，作为数学教师，数学竞赛是一个系列，数学建模又是一个系列，力争对上述问题有一个整体的认识。二是精于一地学习。如研究“数学文化”，我觉得张维忠所著的《数学文化的多维视角》很好，于是我精读它，读透它，然后再“博览”《数学文化》、《数学文化论纲》、《数学中的人文教育》、《数学的横向渗透》等书，这就等于打开了一个缺口，建立了一个根据地，然后乘胜追击，逐步扩大“作战”领域。三是分层次学习。如创新教育专题，我是这样从高层往低层学习的：《创新教育》→《脱颖而出——创新教育论》→《创新教育与学科教学整体改革实验指导》→《教师创新行为案例与评议》→《数学教育创新的理论与实践》等。这样，我对创新教育就有“一览众山小”的感觉了。

（9）网上学习

不少教师不无感慨地说：“谁能借我一双慧眼，让我穿越时空，跨越国界？是电脑，是网络。”这是很有道理的。当代教师应该建立“基于网络的自主学习”模式，学会在网上探索、研究，利用电脑进行资源管理。

（10）传播学习

讲学是传播的主要形式，要讲学，就要系统钻研、深入实践，从而做到有深度、有新意，对自己的学习与提高大有帮助。此外，搞一次教研活动，往往同时请多人讲学，这又是一个学习的好机会，令人受益匪浅。

传播有多种形式，这里我把传播界定为“三讲”，即讲课、讲学和讲座。

讲课，是传播教育思想的最好舞台。舞得好，可以舞出一个充满智慧、充满诗意、充满美感的课堂。

讲学，有相对固定的讲课内容和学生，是公开讲述自己的学术理论。

讲座，多为受有关部门的临时邀请而四处讲学。

传播是一种很好的学习方式，在不影响工作、学习的前提下，适度传播，自己可以在传播中得到提升，进入全新的教育境界。

（11）参观学习

有机会，还应该走出去，了解其他学校的办学理念和工作思路，以及素质教育的开展情况。参观学习能使人了解他人之长，弥补自身之短。

现在，老师们可能会问，讲了这么多学习方式，最重要的学习是什么？毫无疑问，那便是终身学习理念下的学会学习。

在信息时代，终身学习将成为生活中的重要内容，成为人们的一种生活方式，在这方面，对教师的要求又高于一般人。无论是为了迎接新世纪的挑战，是为了肩负时代赋予的使命，还是为了成为走向未来的名师，都需要我们学习，学习，再学习。

2. 为师十学

（1）为师“我要学”

一个教师，若对学习处于“要我学”的状态中，学习对他来说，就是一种苦役、一种负担；若对学习是一种“我要学”的境界，学习对他来说，就是一种需要、一种享受。

为师“我要学”，是一种精神状态，是一种进取精神。

“我要学”强调的是学习的主动性、独立性、自控性，而且是教师实现专业自主发展的关键因素。

学会自主学习，学会与不同专业背景的人在交流与协作中学习，学会运用现代信息技术高效学习，学会在研究和创造中学习，这些学习能力是人们在信息社会中的基本生存能力。

（2）为师“用心学”

北京大学附属中学数学特级教师张思明在其《用心做教育》（“中国当代教育家丛书”之一）中，有这么一段话：“用心做教育，我是快乐的。在用心中，我和我的学生都得到了发展，都找到了彼此的价值。只有用心做教育才能有机会成为一个好老师，一个受学生欢迎的老师，一个不断成长的老师。只要我们每一位教师都在用心做教育，那么我们和学生一起成长就是每天可以看见的现实，素质教育的春天就会常在我们身边。”

可见，做任何事情，都要“用心”，教师的学习也不例外。那么，用心学习，快乐学习吧。

（3）为师“合作学”

以往教师的学习，多为“自主学”。课改背景下要求学生的学习“合作、自主、探究”，我以为，教师的学习也应“合作”。合作学习不仅是一种理念，同时也是一种学习方式。作为与新课程一同成长的教师，必须学会合作学习，共同构建教师合作文化。

教师合作学习的主要方式是在学校中构建起学习型组织，基本的学习方法有头脑风暴法、分享式讨论和反思对话。教师应养成积极合作的态度、彼此信任的诚意和开放的学习心态，在共同学习中共同成长。

（4）为师“虚心学”

毛泽东同志说：“虚心使人进步，骄傲使人落后。”孔子云：“三人行，必有我师。”这些都告诉我们，为师当“虚心学”。

向名师学，向老教师学，相对容易些，相对大家能接受，有学习的积极性。

为师还要向同行学习，这实际上是团队合作学习，这种充分发掘和利用团队中有利于教师专业发展的各种资源的学习，是促进教师专业发展的有效途径。

为师还要注意向年轻教师学习，年轻教师经验相对少些，但他们有激情、有创意，在利用多媒体新技术方面有自己的优势。

为师还要向学生学习，因为学生的许多想法，是老师往往没有想到的。

（5）为师“探究学”

教师即研究者，不仅是新时代对教师提出的要求，也是教师专业成长的目标。

研究性学习是近年来国际教育改革所倡导的学习理念和学习模式。从教师角度而言，我们倡导探究性学习，目的就是要着力培养教师的问题意识、创新精神、探究能力（包括研究指导能力）、个性风格和乐于探究的心理倾向。

教师唯有以研究者和体验者的眼光审视、分析、解决教学和学习中的问题，在学习中探究，在探究中学习，才能促进自身的专业发展。

（6）为师“拓展学”

数学教师不但应掌握数学专业知识，精通专业，知晓自然科学知识，还要学习人文科学知识。

数学教师的学习，学习知识是一个层次，学习数学教学是高一个层次，学习数学教育又高一个层次，学习数学文化则又高了一个层次，如果上升到学习教育文化，就是更高的一种境界了。“拓展学”是一种从专业到泛专业的学习过程，围绕专业的拓展学习是提升教师精神境界和教育视界的有效方式。

（7）为师“致用学”

我们说教师要“拓展学”，并不是说要泛泛而学，而且一是要带着教育教学中的问题去学习，即有的放矢地学习；二是要把所学的知识运用到教育教学中去，即学以致用。把有的放矢和学以致用结合起来，就能形成良性循环，提高学习效率和教育教学水平。

优秀教师的成长过程，就是一个不断学习知识和更新知识的过程，就是不断将所学到的知识运用于实践的过程，并在实践中反思，在反思中学习，再继续实践，接近最优的教育。

（8）为师“灵活学”

学习的途径有阅读性学习、实践性学习、反思性学习、研究性学习和写作性学习等。不同的学习途径各有所长。教师应了解不同途径各自的特点，并根据自己的情况，侧重其中一种或几种，也可以因时因事综合运用，灵活学习，求得最佳的学习效果。

（9）为师“思辨学”

古人云：“博学之，审问之，慎思之，明辨之，笃行之。”“审问之”也好，“慎思之”也好，“明辨之”也好，都要求我们“思辨学”。

对于全新的理论、知识、观念、技能，我们必须认真、刻苦地学习，并尽快掌握。同时，我们更要注重活学活用，对新理论、新观点、新方法、新技能既大胆地吸收、借鉴，又灵活地与工作实践相结合，有选择、有批判、有针对性地应用，决不能照搬照抄、生搬硬套。

（10）为师“网络学”

网络学习已从可能性向现实性转化。网络作为知识与信息的载体，蕴涵着巨大的学习资源。通过网络学习，是现代人面向未来的明智选择，也是实现自我发展的重要途径。为此，教师要更新学习观念，成为网络学习的支持者和实践者，具备使用和驾驭网络的实际能力，以便有效地指导学生进行网络学习。

学会利用网络学习，是现代教师的一种必备素质。而教师学会在网络环境下学习，也是校本学习成功实施的必备条件。

第二节　教师成为“学习指导者”

教师不仅应当成为学习者，还应当成为学习指导者。新课程的明显特征之一是学生学习方式的转变，这就要求教师不仅要有学习指导意识和能力，还要在此基础上更新学习指导理念，把握新学习方式及其特点，提升学习指导的专业水平，运用学习指导的科学方法，既为学生的发展创造更好的学力基础，也为教师专业成长寻找一条更科学、更全面的可持续发展之路。

1. 数学学习指导的概说

只有学会学习，才有资格和能力成为21世纪的新主人。

换言之，在未来，你所拥有的唯一持久的竞争优势就是：有能力比你的竞争对手学习得更快。

当今教育改革的主旋律，是充分激发学生的主动性和积极性，使教学过程从以“教”为中心，转变到以“学”为中心；从知识的传授和学习，转变为学习能力、学习品德的培养和提高，让学生学会学习；从维持性学习，转变为研究性学习和创新性学习。

数学作为中学的一门重要学科，数学教师理应培养学生会学数学、会科学地学习数学、会策略地学习数学、会创新地学习数学。

以下简述数学学习指导的几个基本问题。

（1）中学数学学习指导的意义

中学数学学习指导既有一般学习指导的意义，又由于数学学习的特殊性，而有其特殊的意义。因此，中学数学学习指导与一般学习指导具有同等重要的作用，同时数学学习指导又为一般学习指导提供方法和经验。

（2）中学数学学习指导的基础

中学数学学习指导的基础，是开展数学学习指导的前提，可以从学生、教师、家庭和学校几个方面着手进行：第一，对学生数学学习情况的了解；第二，教师数学学习指导意识的培养；第三，家庭数学学习指导的配合；第四，学校数学学习指导氛围的营造。

（3）中学数学学习指导的内容

中学数学学习指导的内容包括优化学生数学学习的动力系统，强化学生数学学习的执行系统和完善学生数学学习的调控系统。

优化学生数学学习的动力系统，主要是指培养学生数学学习方面的求知需要。学习动力是一种精神力量、意志力量，是一种心理因素，也是学习成功的第一要素，不解决动力问题，再好的智力因素也不能发挥作用，再好的学习方法也难以见产生效益。学习动力是在学习过程中不断形成和加强的，学业的进步，活动的成功，都将对学习动力起到优化的作用。

强化学生数学学习的执行系统，主要是指帮助学生了解数学和数学学习的特点，提高数学学习的执行水平，掌握科学的数学学习方法，培养数学学习策略，发展数学能力。

完善学生数学学习的调控系统，主要是指提高学生数学学习的心理方面的自我调控水平，使学生正确对待和处理数学学习的问题。

（4）中学数学学习指导的原则

数学学习指导的原则，反映了数学学习指导过程的客观规律，是教师进行学习指导时应遵循的基本要求。制定和贯彻科学的学习指导原则，有利于提高数学学习指导的效果，实现数学学习指导的规范化，使学习理论更直接地指导学生的学习实践，并从经验中提炼理论精华。

中学数学学习指导，应遵循如下原则：一是学习指导与学生心理发展水平相适应的原则；二是理论指导与实践应用紧密结合的原则；三是学习指导与教法改革同步进行的原则；四是集体指导与个别指导相结合的原则；五是学习指导与育人相结合的原则。

（5）中学数学学习指导的模式

随着学习指导实验的不断深化，对学科进行学习指导越来越为人们所重视，将综合性学习指导（不分学科的学习指导）与学科性学习指导结合，是学习指导发展的一个趋势。要有效地进行数学学习指导，选择学习指导模式是十分重要的。

学习指导模式，是将学习科学理论应用于实践的转化环节。它具有典型性、参照性，便于模仿、操作、推广，可以使少数人在学习过程中取得的经验变为大多数人的实际行动。

学习指导模式是由学习指导的实践经验上升到学习指导理论的转化环节。它所提出的模式框架，既是行为框架又是理论框架，一方面可以用来指导实践，另一方面又可以通过不断的实践在理论上进一步系统化、规范化，从而为学习指导理论的研究不断提供素材。

学习指导模式的形式有助于学习指导深入发展。学习指导模式是不断发展的，可以而且必须根据不同时期、不同对象、不同的学习内容有一定的变化。指导学生学习，只靠一种模式难以完成学习指导任务。模式之间应实现有机的融合、配合、结合使用，从而发挥模式的整体效益，使整体效益大于部分之和。

现提供中学数学学习指导的一种综合模式：

初一、高一阶段：课程式学习指导；

初二、高二阶段：交流式学习指导；

初三、高三阶段：专题式学习指导；

平时的数学教育：渗透式学习指导。

（6）中学数学学习指导的教材

有效进行学习指导，编写教材是十分重要的问题。结合编写《中学数学学习法》一书的体会，我在此简要探讨中学数学学习指导教材建设的几个问题。

第一，关于中学数学学习指导的内容。

在总体上给学生数学学习指导，是让学生粗略了解数学，了解中学数学学习的一些情况。根据中学生的认知水平，我们选择了如下内容：①数学的特点；②数学学习的意义；③中学数学学习的特点；④中学数学学习的原则；⑤中学数学学习的迁移；⑥中学数学学习展望。

我们认为，这部分内容是不可少的，虽然不作深入介绍，但给学生一个总的认识，对学生今后的学习是有好处的。

在方法上给学生数学学习指导，是数学学习指导的最重要的内容。在确定内容时，我们选定了如下内容：①中学数学各环节的学习方法（包括预习、听课、复习、作业、总结、考试与数学学习）；②智力因素与数学学习（包括注意、观察、记忆、想象、思维与数学学习）；③非智力因素与数学学习（包括动机、意志、性格、兴趣、情感与数学学习）；④中学数学不同内容的学习（包括中学数学概念、命题、解题的学习）等。

我们认为，这部分内容要精心编好，这部分内容是教材中的核心。但要编好并不容易，尤其是非智力因素与数学学习，能够得到的参考资料十分有限，只能根据自己的教学实践逐步探索，尽量把这部分内容编写好。

在技巧上给学生数学学习指导。学习数学，必然要学习数学的解题技巧，即解题策略和解题方法。数学习题的解题策略是指探求数学习题的答案时所采取的途径和方法，是对解题途径的概括性的认识。而数学问题的解题方法，则是对数学解题策略的具体实施。掌握数学解题策略和解题方法，是提高数学解题能力的基本要求。为此，我们选择了 16 种中学数学常用的解题策略、6 种一般解题方法和 36 种常见解题方法进行介绍。编写这部分内容时，应多从“学法”角度来论述，要避免单纯从“技巧”角度论述。

在能力上给学生数学学习指导。数学能力是顺利完成数学活动所必备且直接影响其活动效率的一种心理特征，它是在数学活动过程中形成和发展起来的，并主要在这类活动中表现出来的比较稳定的心理特征。发展数学能力，是数学学习目标的一个重要组成部分。中学数学学习，既要系统掌握知识，又要注意能力培养，而且对能力的要求日益变得重要。如何提高数学能力，已成为提高中学数学学习质量的当务之急。为此，我们选择了 12 种常见的数学能力的培养作介绍。

我们认为，编写这部分内容，一定要牢记读者对象是中学生，所给的指导应尽量让学生可操作。泛泛而谈，学生收效不大。

在课外学习上给学生数学学习指导。中学数学课外学习，同课内学习一样重要，它可以广泛地使学生接受新信息，培养学生学好数学的兴趣，加深巩固数学知识，丰富课余生活内容，促进全面发展。因此，中学数学学习指导还应包括课外学习方面的内容。在确定内容时，我们着重介绍了以下内容：①中学数学课外阅读；②中学数学竞赛；③数学小论文和数学小品文；④中学数学兴趣小组活动（包括趣味数学、数学建模、数学故事会、数学讲座、数学墙报、数学制作与实践、数学游艺会）；⑤数学校本课程；⑥数学研究性学习。

第二，关于中学数学学习指导教材的编写要求。

理论与实践相结合。在教材编写中，我们十分注意把理论与实践统一起来，使中学生能运用学习科学的理论，指导数学学习实践。但在理论介绍时，不对理论作过多的分析，强调实用性。

宏观与微观相结合。在教材编写中，我们既注意从宏观方面向学生介绍数学的特点、数学学习的意义等内容，开阔学生对数学认识的眼界，又注意在微观方面给学生具体的指导，让学生感到学得懂、用得上。

方法、技巧、能力相统一。在教材编写中，我们不仅介绍了数学学习方法，还注意介绍了数学解题技巧和数学能力培养。使方法、技巧、能力，三者相辅相成，相互促进。

分出层次选好例题。教材中，我们选入了250多个例题或问题，为使教材有更大的适应面，我们注意分层次选择例题，考虑到初、高中学生的区别，讲述的每一个内容都兼顾了两者的不同需要；考虑到一些优秀生的需要，适当选择了一些数学竞赛题；考虑到青少年的特点，选例题时还注意了例题的趣味性和实用性。

智力因素与非智力相结合。数学学习除了强调智力因素外，也不能忽视动机、意志、性格、兴趣、情感等非智力因素的动力作用。在数学学习过程中，非智力因素始终发挥着动力、定向、引导、维持和强化等一系列相互关联的作用。

2. 我在学习科学领域的研究回顾

我在学习科学领域里的探索与实践已有24年了，这些年来在学习科学的教材编写、理论建设、实验研究和学术传播等方面做了一些探索，为学习科学的发展尽了自己的一份力。

在教材编写方面，我编著了一本综合性教材《初中学习方法与能力培养》，主编了两本分科性教材《高中各科学习方法与能力培养》、《初中各科学习方法与能力培养》，编著了一本专科性教材《中学数学学习法》。上述四部教材，均被中国学习科学学会推荐为全国性试用教材。近年来又主编了《初中生学习指导》、《初中生心理教育读本》、《高中生心理教育读本》等书，编著了《数学学习指导与教学艺术》、《高中新课程数学学习法》，还参与了8部学习指导教材的编写工作。上述教材获得全国性一等奖的有4部，获得省级一等奖的有3部。

在理论建设方面，我撰写了近200篇与学习科学有关的论文，其中有不少论文内容是关于学习科学在数学教育中的应用的。如《学科学习学试探》、《试论学习指导多维教育》、《从影响学习方法的因素谈学习指导的深化》、《会学面面观》、《作业批改与学习指导》、《学习指导与德育渗透》、《学习指导的实效性问题》、《学科竞赛学习指导的若干原则》、《学科学习指导的全程渗透》、《学习策略的教育功能》、《中学数学学习的特点、原则和迁移》、《男女智力差异与数学学习》，《谈谈中学数学学习指导教材建设问题》、《谈中学数学学习指导的几个问题》、《非智力因素与数学学习》，等等，其中大多数论文被评为全国性学术会议论文一等奖。

在实验研究方面，1990 年至 1996 年我主持了国家教委教育科学“八五”重点课题“学生学习现状的调查与学习指导研究”的两项子课题研究与实验，一项是“普通中学学习指导的理论与实践”（获一等奖），另一项是“中学数学学习法”（获一等奖）。1996 年至 2001 年我主持了国家教委教育科研“九五”重点课题“中小学‘学会学习’研究”的两项子课题，一项是“学习策略教育实验的实践与探索研究”（获二等奖），另一项是“数学全程渗透式学习指导探索”（获一等奖）。实验研究期间，我坚持 12 年在高一（或初一）开设学习指导课，还在其他年级开设学习指导讲座，受到好评。

在学术传播方面，一是作为福建省教育学会学习科学研究会的秘书长、副会长，协助筹备（或主持）召开了第一至第六届学术年会，培养和发展了一批学习科学研究队伍，这批队伍中 40 岁以下被评为特级教师的就达 8 人。二是应邀到全国各地进行学习科学方面的讲学、培训，上学习指导观摩课，为学生开设学习指导咨询，为信息台和教育网站提供学习指导材料等，讲座的题目有“学生学习指导的理论与实践”、“中学学习学”、“当代高中生的心理特征与学习对策”、“学习科学研究导引”、“学习指导的操作问题”、“学习教育的艺术”、“愿你成为会学习的人”、“学会学习”、“学习指导的协同整合”、“学数学：就这几招”等。

在 21 世纪，学习对每个人、每个国家乃至人类未来具有过去任何时代都不可比拟的重大意义。新世纪里对学习科学的要求更高，新世纪里学校和教师面临的改革和发展的任务更重，我们应共同努力，不断推进学习科学走向繁荣成熟。

第三节　数学研究性学习

研究性学习要求学生在教师指导下，从自己的学习生活和社会生活中选择研究专题，采用类似科学研究的方式，主动获取并应用知识，以解决问题。研究性学习的意义，在于引导学生改变学习方式。

研究性学习强调开放性、问题性、综合性、社会性、实践性和探究性，它的课程内容不再是由专家预先规划设定的待定的知识体系，而是一个师生共同探索新知的过程，是一个师生共同完成学习内容的选择、组织与发展的过程。

1. 数学研究性学习的内容

数学研究性学习是指对某些数学问题的深入探讨，或者从数学的角度对某些日常生活中和其他学科中出现的问题进行研究。它以学生所学的数学知识和学生的自主性、探索性学习为基础，研究内容应密切结合生活和生产实际，即从生活中选择和确定专题，也可以让学生自拟研究性学习课题。数学研究性学习的目的，是让学生通过亲身实践获取直接经验，养成科学精神和科学态度，掌握基本的科学方法，提高综合运用所学知识解决实际问题的能力。

作为一种开放性、参与式的教学形式，数学研究性学习不局限于一间教室或一所学校，也不局限于一门课或几本书。为了研究生活中的数学问题，学生必须走出课堂，走出校园，融入自然和社会中，认识自然、了解社会，用自己的头脑去分析、鉴别。而且，学生应把自己得出的结论运用到现实生活中，强调学生的参与，有助于学生把理论和实践联系起来，培养学生的创新意识、创新能力。

2. 数学研究性学习的过程和方法

数学研究性学习中，教师的作用是组织者、参与者、指导者，必要时应给予学生研究方法和学习条件方面的支持。在数学研究性学习中，学生的参与方式是个人或小组合作进行研究性学习。

（1）明确问题，确定研究性学习课题

学生根据自己的数学知识确定几个课题，在这一过程中，要使学生初步认识到要解决什么问题，为什么要研究它，对问题已经有了哪些了解，最好共同商讨，确定课题。

（2）确定研究方向

思考以下问题：我们能做什么样的预测或假设？我们怎样解释它？我们应以什么为中心展开研究？进而确定研究方向。

（3）组织研究

制定研究计划，考虑分组并确定组长，明确任务安排时间表，必要时教师可给予帮助，如确定调研单位，需要做哪些配合工作。

每一位小组成员应根据课题思考以下问题：我们打算怎样进行调查？需要哪些信息？怎样获取这些信息？怎样分工才能最大限度地发挥人力、物力的作用？

在小组活动时要注意：组间同质，组内异质，即各小组之间学生知识、能力尽可能均衡，但组内各成员在各个方面是有差异的；小组目标的设立，要注意目标的达成是以小组而不是以每个组员的成就来衡量的；个人职责的明确，即小组活动应对组内成员作明确分工；均等的成功机会，即学生无论在哪一组，只要自己努力，并有同伴之间的帮助，都会有成功的机会。

（4）收集资料

学生以小组为单位参观和实地考察、采访，查阅文献，利用各种途径收集解决问题所需的数据和信息（要注意收集资料不仅是目的，而更是了解事物的手段）。对获得的信息及数据进行分析、处理，评价其有效性。

（5）撰写论文或设计方案

对上述收集到的信息进行分类和分析，确定哪些是有用的，哪些是无用的，能发现什么联系和规律，得出什么结论。结合自己的体会撰写论文或设计方案。论文中要有自己的感受、联想、建议，说理有据，且力求对被调研单位的日后工作有一定参考价值。

（6）论文交流

将论文或设计方案要在一定范围内交流、总结，给学生提供互相学习、共同提高的机会，为今后的学习奠定良好基础。

3. 数学研究性学习的评价

（1）指导思想

数学研究性学习评价重在考查学生通过学习获得的解决实际问题的能力，考查学生分析问题、思考问题的水平。所以，成绩记录除设基本分外，对有创意的研究性学习论文或设计方案应给予加分。等级一般分为优秀、良好、及格。

在开展数学研究性学习时，应注意在学习中激发学生学习数学的好奇心、求知欲，要启发学生从数学角度发现问题和提出问题，善于独立思考和钻研问题，鼓励学生创造性地解决问题。

（2）评价方法

评价方法可分为个人评价和集体评价两个方面。个人评价包括学生自评和所在集体对该学生的评价，集体评价可用课题小组之间的互评和教师评价的方式进行。

4. 数学研究性学习选题范例（课题式）

· 对学生在校用餐状况的调查；

· 机动车道分配规则调查研究；

· 数学中的美；

· 股票涨跌预测方法研究；

· 数学与晶体；

· 关于图书馆藏书的讨论及其推广；

· 自行车的存放问题；

· 关于课铃的设置；

· 糖尿病检测问题；

· 乒乓球打法的数学分析；

· 上操中的数学问题；

· 从公园游览看简单的数学模型；

· 对光电打靶的数学分析；

· 从数学角度看医院收费处窗口的配置；

· 书柜中的数学问题；

· 购买电脑的时机问题；

· 关于养老保险的收益问题；

· 选择题的分值设定研究；

· 家庭理财；

· 商品摆放与销售量关系研究；

· 比萨饼备份研究；

· 数字化点球；

· 关于篮球场上三秒区是否合理的讨论；

· 关于城市快速路上路灯的设计问题；

· “110”巡警站的位置安排的合理性研究；

· 概率与彩票；

· 上网计费模型；

· 地铁车次的合理安排；

· 合理的交通护栏设计；

· 高架路隔音板的设计；

· 高层住宅的最佳间距与采光；

· 复读的机会成本测评；

· 水果的装箱问题；

· 房顶平改坡的最佳设计方案。

第四节 数学学习指导的一项实验

我在北京师范大学数学系参加骨干教师国家级培训，所做的课题是《全程渗透式数学学习指导的研究与实践》，全文如下，供读者参考。

全程渗透式数学学习指导的研究与实践

渗透式学习指导是我国近几年来广大教育工作者在学习指导改革实践中共同潜心探索而创造出来的一种学习指导模式。它具有易操作、与教学同步、能联系学科具体问题、能联系学生的实际情况等优点，因而受到师生的欢迎。应该说，毫无渗透学习指导的教学是不存在的，也正是因为这一点，为防止学习指导走过场，我们有必要对渗透式学习指导进行深入的研究与探索，使渗透式学习指导更好地服务于“教会学生学习”这一目的。本文试就全程渗透式数学学习指导的有关问题作一些论述。

一、全程渗透式学习指导概述

1. 渗透式学习指导模式

渗透式学习指导是一种把学习指导渗透到学习过程的各个环节之中的一种模式，在学习指导中是大量的、经常采用的且效果较好的一种模式。所谓渗透式，实指学科渗透式，学科渗透式是指教师以强烈的学习指导意识为前提，密切结合学科教学，把学习指导渗透到学生学习的各个环节之中，提高学生学科学习能力的一种学习指导模式。

2. 学习环节的概念

前述中多次提到“学习环节”，如何确定各个学习环节？

学习活动是一个完整的学习系统，它在进行过程中由一个个相互联系、前后衔接的环节构成。其中任何一个环节的活动，如果脱离了整体，或与整体不协调，就会削弱整体的效果。要全面有效地提高学习效果，必须认真研究学习活动的各个环节。根据认识论的原理，事物的发展循序渐进、由浅入深、由表及里、由此及彼，因此，我们确定学习环节时，必须根据循序渐进的认识论。根据学习过程的理论，学生学习的基本过程是经历从感知阶段—理解阶段—运用阶段的过程，这个学习过程是为确定学习环节打下基础。根据上述原理，学习环节的过程是：制订计划—课前预习—课堂学习—课后复习—独立作业—学习总结—课外学习。

3. 全程渗透式数学学习指导

在各种学习指导理论与经验的书籍和论文中，对渗透式学习指导模式虽都强调了“渗透到学生学习过程的各个环节”，但在论述实施时，几乎无一例外地仅研究了“紧密结合课堂教学进行渗透”。我们认为，渗透式学习指导，既然是“渗透到学生学习过程的各个环节”，则理应包括课堂教学以外的学习环节的学习指导。为了区别起见，我们称渗透于学生学习计划、课前预习、课堂学习、课后复习、独立作业、学习总结、课外学习等环节的学习指导为全程渗透式学习指导。强调“全程渗透”，旨在强化教师（尤其是科任教师）在教学过程中全方位、多层次、广渠道地进行学习指导渗透，让学习指导像无声的细雨时时润入学生的心田。

二、全程渗透式数学学习指导的实施

1. 将学习指导渗透于学生制订计划之中

（1）让学生明确制订学习计划的好处。应告诉学生，制订学习计划，可以激发学习热情，可以帮助同学们合理地安排时间，可以督促同学们实现既定的学习目标，可以磨炼人的意志，可以帮助同学们提高学习成绩。学生晓之以理，教师则可导之以行了。

（2）要求学生养成制订学习计划的习惯。“凡事预则立，不预则废。”学生一旦养成了制订学习计划的习惯，不仅对他们今天的学习有帮助，而且对他们将来的学习和工作也是十分有益的。

（3）指导学生制订好学习计划。制订学习计划的目标要具体，要切合实际，要科学安排时间，要突出自己的特点，要突出重点也要照顾一般等。在制订学习计划时，要指导学生讲究学习策略，帮助不同层次的学生制订数学学习策略。同时要求学生尽量按学习计划完成学习任务。

2. 将学习指导渗透于学生课前预习之中

(1) 要求学生养成习惯坚持预习。数学知识一环紧扣一环，坚持预习就能跟上正常的学习。应告诉学生，预习可以培养自学数学的能力，可以帮助同学们提前思考、解决数学问题，可以提高听课效率，可以提高笔记水平，可以改变被动学习数学的局面，防止在学习数学时跟不上队而失去信心。学生养成预习习惯并坚持预习，不是一件容易的事，教学中应注意经常检查，树立典型，鼓励学生持之以恒。

(2) 教给学生预习数学的方法。学生光有坚持预习的热情，没有预习数学的方法还是不行的。教师可结合教学内容，教给学生预习的方法。如要了解数学教材的特点，抓住重点预习；掌握预习步骤；养成"不动笔墨不读书"的习惯；适当演算课本上的习题。总之，不能空泛地要求学生预习，而应教给学生可操作的预习方法，这在低年级尤为重要。

(3) 检查学生预习的效果。检查预习效果，有利于促进学生坚持预习，科学预习。检查的方法是多样的，如要求学生将课本打开，看看是否有划（划层次、划要点、划疑难）有批（眉批、旁批、尾批）有练（完成书上简单的练习）。又如，课堂提问某些预习内容，让学生参与讲课、进行适度的课前练习等。

3. 将学习指导渗透于学生课堂学习之中

听课是学生学习的主要形式，因此在课堂教学中渗透学习指导是经常采用的一种做法。

(1) 关于数学概念的学习方法的渗透。概念是数学学习的起点，只有正确形成概念，方能掌握和运用数学知识。我们要求学生理解概念要领要深刻，掌握概念要牢固，运用概念要灵活。以"理解概念要深刻"为例，教学中注意渗透：通过概念的形成来加深理解数学概念；通过分出层次来加深理解数学概念；通过概念的变式来加深理解数学概念；通过对比来加深理解数学概念；通过特例来加深理解数学概念；通过概念的具体化来加深理解数学概念；通过概念的推广来加深理解数学概念；通过知识系统来加深理解数学概念等。

(2) 关于数学命题的学习方法的渗透。数学命题主要指公式、定理、法则、性质，以公式教学为例，可渗透下列学习公式的注意点：注意公式的引入；注意公式的推导；注意公式的串联；注意公式的变式；注意公式的演变；注意公式的特例；注意公式的几何解释；注意公式的记忆；注意公式的成立条件；注意公式的应用；注意公式的推广；注意公式的推导中所揭示的思想方法等。

(3) 关于数学解题的学习方法的渗透。学习数学，关键之一是学会解题，解题教学是渗透数学学法的有效途径。这里，一是要求学生掌握数学解题的格式与要求；二是学习不同题型（选择题、填空题、解答题等）的解题方法；三是学习解题思路的探索方法；四是学会解题后的反思。

(4) 关于数学思想方法的渗透。结合解题教学，应注意渗透数学思想方法。如复数问题的数形结合思想、函数问题的极限思想、三角问题的变换思想、几何问题的补形法、数列求和的换序法、方程问题的换元法等。数学思想方法的渗透需要长时间潜移默化的影响，才能使学生有所领悟。

(5) 关于数学能力培养的渗透。提高学生数学能力，已成为提高中学数学学习质量的当务之急。数学能力的培养有一个渐进的从低级到高级的过程，教师在渗透时应注意把握好尺度。如运算能力，就有一个“正确运算—迅速运算—合理运算”的过程。此外，还应注意数学能力培养的具体要求，如观察能力的培养，不能笼统地提出要善于观察，而应具体渗透观察数字、观察外形、观察结构、观察整体、观察局部、观察结论、观察全题、观察图形、观察特值、观察规律等方法，以寻求解题途径。

(6) 关于数学课堂学习方法的渗透。怎样上好数学课？也应是课堂教学应渗透的内容之一。如做好准备，迎接听课；高度集中，专心听课；抓住重点，认真听课；多方配合（听、看、想、做、记结合起来），高效听课；大胆发言，积极听课；区别类型，灵活听课，这些方法均可在教学中适时渗透。

4. 将学习指导渗透于学生课后复习之中

(1) 要求学生及时复习巩固知识。应告诉学生，数学课上的45分钟常常是在紧张中度过的，许多问题难以在课堂上进一步分析和研究。

课外及时复习能及时、有效地弥补听课中的不足，学生也有时间充分地、从容地、全面地、细致地回想老师讲的所有内容，深入思考某个问题，这对学习是大有好处的。应让学生逐步养成课后及时复习的好习惯，做到先复习后作业。

（2）教给学生数学课后的复习方法。课后复习，教师可指导学生从下面四个方面入手：一是从回忆对照中发现问题，即先不看书和笔记，凭自己的回忆，把一堂课的内容过一遍，然后再和书、笔记相对照，常常可以发现一些问题，针对这些问题复习思考，效果较好。二是从知识结构上提出问题，如为什么要引入这些概念？定义中有哪些关键用语？公式（或定理）是怎么推导的？这样便于加深理解和记忆。三是从不同侧面设想问题。如例题还有别的解法吗？命题可以推广吗？公式可以逆用吗？这是一种创造性思维，是一种很有用的学习方法。四是从相互比较中发掘问题，如新旧知识的比较，易混知识的比较，对立知识的比较，类似知识的比较等，这样的比较，能更深刻全面地理解和巩固知识。

（3）检查学生数学复习的效果。教师要有检查学生复习效果的意识，可通过小测、课堂提问、检查课本和课堂笔记、课堂练习等方式进行。如提问学生："你能简述××定理的证明思路吧？""昨天讲的最后一题，同学们回去思考后，还有新的解法吗？这道题目还可以推广吗？解题方法有规律可循吗？"把要求学生复习、教给学生复习方法、检查学生复习效果有机结合起来，就能激发学生的复习兴趣，提高复习效果。

5. 将学习指导渗透于学生独立作业之中

（1）教给学生科学地完成作业的方法。几乎每节数学课，教师都会布置作业。指导学生科学地完成作业，是教师应尽的职责。完成作业的要求通常有：掌握步骤，正确解题；思维要活，格式要"死"；限时作业，提高速度；有错必纠，弥补缺漏；一题多解，一题多变；等等。

（2）在批改作业中指导学生学习数学。作业批改，是数学教师渗透学法的好途径。教师批改作业，可以根据学生具体的错误所反映出学习方法、知识缺漏、学习态度等方面的问题，写下批语，或指导关于某些内容的学习方法，或纠正错误，或指出学生的学习态度问题。教师也可根据学生作业中的巧解妙证、作业工整、正确率高等，对学习进步的学生给予表扬。

(3) 在作业再生中提高学生学习数学的主动性、积极性。“数学再生作业”就是教师在批改作业过程中，发现错误并不直接修改，而是通过符号、提示、置疑、重做、“还原”、强化、借鉴、另解、引申、论文等方法，暗示学生其错误或错误的性质，或给出探索方向，由学生自己动脑动手，找到正确的答案，总结解题规律和解决新的问题。

6. 将学习指导渗透于学生学习总结之中

(1) 关于数学知识的总结。总结数学知识，可引导学生从以下两个方面进行：一是全面整理，编织成网。如学完圆锥曲线，可指导学生设计这样一张表，横行分别写上椭圆，双曲线，抛物线，纵行分别写上定义，焦点位置、坐标，标准方程，图形，辨认 a、b（或 p）的方法，参数 a、b、c 的关系，顶点坐标，对称轴方程，焦距，准线方程，渐近线方程，离心率 e，焦半径长，过曲线上点（x_0，y_0）的切线方程，已知斜率 k 的切线方程，通径，作图方法，光学性质，参数方程，极坐标方程。把表中的空格填完后，就是完成了一次系统的总结，这张表便于对比、区别和类比。二是专题整理，深化学习。专题有知识型和方法型之分。知识型的如“复数的几何意义及其应用”、“函数最值问题”等，方法型的有“反证法与同一法”、“分类与讨论”等。

(2) 关于数学解题策略和技巧的总结。关于数学解题策略，可引导学生总结。对于一个欲探索的问题，可从以下 10 个方面着手进行探索：从简单问题入手；从具体对象入手；从特殊情况入手；从问题反面入手；从观察联想入手；从创新构造入手；从形象直观入手；从情况分类入手；从直觉猜想入手；从问题转换入手。数学解题技巧是解题方法的具体实施，主要可引导学生从习题归类着手。如研究涉及“至少有一个”的问题，得出这类题的解题规律：一是设法把“这一个”具体找出来（有时要分几种情况讨论），一是用反证法证明不可能一个都没有。研究列方程解应用题时，就可将应用题分为和倍差倍问题、等积变形问题、行程问题、流速（风速）问题、比例分配问题、劳力调配问题、工程问题、浓度问题、数字问题、时钟问题、年龄问题、几何问题、增长率问题等类，探索每类问题的解题技巧。

（3）关于数学学习方法的总结。引导学生在数学学习中注意对学习方法的总结提高。一是善于发现自己在学习中存在的问题。可通过复习、考后分析、自我检测来发现，通过和优秀生的学习进行比较，或通过学习报刊介绍的学习经验来寻找自己存在的问题。二是要采取相应的措施，如明确学习动机、端正学习态度、改进学习方法、调整学习计划，等等，提高学习效率，达到学习目的。三是要及时总结自己在学习上的经验，并加以总结提高，更好地把握今后的学习活动方向。四要认真学习别人在学习上的先进经验，在学习过程中将其转化为自己的东西。

7. 将学习指导渗透于学生课外学习之中

中学数学课外学习同课内学习一样重要，它能够广泛地使学生接受新信息，培养学好数学的兴趣，加深巩固数学知识，丰富课余生活内容，促进全面发展。课外学习有无指导，效果大不一样。

（1）关于数学课外阅读。教师应鼓励学生积极参加数学课外阅读活动，指导学生选择深浅适中的数学课外读物，指导学生掌握阅读数学课外读物的方法，提倡学生做读书笔记，积极参加学校和社会组织的写读后感和讨论活动。

（2）关于数学竞赛。数学竞赛的学习指导，是一种特殊的学习指导，可引导学生注意五个方面的要求：一是课内打好基础，二是注意超前学习，三是加强专题训练，四是研究各类赛题，五是提高心理素质。

（3）关于数学兴趣小组。中学数学兴趣小组活动内容十分丰富，涉及面较广，教师可引导学生抓住机会积极参加数学兴趣小组活动。如数学建模小组、数学研究性学习小组、撰写数学小论文（或小品文）活动、趣味数学（数学游戏）活动、数学故事会、数学讲座、数学墙报、数学制作与实践活动、数学游艺会活动等。

三、全程渗透式数学学习指导的几项教育统计与分析

统计对象：实验班，高一（2）班 49 人；控制班，高一（x）班 49 人。

实验方法与过程：

（1）实验自变量及其操作方法：在实验班进行全程渗透式数学学习指导，在控制班则不刻意要求。

（2）实验因变量测定方法：具体见各实验设计。

（3）无关变量的控制：两班学生综合水平和数学水平相当（见表23），科任教师水平无明显差异（近五年所教班级数学成绩相当）。

教育统计1：学生制订计划与学习成效关系分析

实验设计：在寒暑假放假前，分别布置假期学习任务：（1）完成一定量的数学作业；（2）提交一篇与数学有关的研究性学习小论文；（3）预习下学期第一章前3节以上的内容。

开学初第一周分别检查：（1）制订学习计划情况调查统计；（2）研究性学习小论文的撰写；（3）课堂测试学生所预习的新课内容。

统计结果：

（1）关于制订学习计划情况的调查统计

表1　学生制订数学学习计划情况调查统计

班级	坚持计划	偶尔计划	无计划	$\sum$
实验班	40（21.5）	8（14）	1（13.5）	49
控制班	3（21.5）	20（14）	26（13.5）	49
$\sum$	43	28	27	98

（表中括号内的数据为理论频数f_e，后继统计，此项略）。

$$x^2 = \sum \frac{(f_0 - f_e)^2}{f_e} = 60.13, \mathrm{df} = (3-1)(2-1) = 2, x^2_{(2)0.05} = 5.99。$$

$\because 60.13 > 5.99, \therefore P < 0.05$。

结论：实验班与控制班制订学习计划呈显著差异，即实验班制订学习计划情况明显比控制班好。

（2）关于研究性学习小论文

表2　学生提交论文情况及获奖数

班级	提交人数	一等	二等	三等	表扬	缺交	$\sum$
实验班	46	4	6	9	27	3	49
控制班	36	1	2	5	28	13	49
$\sum$	82	5	8	14	55	16	98
$x^2 = 11.21$，$\mathrm{df} = 4$，$x^2_{(4)0.05} = 9.49$。							
$\because 11.21 > 9.49$，$\therefore P < 0.05$。							

结论：实验班学生研究性学习情况比控制班好。

（3）关于新课测试

表3　实验班与控制班12对基础相似学生的学习效果比较

对号编号	1	2	3	4	5	6	7	8	9	10	11	12	总分	平均分
实验组 X_1	100	96	94	85	80	79	74	70	68	68	66	61	941	78.42
控制组 X_2	94	90	89	84	82	70	66	75	60	63	54	56	883	73.58
$D=X_1-X_2$	6	6	5	1	−2	9	8	−5	8	5	12	5	58	4.83
D_2	36	36	25	1	4	81	64	25	64	25	144	25	530	

$t=3.55$，$df=12-1=11$，$t_{(11)0.01}=3.106$。

$\because 3.55>3.106$，$\therefore P<0.01$＊＊。

分析与讨论：

由于实验班学生能按教师的要求认真制订学习计划并养成习惯，即使在假期，他们也能像平时上课一样制订好学习计划，有了学习计划并能认真执行，就能有效地完成学习任务。控制班由于没有要求一定要制订学习计划，学生在学习上缺乏计划性，影响了学习的成效。在平时的观察、家访、材料分析中，我们也发现实验班学生的学习大多数是有序的，而控制班的学生的学习是有序的还不多。

上述统计表明，指导学生制订学习计划与学习的自觉性、计划性、自控性和新课学习水平呈正相关。

教育统计2：课前预习与学习成效关系分析

（1）关于课前预习情况的调查统计

表4　学生课前预习情况调查统计

班级	每天预习	经常预习	偶尔预习	不预习	$\sum$
实验班	31	10	8	0	49
控制班	11	10	20	8	49
$\sum$	42	20	28	8	98

$x^2=22.66$，$df=3$，$x^2_{(3)0.05}=7.81$。

$\because 22.66>7.81$，$\therefore P<0.05$。

（2）关于既给新材料限时学习的测试

实验班和控制班分别选取12对基础相似（高一入学时数学成绩相当）的学生，限一节课阅读高二新知识（数列部分内容），然后用一节课测试，满分50分。

表5　12对基础相似学生限时学习新材料效果比较

对号编号	1	2	3	4	5	6	7	8	9	10	11	12	总分	平均分
实验组 X_1	49	48	42	39	39	37	36	38	41	25	30	28	452	37.67
控制组 X_2	42	40	39	30	42	30	32	32	30	26	29	21	393	32.75
$D=X_1-X_2$	7	8	3	9	−3	7	4	6	11	−1	1	7	59	4.92
D_2	49	64	9	81	9	49	16	36	121	1	1	49	485	
$t=3.997$, df = 11, $t_{(11)\ 0.01}=3.106$。														
$\because$ $3.997>3.106$，$\therefore$ $P<0.01$ ＊＊。														

（3）关于大信息量阅读能力的测试

给定大信息量数学阅读题编制成试卷，选取另一组12对基础相似的学生限一节课答卷，满分50分。

表6　12对基础相似学生限时阅读学习效果比较

对号编号	1	2	3	4	5	6	7	8	9	10	11	12	总分	平均分
实验组 X_1	47	45	38	43	42	37	33	42	39	38	30	29	463	38.58
控制组 X_2	39	42	31	40	35	41	33	36	29	40	21	20	407	33.92
$D=X_1-X_2$	8	3	7	3	7	−4	0	6	10	−2	9	9	56	4.67
D_2	64	9	49	9	49	16	0	36	100	4	81	81	498	
$t=3.490$, df = 11, $t_{(11)\ 0.01}=3.106$。														
$\because$ $3.490>3.106$，$\therefore$ $P<0.01$ ＊＊。														

分析与讨论：

表4显示实验班课前预习情况比控制班好很多，这是有意渗透的结果。表5显示实验班学生由于预习能力强进而自学水平高，对新知识的获取能力强，这是长期坚持预习的结果。表6是大信息量阅读能力测试，只有基于平时预习的功底，才能在短时间内获取信息、处理信息、解决问题。

上述统计表明，指导学生坚持课前预习与预习的自觉性、新知识的获取能力、大信息量数学阅读水平呈正相关。

教育统计3：课堂学习与学习成效关系分析

(1) 关于课堂学习能力的调查统计

给出一定判断数学课堂学习能力的标准，统计课堂学习能力有关数据。

表7 学生课堂数学学习能力情况调查统计

班级	会创新地学	会策略地学	会学	学会	不会学（不愿学）	$\sum$
实验班	6	8	30	5	0	49
控制班	1	3	23	18	4	49
$\sum$	7	11	53	23	4	98

$x^2=18.11$, df $=4$, $x^2_{(4)\ 0.05}=9.49$。

$\because 18.11>9.49$, $\therefore P<0.05$。

(2) 关于学生课堂学习成效评价分析

表8是由市教研室数学科同志牵头组成评价组，对实验班和控制班就同一教学内容（三角函数的求和求积问题）学生课堂学习成效进行评价的记录，实验班得92分，控制班得78分，成绩差异14分，差异经统计检验，有显著意义。

表8 学生课堂学习成效评价表

班级________教师________时间________

指标 等级	学习兴趣	课前准备	听课能力	回答问题	课堂笔记	思维状态	参与学习	师生互动	练习效果	课堂氛围
A10分 B8分 C6分 D4分 E2分										
总分						评委签名				

(3) 注重数学思想方法和注重数学能力的测试

请市教研室命两份侧重数学方法和能力的试卷，分两次分别对两个班进行测试，成绩如下表。

表 9　侧重数学思想方法和数学能力测验成绩比较

班级	第一学期测试		第二学期测试	
	方法	能力	方法	能力
实验班	40.1	38.4	42.5	40.4
控制班	37.3	36.6	33.7	31.1

第一学期全班大样本 U 检验，无显著差异；

第二学期全班大样本 U 检验，呈显著差异。

分析与讨论：

鉴于课堂学习中学习指导的渗透，表 7 显示，实验班与控制班学生课堂数学学习能力有显著差异，实验班学生课堂数学学习能力强。表 8 是专家组对两个班级的课堂学习成效的评价，评价表明，经课堂学习指导渗透的学生，其课堂学习成效明显好于不刻意渗透学习指导的控制班。表 9 侧重对数学思想方法和数学能力两方面的测验，亦显示出课堂学习指导的成效。

上述统计表明，坚持课堂学习指导渗透与课堂数学学习能力、课堂数学学习成效、数学思想方法的掌握和数学能力的提高呈正相关。

教育统计 4：课后复习与学习成效关系分析

（1）关于课后复习情况的调查统计

表 10　学生课后复习情况调查统计

班级	每天复习	经常复习	偶尔复习	不复习	$\sum$
实验班	38	6	3	2	49
控制班	9	16	20	4	49
$\sum$	47	22	23	6	98

$x^2=35.67$，$df=3$，$x^2_{(3)\ 0.05}=7.81$。

$\because 35.67>7.81$，$\therefore P<0.05$。

（2）关于课后复习能力的调查统计

给出一定判断数学课后复习能力的标准，统计课后复习能力的有关数据。

表 11　学生数学课后复习能力情况调查统计

班级	会创新地复习	会策略地复习	会复习	不太会复习	不会复习	$\sum$
实验班	5	9	33	2	0	49
控制班	1	4	25	16	3	49
$\sum$	6	13	58	18	3	98

$x^2=19.5$，$df=4$，$x^2_{(4)\ 0.05}=9.49$。

$\because$ $19.58>9.49$，$\therefore$ $P<0.05$。

(3) 关于课后复习与学习成效的测试

由笔者对实验班与控制班 12 对基础相似的学生讲授 2 节（连堂）新课（三角方程），不告诉学生是否复习（实验班学生肯定会复习，控制班未必），不告诉学生第二天测试。第二天临时宣布对三角方程的有关知识进行测试，得出下列数据。

表 12　实验班与控制班 12 对学生复习与学习成效比较

对号编号	1	2	3	4	5	6	7	8	9	10	11	12	总分	平均分
实验组 X_1	100	76	92	67	83	79	100	72	81	64	90	87	991	82.58
控制组 X_2	90	80	76	58	78	80	92	66	67	51	82	81	901	75.08
$D=X_1-X_2$	10	-4	16	9	5	-1	8	6	14	13	8	6	90	7.5
D_2	100	16	256	81	25	1	64	36	196	169	64	36	1044	

$t=4.342$，$df=11$，$t_{(11)\ 0.01}=3.106$。

$\because$ $4.342>3.106$，$\therefore$ $P<0.01$ **。

分析与讨论：

表 10 显示，实验班课后复习情况比控制班好很多，这也是有意渗透的结果。表 11 显示，实验班数学复习能力明显优于控制班，这是坚持课后复习的结果。表 12 显示，实验班与控制班复习水平相关高度显著，没有长期的课后复习，是达不到这种水平的。

上述统计表明，指导学生坚持课后复习与复习的自觉性、数学课后复习能力和课后复习水平呈正相关。

教育统计5：独立作业与学习成效关系分析

（1）关于学生完成作业情况的调查统计

表13　学生完成作业情况的调查统计

班级	限时完成作业	按时完成作业	基本完成作业	偶尔缺交作业	经常缺交作业	$\sum$
实验班	11	34	3	1	0	49
控制班	6	26	10	5	2	49
$\sum$	17	60	13	6	2	98
$X^2=10.98$，$df=4$，$X^2_{(4)\,0.05}=9.49$。 $\because$ $10.98>9.49$，$\therefore$ $P<0.05$。						

（2）关于学生完成作业水平的调查统计

给出一定的判断完成作业水平的标准，统计学生完成作业能力的有关数据。

表14　学生完成作业水平的调查统计

班级	会创新地完成作业	会策略地完成作业	会科学地完成作业	会完成作业	完成作业有困难	$\sum$
实验班	5	6	10	27	1	49
控制班	1	3	6	33	6	49
$\sum$	6	9	16	60	7	98
$X^2=8.84$，$df=4$，$X^2_{(4)0.05}=9.49$。 $\because$ $8.84<9.49$，$\therefore$ $P>0.05$。						

（3）关于作业水平与考试水平的相关性研究

对10位学生10次数学作业暗中登记成绩（满分100分），求得每位学生的平均分。研究这10位学生作业水平与考试（学期考）水平的相关性。

表15　学生作业水平与考试水平的相关性研究

学生序号	1	2	3	4	5	6	7	8	9	10
10次作业平均分	100	94	90	87	84	80	75	70	65	60
期考成绩	93	90	91	84	86	80	76	74	60	57

其皮尔逊积差相关系数是：$r=0.97$，$df=10-2=8$，$\gamma_{(8)0.001}=0.8721$。

$\because$ $|\gamma|>|\gamma_{(8)0.001}|$，$\therefore$ $\gamma=0.97$＊＊＊。

分析与讨论：

表 13 显示，实验班学生完成作业情况好于控制班。表 14 显示，完成作业水平实验班与控制班无显著差异，我校是重点中学，学生完成作业水平普遍较好，控制班班主任和数学教师在这方面的要求也是极其严格的。表 15 显示，作业水平与考试水平相关高度显著。

上述统计表明，指导学生科学完成数学作业与完成作业的有效性、完成作业水平和考试水平呈正相关。

教育统计 6：学习总结与学习成效关系分析

(1) 关于学生学习总结情况的调查统计

表 16　学生学习总结情况的调查统计

班级	每单元总结	偶尔总结	不总结	$\sum$
实验班	36	11	2	49
控制班	14	18	17	49
$\sum$	50	29	19	98

$x^2=23.21$，df $=2$，$x^2_{(2)0.05}=5.99$。

$\because$ $23.21>5.99$，$\therefore$ $P<0.05$。

(2) 关于学生总结能力的调查统计

给出一定的判断学生总结能力的标准，统计学生总结能力的有关数据。

表 17　学生数学学习总结能力的调查统计

班级	总结能力很强	总结能力强	总结能力中	总结能力弱	不会总结	$\sum$
实验班	8	21	12	6	2	49
控制班	2	10	21	9	7	49
$\sum$	10	31	33	15	9	98

$x^2=13.33$，df $=4$，$x^2_{(4)0.05}=9.49$。

$\because$ $13.33>9.49$，$\therefore$ $P<0.05$。

(3) 关于总结水平与考试水平的相关性研究

就 10 位学生高一数学 4 次单元总结评分，与其考试（期考）水平的相关性进行研究。

表18　学生数学总结水平与考试水平的相关性研究

学生序号	1	2	3	4	5	6	7	8	9	10
4次总结水平平均分	92	90	87	81	80	75	70	68	66	60
期考成绩	86	80	84	90	89	77	74	60	58	62

其皮尔逊积差相关系数是：$r=0.88$，$df=10-2=8$，$\gamma_{(8)0.001}=0.8721$。

$\because\ |\gamma|>|\gamma_{(8)0.001}|$，$\therefore\ \gamma=0.88$＊＊＊。

分析与讨论：

表16显示，实验班学生学习总结情况明显好于控制班，实验班学生"总结意识强"。表17显示，实验班"总结能力强"。表18显示学生数学总结水平与考试水平相关高度显著，这也验证了"学习总结是一种很好的学习方法"之说。

上述统计表明，指导学生数学学习总结与数学总结意识、总结能力和考试水平呈正相关。

教育统计7：学生课外学习与学习成效关系分析

（1）关于学生课外阅读情况的调查统计

表19　学生数学课外阅读情况调查统计（高一学年内）

班级	读6本以上	读3～5本	读1～2本	读0本	$\sum$
实验班	12	23	10	4	49
控制班	2	10	29	8	49
$\sum$	14	33	39	12	98
$x^2=22.85$，$df=3$，$x^2_{(3)0.05}=7.81$。					
$\because\ 22.85>7.81$，$\therefore\ P<0.05$。					

（2）关于学生参加各类数学课外小组的统计

表20　学生参加各类数学课外小组的统计

班级	A参加市数学奥班人数	B参加校数学奥班人数	C参加校数学活动小组人数	D听数学讲座人数	E不参加上述活动人数	$\sum$
实验班	5	9	12	20	3	49
控制班	3	8	12	17	9	49
$\sum$	8	17	24	37	12	98
$x^2=3.8$，$df=4$，$x^2_{(4)0.05}=9.49$。						
$\because\ 3.8<9.49$，$\therefore\ P>0.05$。						

注：参加A，必参加B、C、D；参加B，必参加C、D；参加C，必参加D。不重复统计。

（3）关于学生数学课外知识的测试比较

请市教研室教研员编拟一份测试卷，试卷内容基本上不考虑课内所学知识，涉及数学课外知识、数学智力问题、数学游戏、数学悖论、生活中的数学、逻辑与对策问题等，统计测试分数并进行比较。

表 21　学生数学课外知识的测试比较

班级	≥90 分	80～89 分	70～79 分	60～69 分	50～59 分	40～49 分	30～39 分	$\sum$
实验班	4	9	16	10	7	3	0	49
控制班	1	6	14	10	8	7	3	49
$\sum$	5	15	30	20	15	10	3	98

$x^2=7.25$，$df=6$，$x^2_{(6)0.05}=12.59$。

$\because$ $7.25<12.59$，$\therefore$ $P>0.05$。

分析与讨论：

表 19 显示，实验班学生数学课外阅读情况明显好于控制班，实验班学生“有意课外阅读”。表 20 显示，实验班与控制班在参加数学课外小组方面无显著差异，主要原因是学校的数学课外活动丰富，各类学生均有选择的余地，只不过实验班学生的选择层次稍高些。表 21 显示，学生数学课外知识的测试情况，实验班与控制班无显著差异，按理说实验班阅读量大，但阅读与测试之间的关系如何尚待进一步研究。

上述统计表明，就目前情况看，指导学生课外学习与课外阅读意识呈正相关，与参加数学课外小组和课外知识学习水平相关不显著。

教育统计 8：全程渗透数学学习指导与学习成效关系分析

（1）实验班与控制班高一学年成绩比较

A：高一入学成绩；B：高一（上）半期考成绩；C：高一（上）期考成绩；

D：高一（下）半期考成绩；E：高一（下）期考成绩。

（2）实验班与控制班高一学年合格率、优秀率比较

表 22 高一学年四次考试优秀率（%）合格率（%）比较

班级	高一入学成绩		高一(上)半期考		高一(上)期考		高一(下)半期考		高一(下)期考	
	合格	优秀	合格	优秀	合格	优秀	合格	优秀	合格	优秀
实验班	100	75.8	96.4	47.3	90.1	38.6	98.1	50.5	96.6	48.3
控制班	100	75.9	92.5	41.6	85.3	33.6	92.4	43.4	89.7	39.5

注：按百分统计，60 分以上为合格，85 分以上为优秀。

（3）实验班与控制班高一学年成绩差异统计

表 23 高一学年成绩差异统计

班级	高一入学成绩	高一(上)半期考	高一(上)期考	高一(下)半期考	高一(下)期考
实验班	132.6	79.6	82.7	84.4	86.3
控制班	132.9	76.6	75.6	75.9	76.2
成绩差异	-0.3	3.0	7.1*	8.5**	10.1**

注：高一入学成绩满分为 150 分。成绩差异经统计检验，有显著意义的，用*表示；有非常显著意义的，用**表示。

分析与讨论：

上述统计表明，全程渗透式数学学习指导一年的实验取得一定的成效，随着实验的不断深化，实验班学习成绩越来越高于控制班，其差异经统计检验也从无显著意义到有显著意义，并发展到有非常显著意义。实验班学生的合格率、优秀率也越来越好于控制班。

事实上，从平时的观察和前面几项的统计看，实验班的班风、学风、课堂氛围、学习积极性、数学思维水平、数学方法意识等，明显好于控制班。

目前，实验班师生正满怀信心进入新一轮的实验。

四、对全程渗透式数学学习指导的认识

1. 渗透式学习指导要贯穿于学生学习的各个环节

数学教师能注意渗透学习指导者并不多，而这些教师又大多是在课堂教学中进行渗透。我们认为，学习指导需要更多的教师自觉参与，参与渗透式学习指导的教师，应在学习的各个环节中渗透学习指导，对学生实施全方位、多层次、广渠道的学习指导渗透。

2. 渗透式学习指导要以课堂教学为主要途径

渗透主要体现在课堂教学之中，遵照“确定渗透点—结合教学渗透—落实训练”的结构进行。在备课时，根据学生理解知识的程度、掌握学习方法的情况，确立在哪个部分渗透什么学习方法。在讲授知识内容的同时，将以往学习方法上反映出来的问题和知识内容特有的学习方法，进行有针对性的、具体的正确引导。

3. 渗透式学习指导要求教师要有强烈的渗透意识

教师应做到在教会知识技能的同时教会学生学习方法和学习策略，树立只有教学生学会学习的教师才是好教师的观念，自觉将渗透式学习指导纳入学生学习的全过程，成为既会教书又会教“学”数学教师。

4. 渗透式学习指导要求教师要有一定的指导学生学习的能力

教师要自觉地学习科学理论和指导学生学习的技巧。教师在指导中，应有所“指”，更要注重“导”。要让学法真正成为学生自主学习的工具，教师在渗透和提示学法后，还要加强定型训练，同时注意迁移。在教学中，渗透学法不能急于求成，应由简单到复杂，循序渐进。教师指导应具体明了，这样便于学生操作。渗透式学习指导也不能全由教师包代，也可在教学中不断引导学生发现、摸索自己的学习方法和总结他人的学习方法。

5. 渗透式学习指导要把握渗透时机、渗透方式、渗透范围、渗透深度等问题

渗透指导是结合学科教学进行的，所以有时机问题，应恰当选择渗透点，不失时机，精心渗透。渗透的方式是多样的，在不同环节中，渗透方式不同，在同一环节中，也有不同的渗透方式。只要能将渗透内容清晰表现出来的方式，都可以采纳。教师在渗透指导中要有自己的独到设想，要有创造性。渗透指导要注意范围和深度问题，渗透某种方法，往往不是一次完成的，要让学生真正掌握，还应有一个过程，教师应有一个过程，教师应逐步扩大渗透范围和深度，使渗透指导的节奏有层次地进行。

6. 渗透学习指导可适当与其他学习指导配合使用

渗透式学习指导模式，只是学习指导模式中的一种，有它的局限

性。因此，教师应注意适当与其他学习指导模式配合使用。学习指导形式上有“五类十二式”，即讲授类（课程式、专题讲座式），交流类（介绍式、宣传式），辅导类（渗透式、诊疗式、个别指导式、咨询式），领悟类（规程式、影响式），活动类（学科活动式、综合活动式）。学习指导可选择某种模式为主要模式，不同模式应有机融合、配合、结合使用，发挥模式的整体效益。

本文仅就渗透式学习指导在数学教学中的具体应用做了初步探索、研究和实验。至于学习指导模式的内涵、学习指导模式的形成、学习指导模式的优化、学习指导模式的发展，以及它们与数学教学、数学学习之间联系和作用等诸多理论与实践问题，将在后期实验中进一步研究、实验，并另撰文报告。

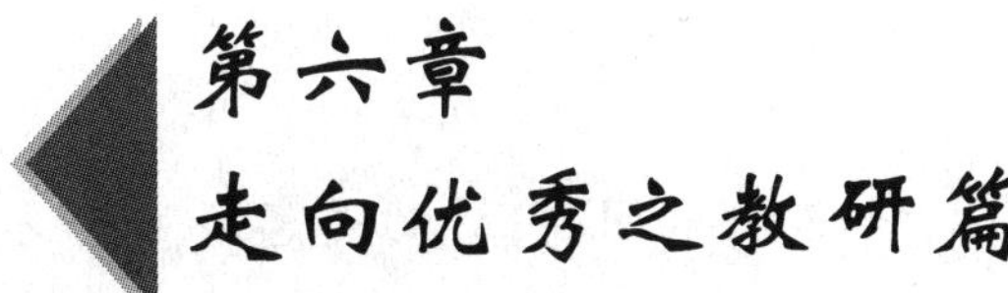

第六章 走向优秀之教研篇

如果有人问我："你是怎样由一名普通的师专生成为一名特级教师的?"我可能会这样回答："原因很多，但其中很重要的一条是进行了教育科研。"

假如我没有进行教育科研，也就难以成为走向未来的名师。这些年，我在研究状态下工作，在工作状态下研究，取得了不少成果。因为研究，班级管理上了台阶，数学教学成绩显著，数学竞赛获奖颇多，我得到了许多奖励；因为研究，学校管理走向科学化、制度化、人文化，学校得到了长足的发展。所以我认为，教育科研是走向优秀的必由之路。

第一节　数学教师理应成为研究者

对中学教师要不要进行教育研究，教育界有过争议，尤其对中学教师要不要写论文，争议更大。对此，上海的教育工作者出版了一本名为《教师成为研究者》的书，受到广大教师欢迎，在此基础上，上海的教育工作者又推出了《做有思想的行动者——研究性成长的案例研究》一书，旨在“让读者在精神追求上有所感动，进而有所冲动，从而增强参与教育研究的动力；同时在思维方式与行为方式上，内心有所体验与感悟，进而有所行动，提高参与教育研究的能力”。这些都告诉我们，教师可以而且应当成为研究者。

1. 教师即研究者

与教师应该成为终身学习者的理由相同，信息时代的到来、新课程的实施，必然要求教师成为不断研究、勇于创造的研究型教师。正如钱伟长先生所说：“你不上课，就不是老师；你不搞科研，就不是好老师。教学是必要的要求，不是充分的要求，充分的要求是科研。科研反映你对本学科清楚不清楚。教学没有科研作为底子，就是一个没有观点的教育，没有灵魂的教育。”具体说来，在师生互动的过程中，教师要以研究者敏锐的眼光去发现教育、教学活动的新动向、新问题，自觉地把教学与科研结合起来，联系自己教学工作的实际，认真钻研课程结构、问题的来龙去脉、发生发展、矛盾困难以及曾有过的争论和使用什么办法解决，还有哪些不同观点；认真研究学生成长的规律和个性特征。在科学理论与方法的指导下，积极从事学生的个案研究或班级研究，开展教师教法与学生学法、现代化教学手段应用等方面的教改实验，不断探索有效提高教学质量、有效开发学生潜能的最佳方案，并且不断地总结提高，形成具有个性特色的教学法乃至教学风格，成为教师与学者兼而有之的教育实践家。

中小学教师的教育研究，主要是通过对自身的教育教学行为的自我观察、内省、反思与探究来完成的，是以改进自己的教育教学实践为目的的研究。因此，反思是教师成为研究者的起点，问题的求证是教师成为研究者的本质。教师的反思是指教师把教育教学活动本身作为意识的对象，不断地进

行审视、深思、探究与评价，进而提高自身教育教学效能和素养的过程。当教师以思考的目光审视校园，以探究的姿态从事教育，以反思的襟怀走进课堂时，教师无疑具有研究者的特质。反思与问题同在，反思是否有意义、是否有成效，关键在于对问题的求证。问题的求证成了教师成为研究者的本质规定。在求证中，教师不仅需要经常进行理论学习，还要加强同事间或与专家的合作交流。

教师成为研究者，有助于促进学生发展，使学生走上全面发展的健康之路，有助于学校的发展与改进，使之走上可持续发展的轨道，还有助于促进教师自我发展和自我实现，使教师走上专业发展的“幸福之路”，正如苏霍姆林斯基所说的：“如果你想让教师的劳动能够给教师带来乐趣，使天天上课不至于变成一种单调乏味的义务，那你就应当引导每一位教师走上从事研究的这条幸福的道路上来。”

事实上，教师只要在从事教育工作的同时，对教育进行研究，他就会成为在人类历史长河中永远闪光的一颗恒星。

愿更多的教师走向学者化，愿更多的学者化的教师走向名师、走向大师。

2. 时代呼唤研究型的数学教师

就数学教学而言，许多关于“数学教师的专业素养”或“数学教师的专业能力”的论文一般都认为，数学教师的专业素养或专业能力，包括数学教师的研究能力。最通常的一种划分方式就是，数学教师应具有数学能力、教育能力、教学能力、研究能力。

数学教师的教育研究能力应包括以下几个基本要素：(1) 掌握基本的教育科学研究方法；(2) 表现为对数学教学实践的思考与探索；(3) 对新的数学教育思想方法、数学教育问题等方面的探索，形成解决新问题的能力。

此外，数学教师要想成为研究型教师，还必须拥有“四个做到”和“三个合一”。

“四个做到”，即做到爱学、多想、勤写、善做。学是基础，想是关键，写是结果，做是运用，四者相辅相成，缺一不可。

“三个合一”，即学思合一、思行合一、行知合一。

学思合一，就是不仅要从抽象的知识上去学习、省思，而且要在实践中以行动获得实际体验。对别人的观点，要勤于思考，去粗取精，拿来为我所用，以完善自我；对自己的经验，也要勤于思考，善于总结，逐步使其完善成熟。

思行合一，就是不仅针对自己的行动体验去积极建构有意义的个人知识，更要重视让自己的思考成果回归到教育实践中，从而提高教育实效。做有思想的行动者，就是教师达到且思且行、行中有思、思中有行、行而后思、思而后行的教育境界。

行知合一，就是经常自觉地回眸自身实践，关注别人的实践，进行反思。教学理论来自教学实践，又可以指导教学实践，离开教学实践空谈理论毫无意义。不论借鉴他人的经验，还是将他人的经验与自己的经验结合，都应放到教学实际中去检验、修正、完善。

第二节　数学教师的教育科研

关于数学教师的教育科研，我们在这里简单列个提纲介绍一下，之后再举个例子对比一下。

1. 教育科研 ABC

一、教育科学研究的概念

(1) 什么是教育科学研究

教育科学研究，是一种运用科学方法，有目的、有计划地探索教育规律的认识活动。①教育科学研究是人们探索教育规律的根本规律；②教育科学研究强调研究的目的性和计划性；③教育科学研究十分重视研究方法的科学性。

(2) 教育科学研究的主要特点

①综合性；②整体性；③长期性；④群众性。

(3) 教育科学研究的一般程序

①提出研究课题；②制定研究计划；③实施研究计划；④总结研究结果。

(4) 进行教育科研应具备的条件

①学习教育科学理论；②掌握教育科研方法；③及时了解教育动态；④实事求是的科学态度和勇于探索的精神。

二、课题的选择与确立

(1) 问题与课题

①从问题到课题

②从教育问题到教育课题

——问题是不是教育科学领域的?

——问题是不是尚未解决的?

——问题是不是具有普遍意义?

——问题的范围、研究的任务是否明确集中?

(2) 课题就在你身边

①教育教学实践中有课题

——从教育教学面临的突出问题中提出课题

——从教育教学的疑点或困惑中提出课题

——从成功的教育经验中提出课题

②教育信息中有课题

③在学习教育理论或他人的研究成果中发现课题

(3) 选择课题的原则、策略及程序

①选题的原则

——价值性原则

——可行性原则

——创新性原则

——优势性原则

②选题策略

——循序渐进策略

——边缘搜索策略

——联想移植策略

——厚积薄发策略

③选题程序

——确定研究方向

——分解研究问题

——分析研究背景

——明确研究目标

——选择研究方法

三、教育实验

（一）教育实验的几个基本概念

（1）教育实验

教育实验是教育科学研究的一种方法，是研究者根据一定研究目的、计划，在控制条件下，对被试（教育对象）施加可操纵的教育影响，然后观测被试的变化及教育效果，以此推断所施加教育的影响与教育效果之间是否存在因果联系的一种方法。

（2）教育实验中的自变量

自变量又称为实验变量，是研究者操纵、控制、施加于被试的教育影响，是实验前假定存在的因果联系中的原因变量。例如，考察两种不同的教材对学生素质提高有无显著差异，教材就是自变量；考察不同的作业时间对学生学习、健康的影响，作业时间就是自变量。

研究者能否成功地操纵实验变量（自变量），是教育实验成功的关键之一。实验变量的操纵是指在实验中使自变量发生合乎要求的变化。操纵实验变量，要做到以下几点：

①给实验变量下操作定义，就是规定实验变量的操作程序，使理论观念科学地转化为具体的、可控制的操作步骤，便于实验者做严密的、合乎要求的操作和观察记录。对于实验中的不同的相互比较的实验变量应该有十分明显的具体的差异，规定其不同的本质特征。

②对于微型教学实验，如两种教法的比较实验研究，操作定义往往具体为两种不同的教案，按不同的教案进行教学，对同一教学内容按相同的教学要求，写出两种教案。这种实验操作性很强，并表现出明显的方法上的差异，教师分别按两个教案上课。

③对于实验变量多、规模大、周期长的综合性实验，在实验中操纵实验变量比较复杂困难。因此，在实验设计时既要有整体设计的实验方案，又要制定好可操作的实施细则。

（3）教育实验中的因变量

因变量又叫效果变量、反应变量，是实验前假定存在的实验效应。

例如，作业时间不同引起的学生学习成绩、健康状况的变化，学习成绩、健康状况就是因变量。因变量的变化，一般要选择相应的指标来观测情况。科学地观测因变量是否随自变量变化，如何变化，这是我们在实验中要搜集的重要资料，是论证因果联系的重要依据。

教育实验中科学地观测因变量是教育实验成功的关键之一。观测就是观察和测量，是实验过程中收集材料的主要途径。实验中的观察是在控制条件下的观察，是对因变量的感知并做如实记录的过程，完全是对被试的行为反应作定性描述。测量是按一定的法则，对被试的行为反应作定量描述。观测可按以下三个步骤进行。

第一步，确定观测指标。就是解决“观”什么、“测”什么的问题，确定依据哪些指标来反映某一因变量的变化。不同的实验、理论假说不同，研究目标不同，观测目标也不同。

一般说来，因变量指标应满足以下条件。

①关联性：指标与研究的目的和研究对象的特征性相关联。如“尝试教学与学生数学思维能力发展的关系”的实验，设置的指标应能测出数学思维能力的变化。

②鉴别力：指标能较敏感地鉴别出被试的个别差异，较好地反映自变量变化引起的因变量变化。

③客观性：即指标的解释不以研究者或被试的主观意志为转移，以客观指标（如测验分数、身高、体重等）为主，以主观指标（学生反映、教师判定等）为辅。

第二步，准备观测工具。确定好指标以后，就要确立观测手段，准备观测工具。主要包括：

①准备表格：当观测指标为被试明显的外在行为表现时，主要采用观察和评判的方式，这就需要观察和评判的记录表格。记录表应该能容纳尽量多的原始资料，为便于进一步加工整理，应规定主试指导语或发问提纲及统一的记录方式。

②选择与编制量表：一般而言，测量人的心理品质变化情况，应选用已有的量表或自己编制量表，包括智力测验量表、人格量表、态度量表等，研究者要根据需要而定。

③编制试卷：即考试命题。基本步骤是：确立测验目的；制定测量目标；编制测验蓝图；试题选择排列；预测分析。

第三步，实施观测。要编制一份观测计划，安排好观测次数时间、观测人员的分工、观测人员的培训、观测环境的要求等。在实施观测过程中要注意消除主观因素的影响，使观测对所有被试都客观、公正。

（4）教育实验中的无关变量

无关变量是影响因变量，但并非自变量、因变量的一切变量。教育实验中的无关变量很多，如环境变量中的班集体状况、学生家庭状况、教学条件、教师水平、师生关系等，时间变量中的教学时间的长短、测试时间的安排等，都是对实验结果影响较大的无关变量。

例如，不同教法的教学实验中，教法 X_1、X_2 就是自变量。两种教法，使学生对所教内容的掌握程度就是因变量。而在这个实验中，教材的性质及难度、教学时间的长短、教师的业务水平、教学能力和教学态度，学生的学业基础、智力水平、复习时间、有无家庭辅导等都可能影响学习效果，但又不是自变量和因变量。它们就是该实验的无关变量。

控制无关变量的影响是教育实验成功的关键之一。实验中要控制好无关变量，首先研究者要明确自己研究的实验中有哪些无关变量，哪些是主要的无关变量（因为教育是复杂的社会现象，影响教育实际结果的变量很多，很难对所有的无关变量都加以严格控制），然后根据无关变量的性质、特点，选择适当的控制方法。

可以说，教育实验的过程就是实验者在控制无关变量的条件下，操纵自变量，观测因变量，明确自变量和因变量之间因果关系的过程。因此教育实验成败的三个关键就是：①成功地操纵自变量；②有效地控制无关变量；③科学地观测因变量。

（二）中学教育实验的组织形式

教育实验主要有单组实验、等组实验和轮组实验三种组织形式。

（1）单组实验

单组实验，就是随机抽取一组，先后施行不同的实验因子。无关因子在实验过程中保持不变，根据观察实验对象发生的变化判定实验因子的效果。基本模式为：

(RG)　Y_1　X_1　Y_2　X_2　Y_3

RG 表示随机抽样配成的实验组，对被试总体来说具有较好的代表性。X_1、X_2 为两种比较的实验因子，Y_1 为初次观测的数据，Y_2、Y_3 为两次实验因子作用后的观测结果，通过 Y_1 与 Y_2、Y_1 与 Y_3 以及 Y_2 与 Y_3 的差异比较，来判定两种实验处理的优劣。

例如，要比较两种不同教法的教学效果的优劣，选择一个较有代表性的样组（RG），先进行成绩测定（Y_1），选好适当的教学内容，用第一种教法（X_1）进行教学，结束后进行效果测定（Y_2），然后再选择和上次内容难易相当的教学内容，用第二种教法（X_2）进行教学，结束时再进行成绩测定（Y_3），比较两次测验的结果（Y_2 和 Y_3），分析比较两种教法的优劣。

单组实验简单易行，实验在同一组内完成，教师、学生、家长等无关变量相同，这是单组实验的优点，但是，单组实验有明显的缺陷。首先，有关教材教法的实验很难使前后教学的内容难度相等，前后两次测验的难度也往往难以相同。其次，前一次的实验处理对后一次的实验处理会产生影响。再次，随着儿童身心的发展、知识的增长，被试对实验材料的接受能力在增强，这必然会影响学习成绩，这种“时序效应”，单组实验是很难消除的。鉴于以上缺陷，对于单组实验的结果的解释必须慎重。

（2）等组实验

等组实验，这种实验的基本模式是：

(RG_1)　Y_1　X_1　Y_3

(RG_2)　Y_2　X_2　Y_4

RG_1 和 RG_2 分别代表两个等值组，即被试各方面都相同的两个被试组。例如教法实验，两个被试组的学习基础、教师水平、教学进度、测试标准及教学环境等都保持一致。X_1、X_2 分别代表两种不同的实验处理（如两种不同的教法）。Y_1、Y_2 分别代表两个组施行实验处理之前所接受的同样测量结果（即前测结果），Y_3、Y_4 分别代表两个组施行实验处理之后所接受的同样测量结果（即后测结果）。实验结束时，通过对 Y_1 与 Y_2、Y_3 与 Y_4、Y_1 与 Y_3、Y_2 与 Y_4 进行比较，来反映两种处理的优劣。

如果等组实验中一个组接受实验处理 X（比如一种新教法），则被称为实验组，另一组不接受实验处理（用原教法），则被称为控制组或对照组，其基本模式为：

	前测		后测
(RG_1)	Y_1	X	Y_3
(RG_2)	Y_2	—	Y_4

等组实验的优点有：

①用等组平衡的方式能有效地控制无关变量。

②对照组与实验组分别接受实验处理，可以避免两种实验处理的互相干扰。

③可以有效地避免"时序效应"，由于两组被试的身心发展都随年龄的增长改变，"时序效应"对两个班产生的影响是相同的，适应了教育实验周期长的特点。

④相对于单组实验来讲，可以缩短实验周期。

等组实验的上述优点，使得它成为目前教育实验中应用较多的一种组织形式。但在教育实验中，要组成两个各种基础都相等、无关变量影响也相同的等组是很难的，所以等组的组成是相对的，等组的优点也只能是相对的。

（3）轮组实验

轮组实验，是将单组比较和等组比较结合起来，让两组被试同时接受不同的实验处理，经过第一轮实验之后，测量两组的实验效果，再将两种处理轮换对调，进行第二轮实验，经过与第一轮相同的时间，再次测量两组的教学效果，然后将测量结果进行比较。基本模式为：

G_1	X_1	Y_1	X_2	Y_3
G_2	X_2	Y_2	X_1	Y_4

G_1、G_2 分别代表两个实验组，前面没有"R"，表示两组不一定是等值组。其余符号含义及比较方法，与前文相同。

轮组训练实验的优点有：

①不必设立等组，解决了等组实验中难以配置等组的困难。

②通过轮换，抵消了无关变量的干扰。

③对两个样本来说，前后两次实验的影响，“时序效应”的影响也是相等的。所有这些使轮组实验的结果较单组和等组实验更为可靠。

但轮组实验也有其不足：

①实验周期长，对两组被试分别进行两次实验处理，实验时间拉长了。

②要准备两个教学内容，并且使它们性质、难度基本相同，且检测指标和难度基本相同，这也比较难以做到。

（三）中学教育实验的一般程序

中学教育实验的一般程序有：

（1）确定实验课题

除按确立一般课题的要求外，对于实验研究在确立课题时还要提出实验假设，也就是说研究者除对问题的性质、研究的内容、研究的价值、研究的可能性等进行通盘考虑外，还要对研究的问题给出一个初步的答案，即假设，据此来设计项目，通过实验研究来验证这个假设。

（2）制定实验计划

建立了假设以后，就要开始制定实验计划，一般来说，实验计划中应明确如下的内容：

①实验项目名称、研究人。

②实验目的、实验假设及它们之间的逻辑关系。

③实验的组织类型，即采用单组、等组还是轮组实验。

④实验对象的确定。

⑤明确实验因子（自变量）及其操纵方法。

⑥明确因变量及其测定方法。

⑦明确无关变量及其控制。

⑧实验条件的分析及准备，包括仪器、设备、记录表格、经费、环境等主客观条件要分析清楚。

⑨实验时间和步骤的安排。

⑩实验资料的收集方法。

(3) 实施教育实验

制定好教育实验计划，就应严格按计划实施，实施中除要注意对实验因子的操纵和对无关因子的控制外，还要注意以下两点：

①防止“霍桑效应”。“霍桑效应”源于美国社会心理学家梅奥在芝加哥西方电气公司的霍桑工场进行的一次实验，实验过程中发现，不管工作条件如何变化，工人的工作效率都很高。究其原因，主要是心理因素所致。工人意识到自己是在做实验，因而情绪格外高涨，从而提高了工作效率。心理学家把这种实验对象意识到因自己工作学习的特殊性产生光荣感，而造成的学习工作效率的提高现象，称为“霍桑效应”。教育实验中一定要防止被试受暗示或新异刺激而使结果失真的现象发生。

②及时准确地观察、测量和收集资料，并作出初步分析。

(4) 整理实验资料

把收集到的资料分类、列表、制图，进行定性定量分析。

(5) 分析实验结果

分析实验结果是否支持实验假设，是否能确定自变量和因变量间的因果联系，分析时，要特别注意忠于客观事实，不能弄虚作假，要实事求是地分析结果，看通过实验得到了什么新的认识、新的结论。

(6) 撰写实验报告

把实验研究过程和结果用报告的形式写出来即为实验报告，实验报告的内容一般包括：①题目；②问题的提出；③实验方法与过程；④实验结果；⑤分析与讨论；⑥附录与参考文献。

2. 我的一个研究案例

数学多维教育实验

1. 实验的起因

对数学教育的任务，有三种不同层次的认识：第一，传授数学知识；第二，在传授数学知识的过程中，培养学生的数学能力，教他们掌握数学思维方法；第三，在前两个层次的基础上，发展学生的精神品格。第一个层次的认识，是传统教育的最大特征。传授知识，培养能力，渗透数学思想方法，近年来已为广大教师所接受并在实践中得到实施。但我认为，第三个层次的任务才是数学教育应完成的最终任务。

对于数学教育的渠道，传统教育以课堂教学为主，近年来人们开始注意将课内外相结合。但如何进一步充分利用社会和家庭的教育作用，还远未为人们所重视。

对数学教育的目的，发展智力是人们共同的认识，但对德、智、体、美、劳能否在数学教育中得到体现，人们的认识还是肤浅的。我在研究“数学教学应融德、智、体、美于一体”的基础上，进一步认识到可以探讨“数学教育融五育于一体”的问题。

鉴于对上述问题的认识，我在学习了多维教育的有关理论后，提出“数学多维教育”的构想，并从1986年开始，在所任教的1989届（1）班、1992届（2）班、2002届（3）班进行了三轮实验，取得了初步的成果。

2. 数学多维教育的概念

“维”是几何学及空间理论的基本概念。直线是一维的，平面是二维的，普通空间是三维的，三维和三维以上也称为多维。

传统的数学教育，一般是以课堂教学为主、以传授知识为目的的教育，它是少维的（一维或二维）。它虽然对传授知识起到了一定的作用，但往往忽视对学生数学能力的培养和数学思维方法的渗透，忽视思想品德教育，忽视学生的个性特长，忽视课内与课外的有机结合，容易形成单一的、封闭式的教学模式。

所谓数学多维教育，就是一种多目的、多渠道、多层次的教育教学活动。如下图所示，它包括教育目的维——德、智、体、美、劳（x轴）；教育渠道维——课堂教学、课外活动、社会教育、家庭教育（y轴）；教育层次维——知识、方法、能力、修养（z轴）。数学多维教育体现了数学教育的整体性，是实现数学教育目的的多种教学方法和手段的优化组合。

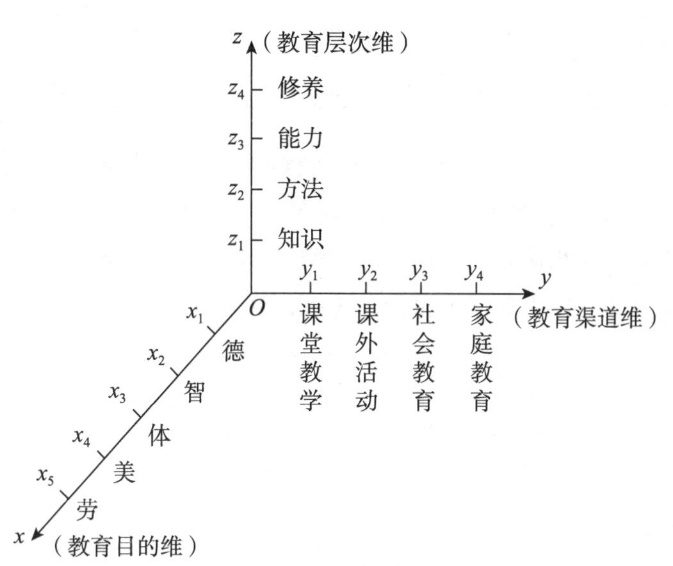

数学多维教育系统

3. 数学多维教育的内容

（1）各维的内容。对 x 轴与 y 轴上的内容，我们早已熟知，这里主要对 z 轴的内容作进一步的说明。

- 教育层次维
  - 知识：定义、公理、定理、性质、法则、公式等
  - 方法
    - 一般方法：观察与实验，比较与分类，类比，归纳与演绎，分析与综合等
    - 常用方法：消去、拆补、递推、构造、换元、反证、变换、参数等
    - 特殊方法：倒序、主元、升维、特元、高数、物理等
  - 能力
    - 一般能力：观察、记忆、理解、运用、自学、创造等
    - 特殊能力：运算、想象、思维、论证、抽象、猜想、探究等
  - 修养
    - 哲学修养：矛盾难点、运动观点、发展观点等
    - 审美修养：对称、和谐、简单、明快、严谨、统一、奇异、突变等
    - 个性品质：理想、兴趣、意志、习惯、性格、情绪等

（2）一维的内容。某一维上的内容并不是孤立的，可以把它们有机地结合起来。例如 x 轴上，$x_1+x_2=$ 数学教学中德育与智育并重；y 轴上，$y_1+y_2=$ 课堂教学与课外活动结合；z 轴上，$z_1+z_2=$ 在传授知识的同时

培养学生的能力等。其组合数为

$$\underbrace{(C_5^1+C_5^2+C_5^3+C_5^4+C_5^5)}_{x轴}+\underbrace{(C_4^1+C_4^2+C_4^3+C_4^4)}_{y轴}+\underbrace{(C_4^1+C_4^2+C_4^3+C_4^4)}_{z轴}$$

（3）二维的内容。某二维内容的结合，可以产生不少新的内容。例如 $x_2+y_1=$ 在数学课堂教学中培养学生健全的脑机制；$x_3+y_2=$ 在数学课外活动中增强学生的体质；$y_4+x_3=$ 通过家庭教育培养学生的能力等。

若每维只限定取一个因素，其组合数为

$$\underbrace{C_5^1\cdot C_4^1}_{xOy面}+\underbrace{C_4^1\cdot C_4^1}_{yOz面}+\underbrace{C_4^1\cdot C_5^1}_{zOx面}\text{（种）}$$

若每维不限定取一个因素，其组合数为

$$2\left(C_5^1+C_5^2+C_5^3+C_5^4+C_5^5\right)\left(C_4^1+C_4^2+C_4^3+C_4^4\right)+\left(C_4^1+C_4^2+C_4^3+C_4^4\right)$$

$$=1155\text{（种）}$$

（4）三维的内容。三维的内容异彩纷呈。例如 $x_1\cdot y_1\cdot z_1=$ 在课堂教学中渗透美学知识，培养学生的审美修养；$x_3\cdot y_3\cdot z_3=$ 通过社会教育培养学生的能力和训练劳动技能；$x_2\cdot(y_1+y_2)\cdot(z_1+z_3)=$ 课内外教学相结合，传授数学知识、培养能力、发展智力等。

每维不限定取一个因素，其组合数为

$$3\left(C_5^1+C_5^2+C_5^3+C_5^4+C_5^5\right)\left(C_4^1+C_4^2+C_4^3+C_4^4\right)=20925\text{（种）}$$

可见，数学多维教育的内容十分丰富，三项内容共有两万多种组合形式，包含了数学教育的几乎所有内容。

4. 数学多维教育的特点

（1）寓德、智、体、美、劳于数学教学之中。数学教学活动主要是智育活动。数学多维教育主张在搞好智育活动的同时，强调德育与智育并重，并注意使有关内容与体育、美育、劳动技术教育有机结合，提高对学生实施“五育”全面发展的效益。以“数学教学中进行思想品德教育”为例，这一方案应做到以下几点：①以数学的广泛应用为例，激励学生为建设社会主义而学好数学的热情；②介绍我国数学的光辉成就，培养学生的爱国主义思想和民族自豪感；③以数学的丰富内容，培养学生的辩证唯物主义观点；④通过对数学美的感受，培养学生高尚的审美情操；⑤通过数学学习的深化，培养学生的非智力因素；⑥通过介绍数学史和数学家的光辉事迹，培养学生的奉献精神和探索精神。

(2) 既加强知识的传授，又重视方法的渗透、能力的培养和修养的提高。数学多维教育是在较高的层次上，经全面考虑，精心设计，统筹课内和课外、理论和实践、学校和社会中的数学知识与方法、能力、修养，突破一般教学的局限性；由偏重传授知识转变为重视开发智力，使培养的学生由“知识型”转变为“智慧型”，指导学生去探索、创造。

(3) 以课堂教学为主，课外活动、社会教育、家庭教育相配合。课堂教学是数学教学的主要渠道，是学生掌握知识、培养能力的主要途径。单一的课堂教学的弊端至少有二：第一，它不能全面地发展和锻炼学生的多种学习能力，特别是动口、动手的能力，实践机会少，独立性有限；第二，学生不能同新知识打交道，只能通过教师的讲授间接地与知识发生关系，不利于学生学会学习和发展智力。数学多维教育主张在大力抓好课堂教学的同时，注意课外活动、社会教育、家庭教育等多渠道教育的配合，形成新的整体效应。

(4) 既发挥教师的主导作用，又重视学生的主体作用。数学多维教育是动态式的多维交叉结构，它把教学信息的传播由“教师⇔学生”的双向交流，变为“教师⇔学生”、“学生⇔学生”、“学生⇔社会”、“学生⇔家庭”的多向交流方式，体现了教学必须以学生为中心。多向交流有助于充分发挥学生学习的主动性、积极性，而且它非但没有削弱教师的主导作用，反而对教师提出了更高的要求，教师既要当好“演员”，又要当好“导演”。

(5) 既注意面向全体，搞好一般教学，又重视学生个性，搞好因材施教。深化教育改革的重点，是从教学上抓学生个性的全面发展。教学多维教育应面向全体学生，力争整体优化，同时又根据学生的差异，采用不同维的各因素之间的有机结合，形成适合每个学生学习的最佳效益，使学生学有特色，习有专长，最大限度地发挥不同学生的不同聪明才智。

(6) 充分发挥数学知识的智力价值和非智力价值。数学知识的智力价值，是指人类获得某一知识的必要的智力劳动值。数学多维教育把数学知识作为磨炼学生智力的材料，使学生在逐步掌握数学知识的过程中，培养能力，发展智力。

同样，数学多维教育也注意充分发挥数学知识的非智力价值。例如 x 轴上的 x_4（美育）和 z 轴上的 z_4（修养）等，就是要求把数学教学和非智力因素结合起来，既要在数学教学中培养学生的智力因素，又要调动学生的非智力因素来学好数学。

5. 数学多维教育的实施

数学多维教育的实施是一个新的课题，有待于广大数学教育工作者在教学中不断探索。下面以教育渠道维（y 轴）为例，谈谈我们初步实践的一些做法。

（1）课堂教学。①教案设计的多维性。备课时，把要教授的内容放入数学多维系统中进行全方位的考虑，根据教师的教学水平、学生的学习水平和现有教学设备，选择最佳的教学方案。从 x 轴考虑：如何挖掘教材中内含的“五育”因素？从 y 轴考虑：如何调动多种教育因素，形成学校、家庭、社会教育的合力，提高数学质量？从 z 轴考虑：如何在传授知识的同时，渗透数学方法，培养数学能力，提高个性修养和发挥精神品格？②教学过程的多维性。有了好的教案，在教学中还要进行调节，从学生的一举一动、一颦一笑中得到信息反馈，并分析学生心理，有的放矢地调整教学内容、进度和方法，使教师的教和学生的学保持在多维节奏上的动态平衡，促进学生积极思维，提高教学效率。③作业处理的多维性。作业布置可以考虑必做题、选做题和探究题，供不同程度的学生完成。批改作业不能千篇一律，应采用不同的批改方法。对于成绩较好的学生，可以让他们总结一类题的解题规律，探求一题多解、一题多变、一题多思，把问题引向深入，为充分发挥他们的聪明才智创造条件；对于成绩处于中、下水平的学生，则可让他们重温概念、法则、公式，通过各种方法使他们认识错误，改正不足，从而提高学习成绩。

（2）课外活动。由于数学课外活动的内容不受教学大纲和教学计划的限制，比课堂教学不仅有较大的伸缩性，而且也更加广泛和丰富多彩，其形式也有很大的灵活性和多样性，所以，数学课外活动更容易实施多维教育。例如创设数学环境，可以把学生所学的数学知识运用到实践中去；出版数学墙报，可以激发学生学习数学的积极性和主动性；制作数学教具和数学课外测量，可以培养学生的动手能力，加深巩固所学知识；阅读数学课外读物，可以培养学生的动手能力，学会通过阅读书籍来探求数学奥秘；听数学讲座和数学家的故事，可以培养学生对数学的热爱，及早接触一些新的数学思想；举办数学文艺晚会、观看数学电影和开展数学猜谜活动，能丰富学生的课余生活，开阔知识视野、陶冶情操、发展智力等。

（3）社会教育和家庭教育。中学教育社会化，已被近几年来的教育实践证明是行之有效的，有着广阔的发展前景。家庭教育是教育的组成部分，是培养学生成长的一条途径。数学多维教育要求教师应充分利用社会和家庭的教育力量，共同实施数学教育。例如请专家、学者到学校开设数学知识讲座；到有关科技单位、大专院校、工厂、农村、部队、商店调查数学知识在各行各业中的运用；参加有关部门组织的数学夏令营、冬令营；参加有关报纸杂志、数学学术团体举办的各种数学竞赛；利用家庭的教育力量，指导学生学好数学等。在教育过程中，要注意渗透教育目的维和教育层次维的内容。

6. 效果的初步定性分析

（1）促进了学生“五育”的全面发展，实验表明，学生对数学多维教育表现出浓厚的兴趣，数学多维教育促进了学生“五育”的全面发展。①德育：表现为学生的学习热情提高，爱国主义思想增强，能初步运用辩证思想解题。②智育：表现为系统地掌握了数学知识和能力的增强，初步形成了数学技能，学习成绩保持在较高位置上。③体育：脑机制得到一定的发展，初步懂得了如何运用数学训练思维。④美育：数学审美能力增强，初步学会了欣赏数学美。例如杨辉三角蕴涵着组合恒等式一系列奇妙的性质，黄金分割律是现实世界中美的反映。⑤劳动技术教育：动手能力增强，学会了制作一些简单的数学教具和演示一些数学实验，个别学生还能进行一些探索性数学实验。

（2）丰富和发展了学生的世界观和方法论。由于四个层次（知识、能力和方法、修养）的多维渗透，学生的数学思想、观点和方法达到一定的水平，推理意识、整体意识、抽象意识、化归意识、数学美的意识等得到充分发展。数学多维教育中发展起来的数学观念系统，促进了数学教育活动超越数学领域，影响了学生的精神品格，丰富和发展了学生的世界观和方法论。

(3) 多渠道教育网络得到有效的实施，由于数学多维教育是在搞好课堂教学的基础上强调课外、社会和家庭教育的作用，有组织、有计划地进行的系列活动，克服了以往课外教育的随意性和盲目性，收到了较好的教育效果。

值得指出的是，由于数学多维教育涉及的因素较多，上述效果分析仅仅是一种定性分析，尚待实验深入进行定量（统计）分析，以便更客观地反映实验效果。

第三节　学会在研究状态下工作

一名优秀的教师，必须时刻提醒自己，做个有思想的教师，在理念明确的基础上开展教育教学活动。“理念明确”，除了认真学习先进的教育教学理念，很重要的一点，就是学会在研究状态下工作。那么，怎样才能学会在研究状态下工作?

1. 研究状态下工作的“六个要”

一要打破神秘感，保持自信心。研究并不是高不可攀，研究需要第一手活生生的教育资料，这是广大中小学教师具备的优势。

二要有强烈的研究意识，把教育教学工作自觉地纳入研究的轨道。你是学校的管理者，学校或所管的部门就是你的“研究基地”，你就要研究成功的教育管理理论、方法和操作层面的问题；你是班主任，班级就是你的“试验田”，学生就是你研究的对象；你是任课教师，你所教的学科以及相关学科，就是你研究的领域，你就要研究素质教育观下该学科的教育教学问题。只要树立研究意识并亲自实践，就一定会取得教育研究的成果。

三要重视对教育理论的学习。教育教学研究离不开理论的指导，教师若没有行之有效的教育理论作为指导，很难开展研究。因此，中小学教师应自觉学习心理学、教育学等知识，具备开展研究的必备素质。尤其是在课程改革背景下，教师所进行的校本学习，就是一条提高自身的研究必备素质的有效途径。

四是要掌握教育科研的方法。不懂教育科研方法，是造成中小学教师开展研究难以深入的原因之一。具备一些基本的教育科研方法是从事研究的基本条件，如怎样确立研究的课题、制订研究的计划、实施研究的课题、整理研究资料、撰写研究报告等，教师应当掌握。

五要及时了解教育动态。创新是科学研究的基本特征。要创新，就要了解、掌握教育教学的新信息、新动态、新趋势，选择具有独创性和新颖的课题进行实验和研究。

六要具有顽强的探索精神。教育现象是一种复杂的社会现象，涉及面广，因此教育教学研究往往是综合的和整体的。教育过程又是一个长期的发展过程，研究教育规律也必然是一个长期的过程。没有顽强的探索精神，是很难坚持教育研究的。

2. 我的“土经验”

为了能保持这种“研究状态”，我摸索了一些“土经验”。

（1）一个选题本，两张办公桌，三类杂志订

所谓一个选题本，就是一个笔记本，在上面记录头脑中闪现或思考的选题，如日后又有新的发现，则继续记录，积累多了，就“瓜熟蒂落”，可以进行研究和写作了。比如，《数学教学中的“科际联系”》，就是我曾经写在课题本上的一个“待研课题”。所谓“科际联系”就是数学的横向联系，探讨将数学教学与其他学科联系的一些做法、经验和实例，我先是研究了一个数学与物理联系的案例，放进课题本去，后来又研究了一个数学与文学的案例，再放进课题本去，及至放得差不多了，便开始整理、写论文。

所谓两张办公桌，就是一张办公桌用于写作，另一张办公桌用于平时的备课或备会。如时间充裕，我就专心写作，有一张固定的办公桌，对写作是十分有利的。

写《中学数学解题百技巧》一书时，我备了一张专门用于写书的办公桌，旁边还有两个移动的小书架，背后挂有一块比黑板略小一点的纤维板（用于贴“某个技巧”），这样就形成了一个“数学技巧”的“写作空间”，进入这个“空间”，犹如进入数学思维天地，探索的激情来了，大脑的灵感来了，研究的状态也就自然呈现了。

所谓三类杂志订，就是积极订阅数学类杂志、教育类杂志和文化类杂志。

数学类杂志，我从 20 世纪 80 年代开始开始订阅至今，经常阅读、思考，希望退休后有新的研究。

教育类杂志，我也是从 20 世纪 80 年代就开始订阅了，不过那时可订阅的种类并不多，现在可订的种类比较多了，经常阅读，对工作很有指导意义。

文化类杂志，我只是象征性地订阅一些，原来是订阅给孩子看的，自己顺便一读，但读的多了，文化品位也似乎提高了许多。

（2）瞄准一个目标，长期积累、探索、思考

当数学教师时，我瞄准的目标多为数学教育或数学解题方面的。比如，研究数学中的周期现象，我就系统学习有关数学周期方面的理论，尽可能多地阅读这方面的文章，不断研究相关题型、探索相关问题并使其与教学结合，几年之后，一篇数学周期问题的论文就有了。

当中学校长时，我瞄准的目标多为学校管理或课程改革方面的。比如，研究学校文化管理问题，我就研读关于这方面内容的书籍和文章，并进行对比思考，结合学校实际在工作中进行实践，或在某些方面进行新的尝试。这样，有理论、有实践、有“他山之石”、有校本探新，几年之后，一项涉及“学校文化管理”的课题就有了。

现在，当了教育局副局长，我瞄准的目标多为教育的宏观决策和某个领域的教育发展问题。比如，学校安全管理问题是我亟待研究并希望能见成效的问题，我读遍了这方面的书籍和文章，结果发现，学校安全管理也必须走向学校安全文化，于是纵深的研究就以“学校安全文化”展开进行，实效研究则以“学校安全的有效预防”展开进行，取得了“双丰收”。

（3）把“教育”或“教学”改为“学习”

教育科学和学习科学研究，有一个一直在争论的问题：有的专家认为学习科学是和教育科学并行的两个不同学科，这样有利于学习科学的发展；有的专家认为学习科学是教育科学的一部分，没有必要把它分离出来。但我发现，学习科学的研究的确相对少很多，而且，如果把现有教育科学的许多问题中的“教育”或“教学”两个字用“学习”替换，就是一个崭新的课题，有崭新的研究前景。比如，《创新教育论》是一部著作，考虑《创新学习

论》，何尝不是一个崭新的课题？又如，有《谈数学习题教学的原则和方法》，考虑《谈数学习题学习的原则和方法》，就又是一个值得研究的问题。再如，“教师教育：现实挑战与未来发展”是一个论坛的主题，考虑“教师学习：现实挑战与未来发展”，想必也是一个不错的论坛主题。当然，不可随意替换。

（4）目录联想法

看一本杂志或书的目录，我常常是先联想一番：如果自己写这篇文章或做课题研究，我会怎做？如果条件允许，还可以把自己的想法简要写下来。对照作者所写所研，做一番高下辨别。这往往是可以快速提高自身的过程。

（5）思想氧吧

所谓思想氧吧，就是有一批相对固定的人，每周或每两周约好一个相对固定的地方（比如某个茶馆），有一个提前告知的话题，每期有一个主讲人先主讲，然后大家对这个话题“七嘴八舌”。这种类似于“头脑风暴”的思维碰撞，能激活参与者的思维，点燃参与者创新的火花，引发参与者的激情，引导参与者保持活性的大脑，逐步引领大家走向理性的教育、走向科学的教育，并进一步引领大家走向卓越、走向成功！

我在龙岩一中教书时，几位青年数学教师就组织了一个“数学思想氧吧”。我们每周六集中在一个茶馆里，边喝茶边讨论数学教育问题，我至今能回想起来的当时的话题，有“青年数学教师的成长之道”、“数学教学中如何培养学生能力”、“数学教师是重解题还是重教学艺术”等，当年参加“数学思想氧吧”的青年教师，后来都进步很快。

我在北京师范大学参加骨干教师国家级培训期间，组织班里同学在每周一晚上开设“周一数学教育沙龙”，讨论十分激烈，话题甚至也超出了数学学科。今天能回忆起来的，有“培训所得所思”、“现代教育技术问题”、“今天我们怎样当数学教师”、“理想数学教师的素质”、“家庭教育之我见”、“考察报考撰写问题”、“中学数学教师的教育科研”、“我的教育理想”、“回去怎么干”等。有同学这样评价“数学教育沙龙”：在北师大培训 80 天，没想到收获最大的是在“沙龙”里。

第四节　教育科研，我的发展之本

“在研究状态下工作”是教师开展教育教学工作的一种境界。这种境界，体现了教师的专业自主意识，体现了教育科研在教育教学中的价值，体现了教育科研的常态化，也体现了问题课题化的具体实施。

1. 教育科研，我的发展之本

我的教育科研之路起步比较早，至今仍在进行。

在这方面，读者们可以读下面我写的《教育科研，我的发展之本》一文。

教育科研，我的发展之本

一、一个偶然的机会，我走上了教育科研之路

20 年前，我撰写的一篇经验总结文章在一次地区级的学术会上交流。当时的省教研室林铭荪主任看见我那么年轻，又写了那样一篇充满激情（当然也充满稚气）的文章，笑着对我说：“年轻人，你写得很有特色，从现在开始进行教育科研，将来一定大有出息。”说者可能无意，但我却听了进去。

于是，我一边学习教育科学理论，一边在学校里搞起教育科研来。我首先根据心理学对智力的阐述开展对趣味数学与智力发展的研究，撰写了《趣味数学与智力发展》一文，很快被华东师大《数学教学》刊用，这是我的处女作，我兴奋、激动，我感到了自己的力量。接着，我又运用教育心理学的规律，在教学中注意激发学生学习数学的兴趣。浓厚的学习兴趣是学好数学的前提，学生有了兴趣，他们的智慧就会迸发出光芒，可以在此基础上引导学生去探索新知识，让学生自觉去获取知识、发展能力。我把这些实践活动总结成一篇论文《培养初中生学习数学兴趣的几点做法》（发表于湖北大学《中学数学》），1984 年 10 月，我带着这篇论文参加了全国数学教学研究会学术年会，作为会议中最年轻的正式代表，我第一次受到数学教育界的注意。

随后，我以每两周一篇稿子的速度向报刊投稿，然而大量的退稿信也随之而来。无情的现实使我冷静下来，陷入了深深的思索。我逐渐悟出了这样的道理：科学需要默默地探索，长期积累，偶然得之。教育理论如果没有实践的基础，便会失去它的价值，而教育实践如果没有理论作指导，便会导致盲目的实践。必须走理论与实践相结合之路！论文不是“写”出来的，而是不断实践、不断研究、不断探索出来的。

二、一个必然的结果，因为我在教育科研的道路上没有歇脚

走出迷惘，天地一新。于是，我一方面埋头于各类教育理论书籍之中，努力提高自己的教育理论水平；另一方面，置身于课堂和学生之中，不断获得鲜活的第一手材料。丰富的理论与生动的实践有机结合这一教育科研之真谛的获得，使我的教育科研之路越走越宽，研究范围越来越广。20年不断地实践，不断地探索，不断地耕耘，我收获颇多。迄今为止，我已出版《中学数学学习法》《任勇中学数学教学艺术与研究》《走向卓越：为什么不?》等专著20多部，约750万字；主编或合编《教学艺术探索》《数学：趣在其中》等著作60余部，其中亲自撰稿700余万字；发表论文、经验介绍、数学竞赛及学习指导等各类文章800余篇，约240万字；76篇论文获国家级、省级奖励；主持或承担全国性课题8项，市级课题8项，其中4项获全国性奖励；应邀进行全国性、省级讲学150余场，县、市级讲学200余场，中小学讲学400余场，听众多达8万多人次，颇受好评。

偶然的机会，并非都有必然的结果；而必然结果的产生，是需要探索者抓住机遇、锲而不舍、锐意进取、不断超越才能实现的。

三、教育科研，我的立身之本、发展之本

加强教育科研，是推动学校教育改革和发展的需要，是全面提高学校教育教学质量的需要，是教育决策科学化的需要，也是提高教师素质的需要。一所学校，只有坚持不断提高教育科研品位，才能有长足的发展；一个教师，也只有走教学和教研相结合之路，才能将教育教学工作提高到一个新的境界。长期的实践与探索，使我深深认识到，教育科研是教师（尤其是新世纪教师）的立身之本、发展之本。

教育科研，逼我广学深研。要搞教育科研，没有一定数量的教育、科学、文化书籍和杂志是不可思议的。就我来说，30 多年来，东买西购，我已有 11000 余册数学、教育、文化等方面的书，订阅了所有能订到的数学杂志和许多教育杂志。要驾驭教育实践，很大程度上取决于教育理论的功底。要有理论功底，首先要读名著。你不读《论语》、不读陶行知、不读杜威、不读苏霍姆林斯基，是很难成为教育家的。其次，要多读自己研究领域里有影响的专著，读专业期刊等。只有抓紧时间广学深研，才能了解科研动态、把握热点难点、借鉴他人经验，把教育科研做到位。

教育科研，促我科学育人。你的每个学生都是你研究的对象，你的班级、年级、学校（甚至更大范围），你的每次备课、每次讲课、每次批改、每次测验，都可以是你的“实验田”，可以在里面不断耕耘、收获。学科教学、教育学、心理学、学习科学，这里有多少未探索的领域。自觉地将实践纳入科研的轨道，走“教、学、研”之路，必将会成为“研究型”的教师，为探索未来教育、教学规律作出新的贡献。基于科学育人的理念，我的教育教学质量不断提高。我在龙岩一中教学时，二轮（每轮三年）中考我班数学均分全地区第一，三轮高考我班数学均分年级第一；我在厦门双十中学带 2000 届学生，在高一时，我们开展了丰富多彩的活动课、选修课，数学课每周只排 4 节，高二仍继续开设各类非必修课，高三迎考的口号是“团结协作，锐意进取，科学迎考，再创辉煌”，尤其突出科学迎考，结果高考理科全省第一、文科全省第四，数理化成绩全省第一。教育科研，使我们尝到了甜头。

教育科研，帮我转变观念。与教育发展相适应的观念的形成，需要教师自身去研究、去体会、去探索，使之与实践结合起来，并有自己的新的体会。教育科研，有利于我们快速地学习并吸收先进的教育观念。如从智力因素到非智力因素，从以教师为主体到以学生为主体，从重教轻学到“教、学并举”，从维持性学习到创新性学习、研究性学习，从国家课程到地方课程、校本课程，等等，只有基于教研的角度，才能有新的收获和体会。

教育科研，助我创新实践。教师有参与教研与无参与教研，几年以后，两者情况大不一样。后者，久而久之就可能对教育教学工作产生一种疲惫感，觉得没有“味道”，教学缺少新意，步入平庸；而前者每天都有新的思考，新的探索，“常教常新”，成为某一领域的行家里手。教书和用心教书是有区别的，基于教研的教书就是“用心教”。

教育科研，磨炼我的意志。搞教育科研，要理论学习，要构建体系，要制订实验方案，要查阅资料，要文献综述；搞教育科研，还要实践（或实验）操作，要统计数据，分析问题，整理资料，撰写报告；搞教育科研，要坐冷板凳，要耐得寂寞，要苦思冥想，要潜心钻研，等等。所有这些，都是要以意志来支撑的。潜心科研，是很能磨炼人的意志的。但只有踏踏实实地沉下去，才能潇潇洒洒地浮上来。

教育科研，引我走向未来名师。一位作者在一部教育科研的著作中这样写道：“教师只要在从事教育工作的同时，对教育进行研究，他就不会是一枝燃烧之后便什么也没有的蜡烛，而会成为在人类历史长河中永远闪光的一颗恒星。”我做得还很不够，还远不能成为一颗恒星。但搞了教研，班级管理上了台阶，数学教学成绩显著，数学竞赛获奖颇多，教育科研成果更突出，得到党、政府和学术团体的很高评价和荣誉。我先后被评为省优秀青年教师、省科技教育十大新秀、市劳模、省优秀数学园丁、省优秀数学教练员、省优秀专家，并享受国务院政府津贴，获苏步青数学教育一等奖，参加骨干教师国家级培训。我的三部著作，分别入选教育部“特级教师文库”、“教育家成长丛书”和“中国当代教育家丛书”。

四、今后的路：做高素质的新世纪育才者

高尔基认为：“一个人追求的目标越高，他的才能就发展得越快，对社会就越有益。”试想，一个教师若只满足于当一个教书匠，而没有远大志向，是绝对不可能成为杰出的教育家的。虽然，我们不一定都能成为教育家，但我们只要朝着这个方向迈进，就必然会有丰硕的成果。

教师成才，按教师行为划分，有以教师个人的精力、体力、身心的超常付出为基本特征的牺牲型；有以自己的专业实力和优异效果，并通过对教育行为的描述与解释形成较大的影响的专业型；有以学生思想教育和中下生转化为主要成就的情感型。大多优秀教师的行为是全面而综合的，同时又往往有个人的特色。我以为，有所作为的教师，特别是青年教师，首先应“三管齐下”，要有牺牲精神，要有专业功底，要有感情投入。在此基础上，再根据所在学校、学生的情况，根据自己的优势，向着某一方向发展。

我以前曾给自己定了个目标，“做全面发展的研究型的人民教师”。随着时代的发展，我感到目标还可以再提高一些，改为“做高素质的新世纪育才者”。21 世纪的教育将注视着我们这一代人民教师，“当教师就要当一流的高素质的教师”，这是时代对我们的要求。为这“高素质”，就要具有崇高师德，具有先进的教育理念，具有合理的知识结构，具有复合教育教学能力，具有科研意识和科研能力，具有健康的身心。

新世纪对教育提出的要求更高，新世纪学校和教师面临改革和发展的任务更重，唯有加强教育科研，才是教师的立身和发展之本。

2. 数学教师可以做的研究

目前中小学教师开展科研的现状是：大多数教师忙于具体事务，较少考虑教育科研问题，觉得自己没有时间去搞教育科研；一些教师认为教育科研是教研部门的事，与自己关系不大，自己只要教好书就行了；一些教师平时不注意总结，到了要开学术年会或评职称时，才开始写论文；一些教师受经济利益影响，难以安心开展教研；一些教师所写论文罗列事例多，反思并上升为经验或理论的内容少；只有部分教师在教育科研上不断努力，逐步成长起来。

这种现象不容乐观，我建议，数学教师先从小课题研究做起。我们目前所提倡的校本教研，就是引导广大教师直接参与校本层面的课题研究。也就是说，教育科研并不仅仅是那些立项后大规模进行的宏大工程。没有机会参加大的教育科研项目，可以自己做小课题研究；没有能力研究大的课题，可以研究小的课题；没有时间进行专项研究，可以根据自己的特长，另辟蹊径。常规的教育教学过程可以转化为教育科研的过程，换言之，我们完全可以在研究状态下工作，时时有研究之机。

通常来说，数学教师结合教育教学工作实际，最适合采用的研究方法是叙事研究法、行动研究法、调查研究法、案例研究法和课例研究法。

(1) 叙事研究

新一轮基础教育课程改革实施以来，教育叙事研究为广大中小学教师所接受并得到广泛运用。教育叙事的兴起，是我国中小学教育研究在方法论上的一种进步。它比20世纪80年代的教学模式建构、90年代的教育模式建构等“宏大课题”及其研究的热潮，更符合人文科学的要求，更接近真实的“教育田野”，更贴近教师的日常教育生活，也更富有实事求是的科学精神。

教育叙事研究，就是教师通过讲自己的故事、谈自己的经历、诉自己的情感、说自己的感悟，总结反思自己的教育教学工作，肯定成功的，纠正错误的，以从中发现规律的叙事研究。它既可以被理解为一种研究方式，也可以被理解为研究的表述形式。

教育叙事研究的一般程序为：确定主题（确定重点总结研究什么）—撰写文稿（将研究的问题用文字叙述的方式表达出来）—交流发表（在校内外的教研活动中介绍交流或在刊物上发表）。

一个好的教育叙事，应该能够使读者从中悟出对教育的理解和感悟；一个好的教育叙事，应该能够打动读者的情感甚至心灵。

教育叙事研究的关键，是要写好研究文章，在写作过程中，教师应注意以下几个问题。

一是围绕中心，突出主题。尽管对教育叙事研究的文章要求不很严格，但一定要选择有价值的内容来组织，并围绕一个中心突出主题，不要写散了或者写跑题了。主题应体现相关教育理念。

二是写作内容要真实。教学研究是一种科学，不是文学创作，不能虚构，要实事求是。只有教育叙事是真实的，教育反思才会有意义。

三是教育叙事应有情节。教育叙事不是记流水账，应该围绕问题展开，记叙有情节、有意义的相对完整的故事。

四是叙事与议论结合。教育叙事文章的撰写，虽然应以叙事为主，但也要议论，议论即反思，写出体会和感悟。

五是长短适宜，有情感体验。教育叙事研究追求的是研究内容有价值。如果内容价值不大，篇幅再长也没有意义；内容有价值，篇幅短也有意义。

（2）行动研究

行动研究是在行动的基础上开展的反思性研究。长期以来，许多教师习惯凭借经验进行教学，要开展教育行动研究，必须超越纯粹凭借经验教学的状态。

教育行动研究，是从感受到原有的教育教学行为方式的不足，发现其中的问题开始的。通过对所发现的问题的基本思考，在总结经验的基础上，提出改进原有教育教学行为的方法或具体行动策略，并付诸实践。然后，对新旧教育教学行为进行比较，揭示新的教育教学行为对促进学生发展的独特价值和作用，建立新的教育教学行为的基本程序、规范，并通过论证，确立和完善新的行为方式的依据。

教育行动研究的基础是自主反思，即反思原有教育教学行为方式或策略的局限性。比照时代发展的特点以及教育改革对人才培养的新要求，思考习以为常的教育教学行为方式与之不相适应的方面，提出改进的设想和具体行动策略。比如，关于课堂导入的方式，大家往往习惯于从“破题”开始，而且几乎所有的新授课都只有一两种方式，我们可否追问一下：还有没有其他的导入新课的方式？“破题”的方式有哪些方面可以改一改？能否从学生活动、前期理解、已有经验等方面入手来导入新课？现有的导入新课的方式有哪些局限性？对这些问题的思考，能够为教育行动研究提供足够的研究动力。

行动研究的基本程序为“回顾诊断—筛选问题—分析原因—优选理论—拟定设计—实施行动—效果监控—审查反思”的螺旋式循环。其中，审查反思是至关重要的环节，是连接“行动”和“研究”的中介，是保证发现事实和利用事实之间的有效联系，是沟通实际与理论的桥梁。

一是回顾诊断。以批判性的、自我反省的形式，对教育教学现实进行反思与评判。这种内省、批判性的分析过程，是查找、分析问题的过程，有助于改变盲目接受教育理论和传统做法的习惯。

二是筛选问题。对教育教学上存在的问题进行归纳、分类，进而确定一定时期内通过研究要解决的问题。筛选问题是行动研究的基础。筛选问题一要注意民主与合作，倡导教师之间、教师和科研人员之间、教师和学校领导之间的联系与合作；二要注意提炼、概括问题，使研究的问题具有针对性和实践性，具有代表性、普遍性和研究价值。

三是分析原因。诊断出问题存在的原因，为优选理论、采取适当的行动、有效地解决问题奠定基础。

四是优选理论。根据筛选出的急需解决的问题，从众多教育理论中寻找最切合的、自己最需要的教育理论，作为研究、解决问题的指导思想。优选理论可以为解决筛选出的问题提供指导和操作规范，保证行动研究的正确性。

五是拟定设计。制定出行动研究的具体目的、研究假设、研究对象或范围、研究方法及步骤等。同时，强调行动研究必须是自己能够做到的；拟定的设计应与学校要求相协调；行动研究不应干扰学校的正常活动；所采取的研究，必须在一段时间内能测量出结果。

六是实施行动。在教育理论工作者、教科研人员的帮助指导下，按照拟定的研究设计，创造性地选用自己优选出的教育理论，尝试解决筛选出的具体问题。

七是效果监控。在研究过程中，重视观察、收集相关的数据和事实，同时又要关注新情况，研究新问题，并根据反馈信息及时调整行动，以补救研究偏差，使行动研究更有效。

八是审查反思。对实践的过程和效果得失做出审查和反思，为进行下一阶段的行动研究作问题筛选和理论优选准备。

总之，在行动中研究，在研究中发展，教育行动研究对教师来说，不仅是一种改进教育实践的研究方式，更是一种促使教师实现个人价值的生活方式。在这种生活方式中，教师体会到自己的责任，体会到自己的存在价值和意义；在这种生活方式中，教师凭借自己的力量，把自己和教育对象紧紧联系在一起，并与对象共同构成他自己的生活世界；在这种生活方式中，教师必须发展自己的理性，成为自己的主人。

(3) 调查研究

教育调查研究是研究人员在一定教育思想指导下，运用一定手段，如观察、问卷、访谈、列表以及测验等科学方式，在自然状态下有计划地、系统地搜集被调查对象某一方面的资料，了解被调查对象该方面的状况，并从获得的信息中分析和解释现象、解释内在相互关系和发展规律的一种研究方式。教育调查研究可以获取第一手资料，在实地调查、参与研究中获取真知。

教育调查按调查范围可以细分为全面调查、典型调查、抽样调查和个案调查。按调查目的可以细分为现状调查和发展性调查。按调查手段可以细分为观察、问卷、访谈、列表、测验和网上调查等，这也是调查时最常用的方法。

虽然教育调查研究有众多不同的方法，如问卷法、访谈法、量表法、测验法等，但如何开展调查研究，大体上说不外乎 What、Who、When、Where、Why、Write 和 How，简称 6W-H 环节：①What：确定调查什么；②Who：确定调查谁；③When：取得调查时间；④Where：确定调查地点；⑤Why：解释数据的原因；⑥Write：撰写调查报告；⑦How：取得如何调查。

（4）案例研究

数学教师如何设计自己的专业发展道路，又如何在这条道路上更有效地前行，是每一位对自己的职业生涯负责的数学教师都会思考的问题。教育案例研究，是教师投身教育科研的起点，案例研究的过程，则是数学教师反思与构建自身的教育理念与行为、促进个人专业成长的一条捷径。

案例研究是借鉴案例教学法而产生的，案例教学法又发源于医学教育的病例教学。案例研究是对特定的案例进行分析、讨论、评价、处理，寻求对策的研究，它既是一种科学研究方法，又是经常应用于教学的一种教学方法，也是学校教育科研广泛采取的研究方法。案例研究不仅可以使研究者通过案例发掘其中的原理、规律以及原则方法等内容，而且还能够在内心产生感悟和情感共鸣。在案例分析中，研究者可以直接获得解决实际问题的能力和方法。

案例研究的程序通常包括争取案例展示、分析讨论、设计解决方案、付诸实践、总结反思等环节。

在实际中，案例研究往往不是一次完成的，五个阶段也不是截然分开的，而往往是相互交错、相互渗透的。

虽然案例研究不可能解决我们面临的所有困惑，但其见一知多的特点以及强调问题发现的设问过程，直接促进了教师的职业反思，数学教师进行案例研究，有得天独厚的优势与动力。同时，案例研究也将为数学教师的日常工作赋予研究性价值，能够有效提升数学教师工作的专业水准。

（5）课例研究

课例研究在通常意义上是关于一节课的研究，是指围绕一堂课的教学在课前、课中、课后进行的种种活动。包括研究人员、任课教师与他的同伴、学生之间的沟通、交流、对话、讨论。课例研究的价值取向是解决当前的课堂教学问题，从而提高教学实践的有效性。它的全部过程是为了真实体现并展现任课教师这个特定对象教学的特点以及发现过程，使全体参与者都能获得对有效教学及其意义的理解。课例研究不仅仅是着眼于改进某一节课的活动，而且是一种以教师为主导的教学循环，是提升教师专业水平的重要方式。

教学课例与教学案例是容易混淆的两个概念，两者的区别在于案例自始至终是围绕特定的问题展开的，以问题的发现、分析、解决、讨论为线索，而课例展现的是某节课或某些课的教学实际场景，虽然其中也包含问题，但问题可能是多元的，没有明确的问题指向，而且实际场景的叙述、师生对话的描述等常是列举式的，没有像案例那样经过细致加工。两者在文体的结构上也有着一定的区别，案例的表达形式一般表现为：背景 + 问题 + 问题解决 + 反思讨论，课例的表达方式一般表现为：教学设计 + 教学实录 + 教学反思。

数学教师在运用教学课例进行研究时，一要注意选择的课程具有一定的代表性、典型性，能够说明一些问题，确实给自己带来一些新的思考，提升自己的教学智慧；二要注意较为详尽地介绍自己的教学设计，要把新课程的相关理念转变为具体的教学方案，用新课程的理念指导自己的教学行为；三要注意运用录音、录像、委托他人现场记录等多种手段全面搜集课堂信息，只有充分地占有这些信息，才能为提炼概括、选择教学片段等打下基础；四要注意对照教学设计意图反思课堂上的实际行为，分析教学实际进程与教学设计的差距，把课堂上存在的某个问题或某些问题作为深入思考的对象。

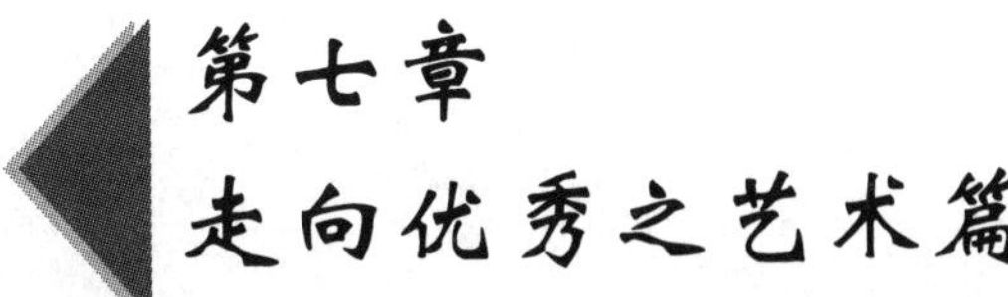

第七章 走向优秀之艺术篇

教学是一门科学，也是一门变化万千的艺术。无论从教学主体、教学活动还是教学方法来看，都是如此。

在数学教学活动需要越来越多地发挥多元功能的今天，教学艺术也成为教师走向优秀的一项必修课。

第一节 数学教学艺术之修炼

数学教师的教学艺术对学生来说，具有激发引趣功能、提高效率功能、培养智能功能和净化心灵功能。为此，数学教师要不断修炼并且逐步将教学艺术深化为教学魅力。有魅力的数学教师，对学生有强烈而持久的人际吸引力、精神感召力和智慧启迪力。

1. 数学教学艺术

什么是数学教学艺术？对数学教学艺术这一概念的含义，可作如下概括：数学教师在教学活动中，以富有审美价值的独特的方式方法，创造性地组织教学，使教与学双边活动协调进行，使学生能积极、高效学习，并感受数学教学美的精湛教学技能技巧。它是教师学识魅力和人格魅力的结晶，是教师创造性地运用教学方式方法的升华，是教学合规律性与教学独创性的完美结合，是求美和求真的和谐统一。

数学教学艺术研究的内容，一是对数学教学艺术作理性剖析，包括数学教学为什么是一门艺术，数学教学艺术的含义、本质和特点，进而探讨数学教学艺术赖以存在的基础：如科学基础、美学基础、社会学基础、教育学基础、心理学基础等；二是研究数学教学艺术的具体实践，包括数学教学过程的艺术，数学教学的语言、非语言和板书艺术，培养和激发学生非智力因素的艺术等。

数学教学艺术研究的方法，主要有以下几种。

一是内省总结法。每位数学教师都可以对自己的教学艺术和经验进行反省、回忆和总结，因为教学艺术主体的内部创造过程和体验只有主体自己最清楚。《数学名师授课录》、《中学数学名师教学艺术》、《新课程课堂教学案例丛书（高中数学）》等书中的一篇篇文章，无不是我国数学教师教学艺术和经验的总结和教学艺术创造的结晶，具有较高的实用价值。

二是观察分析法。对教学艺术主体的实际创造过程进行观察、分析和揣摩，从中发现和总结出富有规律性的东西。例如，对数学特级教师的教学录像进行观摩、评析；对青年数学教师课堂教学创新大赛的教案、录像、专家点评，进行学习和研究；听本市、本校优秀数学教师“同上一节课”，看看“各路英雄”所见、所教情况，进行分析比较，必有所获。

三是文献查询法。对优秀数学教师的教育叙事、教学杂谈、经验总结、科研论文、教育著作等方面的文献进行搜集查询，从中找出有关数学教学艺术的规律性的东西。例如，读《中学数学》杂志“名师新论”栏目里的文章；读《中学数学杂志》“新秀论坛”栏目里的文章；读北京师范大学出版社出版的“教育家成长丛书”中的《邱学华与尝试教育人生》《张思明与数学课题学习》等著作。

四是实验研究法。即采用实验的方法，对数学教学艺术进行研究。例如，通过确定实验因子，对课堂教学系统中的各个要素如何组成最佳结构进行实验，研究数学教学的优化艺术，并确定其可推广性。

2. 数学教师的教学艺术修养

数学教师想要像艺术家那样不断进行超越自我的艺术创造，需要有较高的理想、道德、知识、文化、能力和心理等方面的素质，并不断提高自身的教学艺术修养。

“修养”一词，古人早有“修犹切磋琢磨，养犹涵养熏陶”之说。这一说法在一定程度上体现了“修养”的基本含义。如今，“修养”一词的内涵又有所扩大，意义更为广泛，不仅有切磋琢磨、涵养熏陶之意，还包括全面提升、培养完善，使之达到一定的水平。

肖柏荣教授认为，数学教师自我修养的提升，一是要有执著的事业追求，二是要有宽厚的专业功底，三是要有自觉的审美训练，四是要有健康的心理调节。

可以这样说，成为具有教学艺术魅力的教师要达到以下要求：创新，教出个性；坚持个性化备课；拥有教学勇气；细化你的课堂；提前两分钟到教室；面带微笑进教室；上课要有激情；走下讲台，到学生中去；课堂多预设些“问题”；课堂上，警惕隐性霸权；追求课堂的简约；锤炼你的课堂语言；教学语调的巧妙运用；丰富你的表情；幽默是一种魅力；要有自己的课堂文化；鼓励学生多提问题；课堂不妨适当“留白”；尽量不当众批评学生；要形成自己的教学风格；上课决不“拖堂”；让学生在作业中享受乐趣；每天，让课堂改变一点点；等等。

王升教授认为，教学艺术形成的策略，关键有两点，一是教师应当学会学习，二是教师应当进行教学研究，他在《如何形成教学艺术》中有这样一段精彩的论述：

> 教学艺术形成的两大具体策略是富有成效的学习与研究。教学艺术形成的过程就是一个学习的过程，它需要教师形成正确的学习观，不断在研究中学习，在教学实践中学习，树立终身学习理念。学习的有效性必须是学习效率、学习效果与学习效益的统一，学校应注意营造教师学习的气氛和文化，积极建设教师学习的共同体，如教研组交流、大会交流、理论讲座、观摩研讨。教学艺术的形成既是一个学习的过程，也是一个研究的过程，研究是一种深层次的学习。教师要不断研究，学习可以包含在研究之中，但研究在层次上要高于学习。行动研究法是教学艺术形成研究的有效策略，科研兴校是进行教学艺术研究的良好氛围。
>
> 教师教学艺术的形成，需要学校的科研兴校，需要教研组的学术引领，但更为重要的是教师的自主学习和自主发展。

说到学习，我认为，张小兵老师的《风格之道在乎“学”》一文，很适合数学教师阅读，文章从“学”的角度写出了“风格之道”，而“风格之道”在一定意义上就是“艺术之道”。

风格之道在乎“学”

教学风格，究竟离我们有多远？夜读《论语》，子夏的一句话引起了我的思考。他说：“百工居肆以成其事，君子学以致其道。”意思是：各行各业的手工艺人在作坊里完成他们的工作，君子通过学习而得到道。也就是说我们只有坚守属于自己的位置，在实践中不断地学习，追寻并掌握事物的规律，然后才能成功。如果说教学风格是“道”，那么我们只有通过学习才能形成自己的教学风格。

学习是一个看似简单其实复杂的问题，其前提在于两个字：“悦”与“恒”。

“悦”由心生。“悦”字从“心”，是指内心获得了快乐的享受而愉悦。陶行知先生曾说过：“惟其学而不厌，才能诲人不倦；如果天天卖旧货，索然无味，要想教师生活不感到疲倦是很困难的了”，“所以我们做教师的人，必须天天学习，天天进行再教育，才能有教学之乐而无教学之苦。”

“恒”由心持。“惰”字从“心”，是心灵上产生了退缩、推诿的念头，便有了懒惰的行为。而“恒”字也从“心”，有人说，“从心底做到每日如一，这便是恒”。且不管从造字法角度来讲是不是科学，这样的解释的确给每一个人以劝诫作用。而我还要夸大一点说，要做到“恒”，就必须从心底里将一生当做一日来过！

有了学习的兴趣和毅力，我们又该学什么呢？

首先，我们要学习做人——建筑人格教学的家园。

俄罗斯教育家乌申斯基也曾说：“在教育工作中，一切都应以教师的人格为依据。因为，教育力量只能从人格的活的源泉中产生出来，任何规章制度，任何人为的机关，无论设想得如何巧妙，都不能代替教育事业中教师人格的作用。”那些具有独特教学风格的名师无不具有高尚的人格魅力。他们始终坚守着自己的岗位，以饱满的热情珍爱教育事业，以爱的情感关怀每一个学生。无怪乎教育评论家孙孔懿先生在其专著《论教育家》中会大声疾呼：“人格是教育家的资本！”

其次，我们要学习知识——走进文化教学的殿堂。

一个成熟的教师不但要有深厚的理论修养，还应当具备广博的文化知识。几乎每一位有成熟教学风格的教师都会感谢教学理论，因为它是教学规律的总结，是触及教学本质的文字，是日常教学的思想标杆和行动指南。同时，只有涉猎较为广泛的阅读和学习领域，涉猎许多学科特别是邻近学科的知识领域，才有可能在教学中游刃有余。许多教有风格的名师，他们顽强、自觉的学习精神很值得我们学习。

再次，我们要学习方法——找到成熟教学的捷径。

每一个教师都有自己的教学方法，也有许多值得借鉴的举措。我们要勇于向别人学习，特别要向已经形成一定教学风格的老师学习。他们的教学方法是几十年教学生涯锤炼出来的，经历了由不成熟到成熟的过程，经得起理论的推敲和实践的考验。作为教学道路上的起跑者，我们应当感到幸福，因为我们可以站在他们的肩膀上眺望我们未来的教学之路！

然后，我们要学习语言——营造美感教学的氛围。

教师必须具备不同寻常的语言能力，没有语言艺术的课堂，就没有沟通与交流，就谈不上互动，更没有美感可言。教师应当既是一个“杂家”，又是一个“专家”。诚如庄子所说：“吾生也有涯，而知也无涯。”那么，面对无涯的知识，我们又该怎样学习呢？我想，只有智慧地学习，才能形成属于自己的风格。

“智慧地学习”，关键在于“智”和“慧”两个字。

且看这个“智”字，它由“知”和“日”组合而成。抛开造字法理论，我有两种理解。

第一个理解是：“日日知方能‘智’。”这个“知”包含两个方面，除了我们前面说的理论和文化的知识以外，还有涉及教学本质的道理和规律。在信息化的今天，对于大多数教师来说，获取知识不是一件难事，既“悦”且“恒”足矣。但要想获得教学的道理，掌握教学的规律，还必须反思我们的教学过程。苏霍姆林斯基说：“真正的学校应当是一个积极思考的王国。”可惜的是，目前大多数教师是没有思考的，为了对付高考正疲于奔命，“上班拼体力，上课拼时间，练习拼强度”，已成为名副其实的“拼命三郎”。北大附中数学特级教师张思明每日都在总结自己数学课堂中存在的问题，反思之后，才提出了令每一位中学教师回味的见解：“成长的过程是需要爱、需要尊重与理解的过程。老师创造机会给学生更多这样的人生体验，是远比授业解惑更难也更重要的事情。”

第二个理解是：“日常知乃为‘智’。”“反思”不受时空限制，不在乎大小，往往存在于日常教学中！名师们从来都是贴着地面行走，沿着梦想飞翔。他们都是从今天开始，从一点一滴做起，用粉笔书写人生，用心血浇灌未来，关注每一个学生的发展，关爱每一个鲜活的生命，记录教学的收获，反思教学的错误，智慧在教学实践中诞生，教学之路在脚下延伸，才有了令人瞩目的成就。我们大多数教师一天上两节课，一年就是五百多节课，十年就是五千多节课，二十年就是一万多节课呀！站立讲台我常常战战兢兢地逼问自己：今天有没有认真审读过每一个学生的眼神？有没有思考过每一个教学行为？我想，只要我们立志做一个用“心”教学的人，哪怕是每天发现一两个现象，一年研究出十条规律，一二十年下来便会掌握有成千上万的教育现象和几百个教育规律啊！当然，有时我们用一辈子来摸索一条规律，这也是很有意义的事。立足教育的麦田，我们应当弯下腰，审视每一根麦穗，拾起每一颗谷粒，守望教学风格的成长。

我想，“慧”就是在获取了丰富多彩的知识、方法、道理之后，选取最适合自己的，然后用心去过滤，用心去创造，让它们在心灵上生根、发芽、开花、结果。难怪国画大师齐白石会情发肺腑地说：“学我者生，似我者亡！”实际教学中，有人情感充沛，有人风趣幽默，有人古朴典雅，有人潇洒倜傥……“弱水三千，我取一瓢饮”，邯郸学步只能迷失自我，适合学生需求的才是最好的，适合自己的才是最佳的。特级教师任勇的座右铭是“教育恒久远，创新每一天”，是的，教师要形成属于自己的风格，除了要以知识奠基，以模仿探路，还要以人格示范、以创新开路，形成自己的教学方法，构建自己的教学理论！

好高鹜远者总是昂首看天，得来的是虚无与缥缈；脚踏实地者总是俯首看地，得到的却是坚实的未来。苏轼在《日喻》中说：“道可致而不可求。”我们只有坚守三尺讲台，“悦”而“恒”、“杂”而“专”、“智”而“慧”地学习，才能在一个不知道时间和地点的时刻，自然而然地形成自己独特的教学风格。为此，我要大声疾呼：“风格之道在乎‘学’！”

第二节　数学教学艺术之实践

教学实践是一种反思性实践，在很大程度上说，教学艺术是一种实践智慧，是一种反思性实践的成果。下面是我的数学教学艺术实践，分别以原文（或摘要）、回顾、凝思、展望述之。

1. 初中数学“引趣”教学

（1）摘要

用“引趣”的方法上好初中数学课

数学教材的知识具有系统性，一般编写得比较简练。由于数学研究对象的特点，教材在许多地方的叙述比较抽象，这就给学习带来一定的困难。《数学教学大纲》指出："学生学习数学的积极性，是学好数学的重要前提，要注意从学习数学中引起学生学习数学的兴趣。"因此，根据教材的特点，充分挖掘教材中的趣味因素，用"引趣"的方法上好数学课，以引起学生对学习数学的兴趣，是十分重要的。特别对于初中生，他们自觉性、自制力较差，注意力易分散，而好奇心、好胜心较强，如果教师能根据他们的心理规律，逐步引导他们热爱数学，从而发展他们的智力，教学质量就必然会提高。

文中具体探讨了"引趣"之道：①引趣于讲授新课之前；②引趣于概念教学之中；③引趣于命题（公理、定理、公式）教学之中；④引趣于解题教学之中；⑤引趣于知识探索之中；⑥引趣于一堂课（或一章节）结束之时。

（2）回顾

说到中学数学教学，我有这样一个观点：用"引趣"的方法上好初中数学课，用"引深"的方法上好高中数学课。

我教了六年的初中数学课，"激趣教学"是我教学风格的主旋律。学生听我的数学课，感到很有意思，其缘故就是"趣"。

我备课快备完之前，经常会问自己，明天这节课，"趣"在何方？

多年后，我主编过一本书，书名就叫《数学：趣在其中》。

（3）凝思

数学是迷人的乐园，曾使多少探索者流连忘返，如痴如魔；数学是神奇的世界，曾使无数开拓者脑汁绞尽，驻足兴叹！

数学课是可以上得很有趣的，但现今的数学课能够达到充分"激趣"境界的还不多。当然，我们不能"为激趣而激趣"。"激趣"是要有智慧和艺术的，"激趣"贵在用心挖掘，贵在浑然天成。

（4）展望

"引趣"和"引深"应灵活运用。

不是说初中数学教学不能"引深"，也不是说高中数学教学不能"引趣"。

初中数学教学应"引趣为主，引深为辅"，高中数学教学则应"引深为主，引趣为辅"。

“引趣”，让学生感到“数学好玩”；“引深”，带领学生走向“玩好数学”的境界。

有兴趣的读者，可以探索《数学教学中的“引趣”和“引深”》这样一个课题。有一定研究能力的读者，可以考虑写一本这样的书——《数学激趣教学探索》或《数学激趣教学的100个案例》。

2. 高中数学“引深”教学

（1）摘要

数学解题教学中的引深艺术

“问题是数学的心脏。”数学问题是由解题主体与数学习题系统组成的。因此，解题教学成为决定教学成败的关键因素，数学解题教学应突出探索活动，探索活动不能仅停留在对原习题的解法的探索上，而应适当地、有机地对原习题进行深层次的探索，挖掘出更深刻的结论。引深，是一种探索问题的方法，也是一种值得提倡的学习方法。引深，可以激发学生学习数学的兴趣，可以有效地提高学生的数学水平。

文中具体探讨了“引深”之道：①通过一般化将问题引深；②通过类比将问题引深；③通过丰富命题结论将问题引深；④通过变换命题条件将问题引深；⑤通过交换命题的条件与结论将问题引深。

值得一提的是，初中数学引趣教学和高中数学引深教学不是截然分开的，初中也可以引深，高中也应该引趣，只是初中应该多一些引趣，高中应该多一些引深。引趣中有引深，引深中有引趣，两者相辅相成，有机结合，才能共同促进数学教学。

（2）回顾

《用“引趣”的方法上好初中数学课》一文发表后，我就开始在高中的数学教学实践中，研究和探索“引深”艺术。

初带高中，我把主要精力放在数学课堂教学上。功夫不负有心人，带第一轮高中，我所在的班级数学高考成绩全校第一。带第二轮高中，学校决定让我带实验班，所谓实验班，其实就是奥赛班，入此班有严格的条件，每位学生至少要参加一项竞赛课程训练。我要带17位奥数选手，要超前上高中数学课程，还要上奥数课程，工作量非常之大，我必须全身心投入。最终，首届实验班取得了优异的成绩！

两轮高中教完之后，我对“引深”有了更深刻的认识和更多的教学实践经验。

我原想以《用“引深”的方法上好高中数学课》的题目成文，投稿《中学数学教学参考》，使其可以和“引趣”一文成为“姊妹篇”，相映成趣。后因忙于主编《教学艺术探索》，考虑到《教学艺术探索》一书要谈“艺术”，我索性把论文的标题改为《数学解题教学中的引深艺术》。

（3）凝思

“深”与“浅”是相对的，每位高中数学教师在教学中都能进行，只要用心，就一定能“深入浅出”。

重读本文，觉得文中有一段话说得甚好：引深，是一种探索问题的方法，也是一种值得提倡的学习方法；引深，可以激发学生学习数学的兴趣，可以有效地提高学生的数学水平。

（4）展望

课改背景下，“引深”之路怎么走？

首先，我以为，合作学习、自主学习、探究学习都可以和“引深”挂上钩，数学教师要善于引导，让你所教的班级具有“引深文化”。

其次，研究性学习与“引深”也有着密切的联系。一方面，某些“引深”的问题，再“引深”下去，就是渗透式研究性学习。另一方面，研究性学习有课题式和渗透式两大类。课题式研究性学习的选题，一般情况下与课堂数学学习没有直接联系，而渗透式研究性学习是课堂学习的深化。

渗透式研究性学习，是数学解题教学的深化，是基于“预设”的“生成”，是随时可以进行的，何乐不为呢？

如果谁能写一本《高中数学引深教学法》，那就太好了！

3.“变”的魅力

（1）原文

“变”的魅力

学生不爱学数学的原因是多方面的：数学比较枯燥，比较抽象，有时比较繁难。怎样让学生爱学数学呢？我主要采用寓“变”于教学之中的方法，用“变”的魅力来吸引学生，促使学生爱学数学。

数学题是永远做不完的。多做题固然可以积累经验，但如果善于变题，在变题中掌握一类题的解法，则会达到以少胜多的效果，且可培养学生的探索精神和创造才能。

问题1：在$\triangle ABC$外边作正$\triangle ABD$和正$\triangle ACE$，如图7-1，求证：$BE=CD$。

学生不难通过证明$\triangle ABE\cong\triangle ADC$得到$BE=CD$。接着，我改动题目的条件：将题中的三角形“变”成正方形，如图7-2，求证：$BG=CE$。

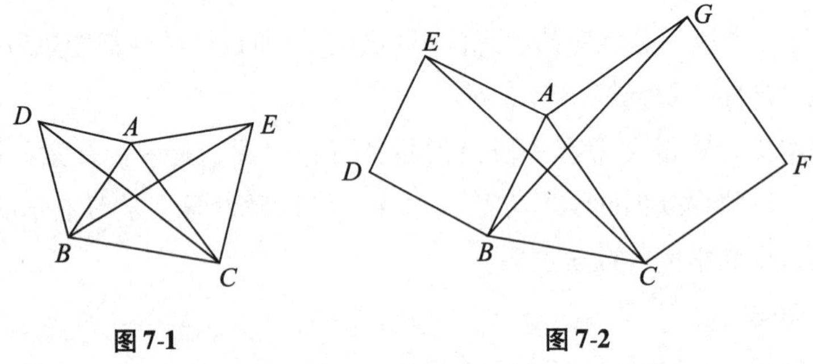

图7-1　　　　图7-2

学生感到有趣，纷纷动笔证明，很快就用类似的方法证得了结论。然后我再问：变成正五边形、正六边形……正n边形能否得到类似的结论？于是学生的兴趣更浓了，经过观察分析，他们用同样的方法又证得结论。此时我再改变题目的条件：将原题中的“外边”变为“形内”，上述结论也都成立，证法完全类似。这时学生的思维非常活跃，达到了高潮：他们起初惊奇、疑惑，略加验证后便豁然开朗，情绪激昂。“变”的魅力深深地吸引着学生，他们在不知不觉中解决了这道有一定难度的问题，“爱好数学”的萌芽也在他们的头脑中渐渐扎下了根。

问题2：已知x、y是实数，且$4x^2+y^2=4x+4y+5$，求$\log_x y$的值。

有不少学生感到困难，我问学生：“已知x、y是实数，且$(2x-1)^2+(y-2)^2=0$，求x、y。这样的题你们会做吗?”学生答：“会做。”我说：“同学们将这道题中的等式左端展开看看。”当学生发现展开后可变成$4x^2+y^2=4x+4y-5$时，都笑了起来。我风趣地说：“老师‘略施小计’就把你们给难住了，今后可要‘善变’啊。”在教学中，不仅要将一般的问题引向深入，还要将复杂的问题“变”得简单些或分解成若干个较单纯的命题，让学生感到：难题不难，难题是由简单的问题变（或组合）成的，数学不难学嘛。

问题3：求 $y=\sqrt{x-4}+\sqrt{3x-15}$的值域。

大多数学生能利用函数的单调性解题：易知所给函数定义域为 $[5,+\infty)$，故当 $x=5$ 时，$y_{min}=1$，可知所求值域为 $[1,+\infty)$。

如果大多数学生做完这道题就罢手，那么，他们只学会了解“一道题”，没有学会解“一类题”。

于是我问学生：“求 $y=\sqrt{15-3x}+\sqrt{4-x}$的值域，会求吗?”

不少学生笑着回答：“会，所给函数是个减函数，方法类似。”

我再问：“求 $y=\sqrt{x-4}+\sqrt{15-3x}$的值域呢?”

学生愕然。有的试用平方法解答，终因运算量大，做不下去。

我引导学生探索：因函数的定义域为 $4\leqslant x\leqslant 5$，可设 $x=4+\sin^2\alpha$ $\left(0\leqslant\alpha\leqslant\frac{\pi}{2}\right)$，故 $y=\sin\alpha+\sqrt{3}\cos\alpha=2\sin\left(\alpha+\frac{\pi}{3}\right)$。

因$\frac{\pi}{3}\leqslant\alpha+\frac{\pi}{3}\leqslant\frac{5\pi}{6}$，故 $1\leqslant 2\sin\left(\alpha+\frac{\pi}{3}\right)\leqslant 2$，即 $1\leqslant y\leqslant 2$。

全班学生兴奋不已。

我又问：“$y=\sqrt{x-4}+\sqrt{7-x}$呢?”

学生写道：因 $4\leqslant x\leqslant 7$，故可设 $x=4+3\sin^2\alpha\left(0\leqslant\alpha\leqslant\frac{\pi}{2}\right)$。

我很高兴，说：“不错，同学们应学会在变题中解一类题。”

问题4：求 $y=\frac{a+b\sin x}{c+d\sin x}$的值域。

思路：$y=\frac{a+b\sin x}{c+d\sin x}\Rightarrow\sin x=f(y)$，由 $|f(y)|\leqslant 1$，可求值域。

变1：求 $y=\frac{a+b\cos x}{c+d\cos x}$的值域。解法类似。

变2：求 $y=\frac{a+b\sin x}{c+d\cos x}$或 $y=\frac{a+b\cos x}{c+d\sin x}$的值域。解法还类似吗?

我们以“求 $y=\frac{\cos x-2}{\sin x+3}$的值域”为例解答如下：

思路1：设 $\tan\frac{x}{2}=t$，则 $y=\dfrac{\dfrac{1-t^2}{1+t^2}-2}{\dfrac{2t}{1+t^2}+3}$，化简整理，得 $3(y+1)t^2+2yt+3y+1=0$。①

若 $y\neq-1$，t 为实数，则 $\Delta=(2y)^2-4\cdot3(y+1)(3y+1)\geqslant0$，即 $\frac{-3-\sqrt{3}}{4}\leqslant y\leqslant\frac{-3+\sqrt{3}}{4}$（$y\neq-1$）。

若 $y=-1$，由方程①，得 $t=-1$，原式有意义。

$\therefore$ 值域为 $\left[\frac{-3-\sqrt{3}}{4},\ \frac{-3+\sqrt{3}}{4}\right]$。

思路2：如图7-3，设 $A(\sin x,\ \cos x)$，$B(-3,\ 2)$，则 $y=k_{AB}$，其中动点 A 在单位圆上。设 l_{AB}：$y'-2=k(x'+3)$，即

$$kx'-y'+2+3k=0,$$

由 $\dfrac{|k\cdot0-0+2+3k|}{\sqrt{1+k^2}}=1$，得 $k=\dfrac{-3\pm\sqrt{3}}{4}$。

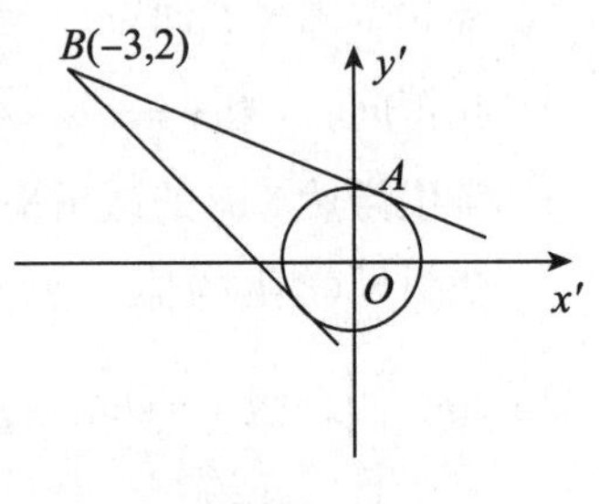

图7-3

$\therefore$ 值域为 $\left[\frac{-3-\sqrt{3}}{4},\ \frac{-3+\sqrt{3}}{4}\right]$。

思路3：由 $y=\dfrac{\cos x-2}{\sin x+3}$ 得 $y\sin x-\cos x=-3y-2$，

变形为 $\sin(x-\psi)=\dfrac{-3y-2}{\sqrt{y^2+1}}$，其中 $\tan\psi=-\dfrac{1}{y}$，

$\because |\sin(x-\psi)|\leqslant1$，

$\therefore \left|\dfrac{-3y-2}{\sqrt{y^2+1}}\right|\leqslant1$，解之得 $\dfrac{-3-\sqrt{3}}{4}\leqslant y\leqslant\dfrac{-3+\sqrt{3}}{4}$。

问题5：在 $\triangle ABC$ 中，已知 $A(4,\ -1)$，$\angle B$、$\angle C$ 的角平分线方程分别是 l_1：$x-y-1=0$，l_2：$x-1=0$，求 BC 边所在直线的方程。

思路：A 关于 l_1 的对称点 A_1 在 BC 上，A 关于 l_2 的对称点 A_2 也在 BC 上，A_1、A_2 可求，故直线 BC 的方程可求。

教学片段：

同学们会变吗？

变1：将 l_1、l_2 改为对应边的中线呢？

变2：将 l_1、l_2 改为对应边上的高呢？

变3：l_1、l_2 分别为对应边的中线、高呢？

变4：l_1、l_2 分别为对应边的中线、角平分线呢？

变5：l_1、l_2 分别为对应边的角平分线、高呢？

变，小至题目的图形可变，数字可变，条件可变，结论可变；大至教法可变，考试方法可变，甚至教材内容可变。变，充满着神奇，孕育着创造。变的魅力吸引着好奇心、好胜心较强的中学生，而学生一旦将单纯的兴趣与崇高的理想结合在一起，就会产生一种强大的力量，它能不断地促进学生思考、探索，逐步引导他们爱学数学、学好数学，从而发展他们的智力，为他们将来钻研科学技术打下牢固的基础。

（2）回顾

变式教学是数学教学的一种重要形式，我甚至觉得“变式”是数学教学的魅力所在。虽然其他学科也可进行变式教学，但数学中的“变”，魅力最大。

（3）凝思

虽然变式教学理念提出了多年，但教师的变式意识总体上说是不强的。

有证为例：我想主编一本《数学一课一例100例》的书，由于应征者太少，最终不得不放弃。

（4）展望

我在厦门一中数学教研组会上，曾讲到我的一个观点：凡例必变。

我读过《中学数学发散思维》一书，觉得编得挺不错，只是有些“变”，比较“牵强”，还不“有机”，希望有人继续深入研究这个问题。

前些年，我又读到《一日一例一题》一书，由东北师范大学出版社出版，类似“一课一例”，编得很到位，很适用，很有特色，但不知是不是只出版了高一（上）一本，或是我没有买到其他年级的。企盼这套书能出齐，让更多师生获益；或谁能告诉我哪里还能买到，让我再陶醉于“一例”的变式与探索之中。

4. 数学解题教学中的“有意差错”

（1）原文

有意差错在数学解题教学中的应用

学生学习数学概念，解答数学习题，描绘函数图像，画出几何图形等，常常会出现错误。对于学生出现的错误或可能出现的错误，教师处理的方法往往有以下两种：一是发现学生的错误后，对错误之处从数学角度进行辨析；二是教师根据以往的经验，在教学中将某一内容的错误归类，加以讲评、纠正，以防止错误的发生。这两种方法无疑是教学中可以采用的方法。但是，这两种方法的缺陷在于不能充分暴露错误过程，学生不能获得错误的心理体验。为此，我在教学中采用一种“有意差错”的方法，即在解题过程中，根据学生容易忽视或弄错之处，有意将解题过程“不露声色”地讲错，最后引出矛盾或说明解答是错误的，然后师生再共同纠正错误。这样充分暴露错误的过程，让学生在“情理之中”惊呼上当，可以使学生加深对错误的认识，在知识上来一次再认识，在能力上得到一次再提高，从而达到预防错误、提高解题能力的目的。

下面举几个例子加以说明。

【例1】在$\triangle ABC$中，已知$\sin A=\frac{3}{5}$，$\cos B=\frac{5}{13}$，求$\cos C$。

解：由条件$\cos B=\frac{5}{13}>0$，可知$0°<B<90°$，

$\therefore \sin B=\sqrt{1-\cos^2 B}=\frac{12}{13}$。

$\because \sin A=\frac{3}{5}$，$\therefore \cos A=\pm\frac{4}{5}$。

当A为锐角时，则$\cos A=\frac{4}{5}$，

$$\begin{aligned}\cos C&=\cos[180°-(A+B)]\\&=-\cos(A+B)\\&=\sin A\sin B-\cos A\cos B\end{aligned}$$

$$=\frac{3}{5}\cdot\frac{12}{13}-\frac{4}{5}\cdot\frac{5}{13}=\frac{16}{65},$$

当 A 为钝角时，则 $\cos A=-\frac{4}{5}$，

$$\begin{aligned}\cos C&=-\cos(A+B)\\&=\sin A\sin B-\cos A\cos B\\&=\frac{3}{5}\cdot\frac{12}{13}+\frac{4}{5}\cdot\frac{5}{13}=\frac{56}{65}。\end{aligned}$$

至此，学生深信解答无误。这时，我说："解答错了！"学生顿时惊愕："错在哪里？"

学生投入紧张的思考，一时找不出漏洞。

于是我引导学生分析：

当 A 是钝角时，由 $\sin A=\frac{3}{5}<\frac{\sqrt{2}}{2}=\sin 135°$，

$\therefore A>135°$。

$\because B$ 是锐角，$\therefore$ 由 $\sin B=\frac{12}{13}>\frac{\sqrt{2}}{2}=\sin 45°$，得 $B>45°$。

$\therefore A+B>180°$。这与"三角形内角和等于 180°"相矛盾，所以 A 不能为钝角。

因此，正确的答案应该是 $\cos C=\frac{16}{65}$。

【例2】已知 $x+2y=3$，求 x^2+y^2 的最小值。

解法一：$\because x^2+y^2\geqslant 2xy$，当且仅当 $x=y$ 时等号成立。将 $x=y$ 代入 $x+2y=3$，得 $x=y=1$，

$\therefore x^2+y^2$ 的最小值为 $2xy=2$。

解法二：由 $x+2y=3$ 得 $x=3-2y$，则

$$\begin{aligned}x^2+y^2&=(3-2y)^2+y^2\\&=5y^2-12y+9\\&=5\left(y-\frac{5}{6}\right)^2+\frac{9}{5}\geqslant\frac{9}{5}。\end{aligned}$$

$\therefore x^2+y^2$ 的最小值为 $\frac{9}{5}$。

“怎么？一个函数有两个最小值？”学生们十分惊奇。下面是师生的一段对话。

师：xy 是定值吗？

生：不是。

师：为什么？

生：因为满足 $x+2y=3$ 的变量有无数个，如当 $x=1$，$y=1$ 时，$xy=1$；当 $x=3$，$y=0$ 时，$xy=0$ 等。

师：很好！正因为 xy 不是定值，所以我们不能用 $x^2+y^2\geqslant 2xy$ 来确定 x^2+y^2 的最小值。可以分析，解法二是正确的。我们再来看另一种解法。（略）

【例3】如图 7-4，已知 $A=\{y \mid y=x^2-4x+3,\ x\in\mathbf{R}\}$，$B=\{y \mid y=-x^2-2x+2,\ x\in\mathbf{R}\}$，求 $A\cap B$。

师：因求交集，故由

$$\begin{cases} y=x^2-4x+3 \\ y=-x^2-2x+2 \end{cases}$$

消去 y，得方程 $2x^2-2x+1=0$

无实根，因而 $A\cap B=\varnothing$。

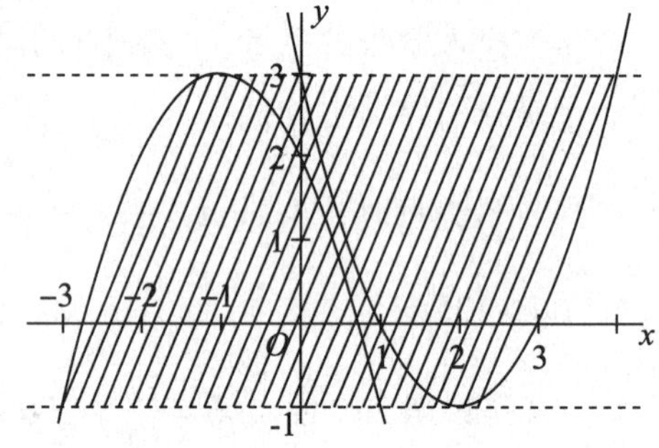

图 7-4

画出两条抛物线的图像，可以看到它们没有交点。

生：（个个在认真记笔记，没有异议。）

师：看不出这个解答有什么问题吗？

生：（小声议论，仍未发现有什么问题。）

师：解答错了！既有知识性错误，又有心理性错误。知识性错误是未弄清 A、B 元素是什么，把“数 y”误为“数对 $(x,\ y)$”，把“值域”误为两条抛物线的相交部分。心理性错误是未认真审题，凭老习惯，认为交集就是解方程组，就是找曲线的交点。

生：（不好意思地笑了。）

师：其实本题是求值域的交集，可通过做辅助线解题。

进一步引导学生求得 $A\cap B=[-1,\ 3]$。

请研究下列问题及解法。

【例4】设 $M=\{y \mid y=\cos^2\theta+i\sin^2\theta,\ \theta\in\mathbf{R}\}$，$N=\{z \mid z=(1+\cos\theta)+$

$i\sin\theta$，$\theta\in\mathbf{R}\}$，求 $M\cap N$。

解：由 $\cos^2\theta+i\sin^2\theta=(1+\cos\theta)+i\sin\theta$，……

能否利用这个错误的解答尝试进行“有意差错”的解题教学？

顺便说明的是，“有意差错”在同一课堂中不宜用得过多，否则会影响课堂教学效率。另外，教师在解题过程中，如果学生能及时指出错误步骤，要给予鼓励和表扬。

（2）回顾

“有意差错”，说白了就是“故意讲错”。记得初为人师时，我的一次“有意差错”，由于“错”得太逼真，又有意放到下节课“纠错”，学生回家后又和作为数学教师的家长探讨，结果竟误认为我的课“犯了科学性错误”。当然，当时我并不知道背后对我“有此一论”。

若干年后闻知此事，我报以一笑，发愤写了此文。当时我有一个愿望，就是希望那位数学老师能看到我发表的这篇文章。

（3）凝思

在实行课改的今天，教学评价环境对“有意差错”十分有利。一方面，已有不少老师践行于此；另一方面，评价者的“境界”也提高了。

当然，今天对“有意差错”的要求也提高了，“有意差错”还要进一步走向智慧、走向艺术、走向“无痕”。

（4）展望

著名数学特级教师张思明说，他的一位导师告诉他：“最好的老师是把学生托起来，而学生还以为是自己站得高呢。”这就是我们所说的“教育无痕”。

近读陈桂生教授《“教育”是什么?》一文（见《教师月刊》2009 年第 3 期），文中有这么一段话：“关于有意识地给出一个带有错误的命题，让学生把老师驳倒，徐特立在许多年前，就提出过类似的设想。只是从来未闻有谁做过这种尝试。”

我读了这段文字，想法有四：一是“带有错误的命题”这一说法值得商榷，命题分真命题和假命题，如果“带有错误的命题”中这“命题”是假命题呢？二是教师更多的是给出“有意的解题差错”，因此，将其说成“有意识地给出一个错误的解答”，也许更妥些；三是徐特立老先生早就有此设想，佩服不已！四是陈老“从未闻过有谁做过这种尝试”，那么，我在1992年时的做法可称“史上第一”？

第三节　从“数学好玩”到“玩好数学”

2002年8月，第24届国际数学家大会（ICM2002）在北京举行，92岁高龄的著名数学家陈省身在大会活动之一的“走进美妙的数学花园”中国少年数学论坛的开幕式上题词：数学好玩。第二天，中科院院士、数学家田刚也送给青少年数学爱好者四个字：玩好数学。

“数学好玩”是一个层次，“玩好数学”是更高的一个层次。没有“数学好玩”是不行的，但仅有“数学好玩”还是不够的，教师要引导学生从“数学好玩”走向“玩好数学”。

1. 数学好玩

(1）因为数学很新奇，所以“数学好玩”

先看一例：求证：$2>3$。

证明：

$\because \left(\frac{1}{2}\right)^2>\left(\frac{1}{2}\right)^3$,

$\therefore \lg\left(\frac{1}{2}\right)^2>\lg\left(\frac{1}{2}\right)^3$,

$\therefore 2\lg\left(\frac{1}{2}\right)>3\lg\left(\frac{1}{2}\right)$,

$\therefore 2>3$。

你感到惊奇吗？问题出在哪里呢？

(2）因为数学很有趣，所以“数学好玩”

有3个相同的盒子，其中一个里有一枚戒指，你能说出哪个盒子里有戒指吗？当你选定了以后，考官把其中一个没有戒指的盒子拿掉，这时你会改变主意吗？这不是游戏，其实是一道数学题，是不是很好玩？

其实，不论对谁而言，学好数学都要付出努力。但是，如果你有兴趣，数学就能变得“好玩”，变得美妙。正如数学家田刚说的：“有人觉得数学很枯燥、很深奥，但我觉得数学很漂亮、很干净。能否感受到数学的漂亮，关键看你的兴趣，只要有兴趣，数学就会变得迥然不同。”各种不同现象的背后都有着本质联系，如果能找到这种联系，你就会感受到数学无尽的魅力。

（3）因为数学很美，所以“数学好玩”

请看一节数学课的教学片段：

劣弧$\overset{\frown}{AB}$上的点和弦 AB 上的点哪个多（见图 7-5）？有人说：“$\overset{\frown}{AB}$上的点多。”理由是$\overset{\frown}{AB}$的长度大于弦 AB 的长度。而数学家却说：“$\overset{\frown}{AB}$上的点与弦 AB 上的点一样多。”到底谁是谁非，如果数学家说得对，又该如何解释呢？

图 7-5

我们建立以下对应：

f_1：$\overset{\frown}{AB}$上一点 $P \to P$ 在弦 AB 上的射影，如图 7-6；

f_2：$\overset{\frown}{AB}$上一点 $P \to OP$ 与弦 AB 的交点（O 为弦 AB 所在圆的圆心），如图 7-7。

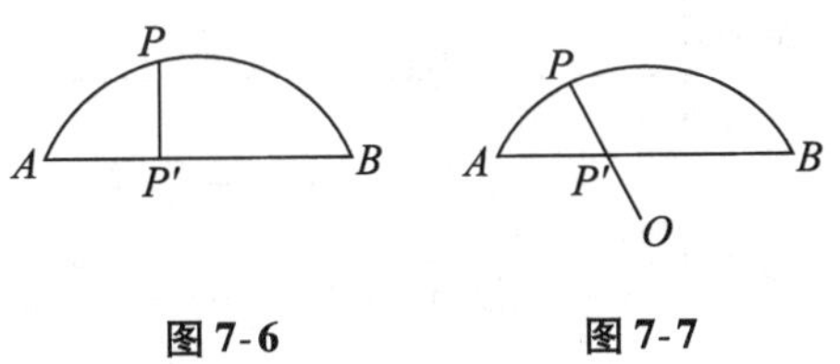

图 7-6　　图 7-7

由此可见，只要在$\overset{\frown}{AB}$上任取一点 P，就能在弦 AB 上找到一点 P' 与它对应，$\overset{\frown}{AB}$上的点不同，它在弦 AB 上的对应点也不同，弦 AB 上的每一点 P' 在$\overset{\frown}{AB}$上也都有点 P 和它对应。所以$\overset{\frown}{AB}$上的点与弦 AB 上的点一样多。

当然，这里讲的“多”与“一样多”只是一种直观的描述，同学们将来有可能学到数学家对它精确的描述，有兴趣的同学，课后还可以继续探讨。

通过这个例题，我们在“意料之外”与“令人震惊”之中，又一次体验到了数学之美。

（4）因为数学很有用，所以“数学好玩”

请看下面的摸彩游戏问题：倘若花 4 元钱可以买一张门票，然后按下面的方法去摸彩：掷一次骰子，按照出现的点数拿相同数量的钱。此外，如果出现了 4 点，那就再掷一次，拿钱方法与前面相同。你愿意试一试吗？

由于一个骰子有六面，最多的点数是 6，初看起来，似乎还是有利可图的。不过，先别急于做出决策，还是要分析一下。

对于这件事，我们可以采取两种行动，要么参加摸彩，要么不参加。如果不参加，就无所谓输赢，也可以说，这时净赢 0 元钱；如果参加摸彩，情况就复杂一些了。下面，我们通过树状图来描绘一下这件事情见图 7-8。图中的每一分支，都表示可能出现的一种结果，后面的钱数是在相应情况下净赚的钱数。

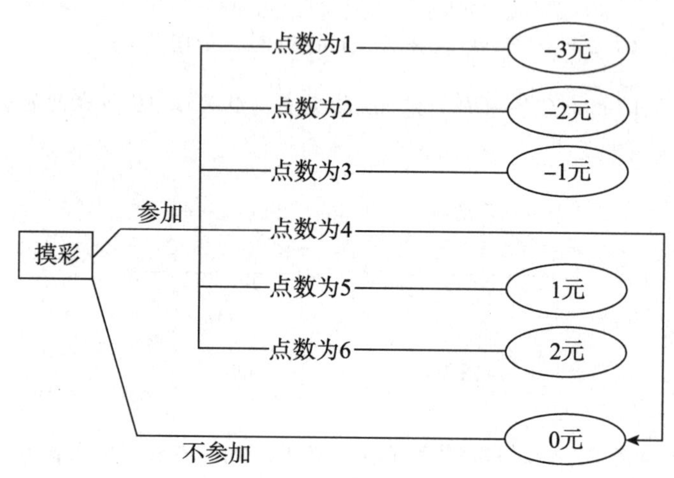

图 7-8

在掷骰子的过程中，每一面出现的机会都是一样的，即各种点数出现的可能性（概率）都是$\frac{1}{6}$。现在，我们来分别计算一下参加摸彩与不参加摸彩两种行动的期望值（指每一种可能净赚的钱数与相应的概率相乘，然后再将这些相乘后的值相加，即加权。通常人们总是希望自己采取的行动获得最大的期望值）。

不参加摸彩只有一种结构——净赚 0 元。那么，净赚 0 元的概率是多少呢？是1。因而，不参加摸彩的期望值就是$1\times0=0$（元）。

参加摸彩的期望值应是

$$(-3)\times\frac{1}{6}+(-2)\times\frac{1}{6}+(-1)\times\frac{1}{6}+1\times\frac{1}{6}+2\times\frac{1}{6}+\frac{1}{6}\left[A+\frac{1}{6}(A+\cdots)\right]$$

其中$A=(-3)\times\frac{1}{6}+(-2)\times\frac{1}{6}+(-1)\times\frac{1}{6}+1\times\frac{1}{6}+2\times\frac{1}{6}=-\frac{3}{6}$。

所以，参加摸彩的期望值为

$$(-3)\times\left(\frac{1}{6}+\frac{1}{6^2}+\frac{1}{6^3}+\cdots\right)=(-3)\times\frac{\frac{1}{6}}{1-\frac{1}{6}}=-\frac{3}{5}。$$

可见，参加摸彩的期望值是负值，也就是说，试图通过参加摸彩来赚钱的可能性极小。

因此，对于这类游戏，如果我们选择具有最大的期望的行动，那就是不参加摸彩！

“数学好玩”，就是保持一颗童心，保持了一份纯真、一份坦诚，就是把数学学习恢复到最单纯的目的——在玩中学习，在玩中陶冶性情，在玩中享受数学的乐趣。在玩中学习数学，就会发现数学不是枯燥无味的，学习者的心态就会是平和的，不受外界名利的干扰与纷争，有的只是对数学的热爱与兴趣。

玩是人的天性，在玩中完成工作和事业，可谓人生的最高境界。数学研究中难免会遇到失败和挫折，以一颗童心自嘲一下，也别有一番情趣。数学具有高度的抽象性、严密的逻辑性、广泛的应用性，这些有助于培养青少年的科学精神与良好的性格品质。

享受数学的“好玩”之处，不仅仅是数学家的特权。每当通过自己的思考解开一道难题，或用自己的眼睛发现证明或计算的错误时，那种豁然开朗的感觉正是对“数学好玩”的切身体验。即使将来不打算从事与数学相关的职业，少年时期的数学训练也将对你的思维方法产生影响，这种受益是伴随一生的。

2. 玩好数学

“数学好玩”，一位与科学终身相伴的老人，竟把最复杂、应用最广泛的学科用最简单的语言向少年学子进行介绍——这是一种欣赏。陈老在欣赏琢磨数学的过程中，又为理论物理作出了巨大贡献，这恐怕是他“玩”之前所始料不及的。

但对于我们，更为重要的是要“玩好数学”。

“玩好数学”并不容易，田刚院士数十年如一日潜心钻研，饱尝失败挫折的痛苦，便是明证。在追求数学的真与美的过程中，需要耐得住寂寞，需要付出超常的毅力。只有真正“玩好数学”的人，才会最终体会出“数学好玩”。

（1）“数学好玩”需要智慧

数学具有高度的抽象性、严密的逻辑性和广泛的应用性，“玩好数学”，没有智慧是不行的。

证明：素数有无限多个。

证明：假设素数只有有限个，设为 p_1，p_2，…，p_n。

考查数 $p_1 \cdot p_2 \cdot \cdots \cdot p_{n+1}$，它或者是一个素数，比一切 p_1，p_2，…，p_n 都大；或者它为合数，则包含有异于 p_1，p_2，…，p_n 的素因子。不论哪种情形，总还有另外的素数存在，与假设矛盾。因而素数有无限多个。

证法出奇制胜，是创造性构造反例的典型范例。

乍一看，题目给出的信息太少，证明似乎难度太大。因而，智慧而简捷的证明过程，更令人叹服。

（2）“玩好数学”需要意志

数学学习比较艰苦，学习过程中必然会遇到各种困难。如数学知识的抽象、数学论证的严谨、数学问题的多变、解题思路的曲折等。意志坚强的人会战胜困难，克服厌倦、急躁、急于求成的心理，锲而不舍，不达目的决不罢休，从而收获成功的乐趣；意志薄弱的人则常常缺乏信心，半途而废，尝到失败的苦果。

笔者曾经就一道看似普通的数学问题，请教张远南和王淼生两位数学名师，不料，两位名师都用了两个晚上和颇长的篇幅解决了这个问题。没有坚强的意志，是很难解决这个问题的。

问题：如图7-9，半径分别为 a，b，c 的三个圆 E，圆 F，圆 G 两两相外切，求同时与上述三个圆均外切的小圆 O 的半径 r。

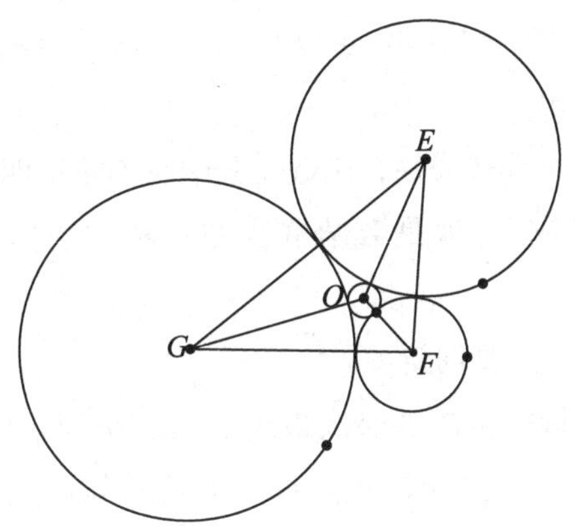

图 7-9

张老师从余弦定理、王老师从海伦公式，分别得到方程

$$\sqrt{abc(a+b+c)}=\sqrt{ac(a+c+r)r}+\sqrt{bc(b+c+r)r}+\sqrt{ab(a+b+r)r}。$$

解此方程，谈何容易！

读者不妨检验一下自己的意志，看看自己用多少时间能正确解出

$$r=\frac{abc}{ab+bc+ca+2\sqrt{abc(a+b+c)}}。$$

(3)“玩好数学”需要方法

英国著名的物理学家贝尔纳在《科学研究的艺术》中说过：“良好的方法能使我们更好地发挥运用天赋的才能，而拙劣的方法则可能阻碍才能的发挥。”由此可见，学习方法问题是关系到学习成败的关键问题。

问题：已知 a、b、c、$d\in[0, 1)$，

求证：$(1-a)(1-b)(1-c)(1-d)\geqslant 1-a-b-c-d$。

若将左边展开，再用求差比较法取证，也许行得通，但显然过于繁杂。从结构的递推性分析：

若“进”，似可推广为 $(1-x_1)(1-x_2)\cdots(1-x_n)\geqslant 1-x_1-x_2-\cdots x_n$，$x_n\in[0, 1)$；若“退”，似有 $(1-a)(1-b)\geqslant 1-a-b$。

我们采用“以退求进”的策略：

因 $ab\geqslant 0$，故 $1-a-b+ab\geqslant 1-a-b$，即 $(1-a)(1-b)\geqslant 1-a-b$。

$\because 1-c>0$，

$\therefore (1-a)(1-b)(1-c) \geqslant (1-a-b)(1-c) = 1-a-b-c+c(a+b) \geqslant 1-a-b-c$。

进一步可证得原不等式成立，用数学归纳法不难证明推广后的结论。

这里的“以退求进”，就是数学解题的一种方法，我们称之为“退下来，跃上去”。

(4)“玩好数学”需要创新

在数学思维中，最可贵的、层次最高的品质是创新性思维。在这方面，读者可读一篇我在《中学生语数外》杂志上发表的短文《一次数学解题遭遇战》:

一次数学解题遭遇战

参加科技夏令营的学生来自各个学校，有高中生，有初中生，也有小学生。一位老师在给高中组的学生讲一道题:

“正数 a，b，c，A，B，C 满足条件 $a+A=b+B=c+C=k$，求证: $aB+bC+cA<k^2$。”

老师说:“这是一道数学奥林匹克竞赛题。”并给出解答过程:

$\because k^3=(a+A)(b+B)(c+C)=abc+ABC+k(aB+bC+cA)>k(aB+bC+cA)$,

$\therefore aB+bC+cA<k^2$。

老师点题:“巧用放缩法，妙解奥赛题。”

高中生A说:“我有另一证法。”

由题设条件知，所证不等式可变形为

$a(k-b)+b(k-c)+c(k-a)-k^2<0$，且 a，b，$c\in(0, k)$。

把上式左端视为关于 c 的函数式，令 $f(c)=(k-a-b)c+k(a+b)-ab-k^2$。

当 $k-a-b=0$ 时，$f(c)=k^2-ab-k^2=-ab<0$;

当 $k-a-b\neq0$ 时，$f(c)$ 为一次函数，因而是 $(0, k)$ 上的单调函数，又 $f(0)=k(a+b)-ab-k^2=(k-a)(b-k)<0$，$f(k)=-ab<0$。

$\therefore f(c)$ 在 $(0, k)$ 上恒为负值。

$\therefore (k-a-b)c+k(a+b)-ab-k^2<0$，

故 $aB+bC+cA<k^2$。

高中生A点题："巧用构造法，妙解奥赛题。"

众人惊奇之时，初中生B说："不必那么复杂，画个三角形就可证得。"

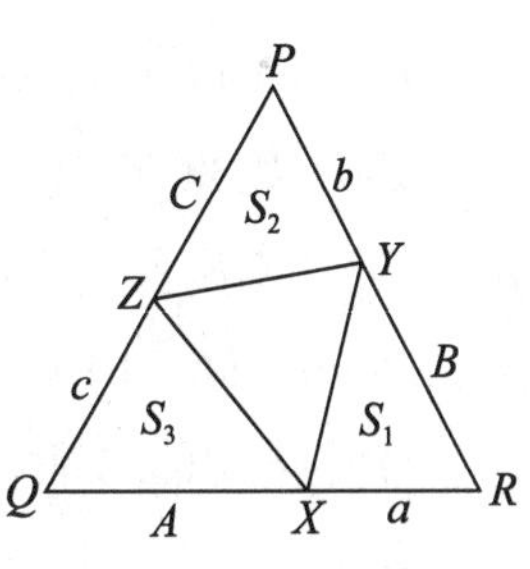

图 7-10

作边长为 k 的正三角形 PQR，如图 7-10，在三边上分别取三点 X、Y、Z，使 $QX=A$，$XR=a$，$RY=B$，$YP=b$，$PZ=C$，$ZQ=c$。

$\because S_1+S_2+S_3<S_{\text{三角形}PQR}$，

$\therefore \frac{1}{2}aB\sin60°+\frac{1}{2}bC\sin60°+\frac{1}{2}cA\sin60°<\frac{1}{2}k\cdot k\sin60°$，

$\therefore aB+bC+cA<k^2$。

初中生点题："巧用正三角形，妙解奥赛题。"

众人惊喜。

这时，来凑热闹的小学生C说："还可以再简单一些。"

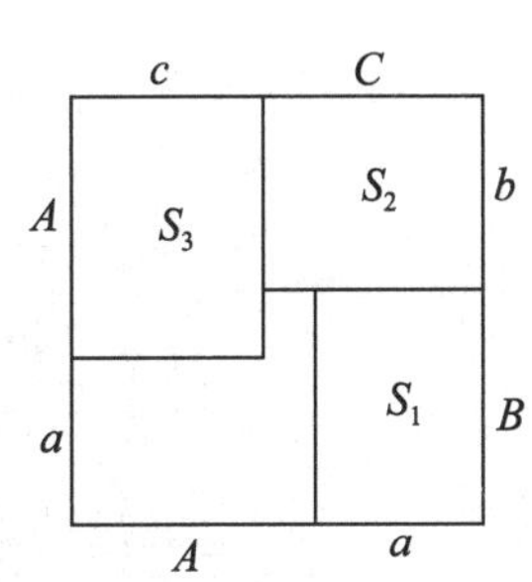

图 7-11

作边长为 k 的正方形，有关尺寸如图 7-11。

$\because S_1+S_2+S_3<S_{\text{正方形}}$，

$\therefore aB+bC+cA<k^2$。

初中生笑了，高中生不好意思了，老师先是惊得目瞪口呆，继而发出会心的微笑，连称："好，好，你们都是好样的！"

我把这篇自认为"得意之作"印发给学生看，过了几天，两个学生又给我看了他们的新证法，并说："证明繁了点，但很有新意。"

学生采用的一是"构造正方体，利用体积关系"的证法：

原不等式等价于 $k(aB+bC+cA)<k^3$。

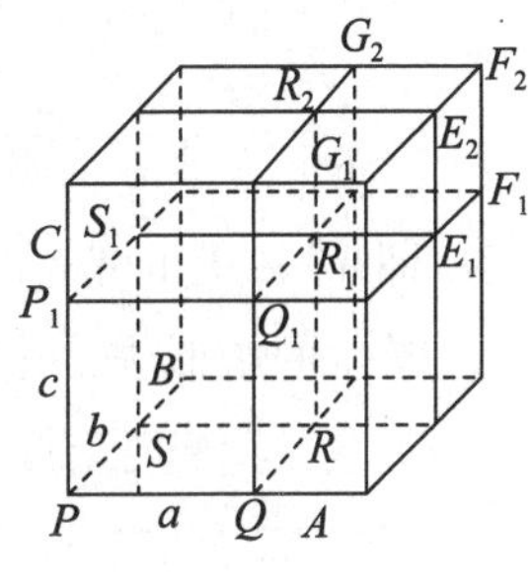

图 7-12

如图 7-12，构造边长为 k 的正方体，且令 $PQ=a$，

$PS=b$，$PP_1=c$，则 $k(aB+bC+cA)=kaB+kbC+kcA=(c+C)aB+(a+A)bC+(b+B)cA=caB+CaB+abC+AbC+bcA+BcA$。

通过观察发现，上式是正方体中去掉长方体 $PQRS\text{-}P_1Q_1R_1S_1$ 和 $R_1E_1F_1G_1\text{-}R_2E_2F_2G_2$ 后的六个小长方体体积之和，所以 $k(aB+bC+cA)<k^3$，即 $aB+bC+cA<k^2$。

学生采用的二是“构造独立事件，利用概率性质”的证法：

不等式 $aB+bC+cA<k^2$ 两边除以 k^2 得

$$\frac{a}{k}\cdot\frac{B}{k}+\frac{b}{k}\cdot\frac{C}{k}+\frac{c}{k}\cdot\frac{A}{k}<1。$$

等式 $a+A=b+B=c+C=k$ 同除以 k 得

$$\frac{a}{k}+\frac{A}{k}=\frac{b}{k}+\frac{B}{k}=\frac{c}{k}+\frac{C}{k}=1。$$

显然，$0<\frac{a}{k}$，$\frac{b}{k}$，$\frac{c}{k}<1$，设 X，Y，Z 是三个独立事件，且令 $P(X)=\frac{a}{k}$，$P(Y)=\frac{b}{k}$，$P(Z)=\frac{c}{k}$，则有

$$\begin{aligned}P(X+Y+Z)&=P(X)+P(Y)+P(Z)-P(XY)-P(YZ)-P(ZX)+P(XYZ)\\&=\frac{a}{k}+\frac{b}{k}+\frac{c}{k}-\frac{ab}{k^2}-\frac{bc}{k^2}-\frac{ca}{k^2}+\frac{abc}{k^3}\\&>\left(\frac{a}{k}-\frac{ab}{k^2}\right)+\left(\frac{b}{k}-\frac{bc}{k^2}\right)+\left(\frac{c}{k}-\frac{ca}{k^2}\right)\\&=\frac{a}{k}\left(1-\frac{b}{k}\right)+\frac{b}{k}\left(1-\frac{c}{k}\right)+\frac{c}{k}\left(1-\frac{a}{k}\right)\\&=\frac{a}{k}\cdot\frac{B}{k}+\frac{b}{k}\cdot\frac{C}{k}+\frac{c}{k}\cdot\frac{A}{k},\end{aligned}$$

$\because P(X+Y+Z)\leqslant 1$，

$\therefore \frac{a}{k}\cdot\frac{B}{k}+\frac{b}{k}\cdot\frac{C}{k}+\frac{c}{k}\cdot\frac{A}{k}<1$，

即 $aB+bC+cA<k^2$。

学生的新证法，让我惊愕不已。

于是，我经常对学生这样说：

“愿大家都能感受到‘数学好玩’，并能‘玩好数学’。玩吧，要玩就玩数学。”

第四节　教学永远是一门遗憾的艺术

电影是遗憾的艺术，因为不可能重拍；建筑是一门遗憾的艺术，因为不可能重建。教学也永远是一门遗憾的艺术，没有最好，只有更好。正因为教学有缺憾，才需要反思；也正因为有反思，才促使我们不断进取，才会有创新。教师职业的真正价值，就在于能不断地实现超越自我和完善自我。

正视遗憾，保持对教学艺术的敬畏，努力追求教学艺术的完美，做更好的教师，是我们应该持有的教学价值观。

1. 数学教学艺术在追求“完美”中升华

说到追求完美的数学课堂教学，我觉得黄成安老师的《试论数学课堂教学的“五级品位”》［发表于《中学数学教学参考》2009 年第 10 期（上旬）］一文，就是激励教师追求完美的数学“极品课”。

通过长期的实践、探索、思考与研讨，黄老师形成了评价数学课“五级品位”的概念，即“废品、次品、正品、精品、极品”。这一概念的主要内容如下。

评课时，先根据数学课的整体水平、教学能力和教学效果确定其品位，然后在某品位中可有上下浮动，最后确定其品位。满分以 100 分计。

（1）废品课

分值在区间［0，50］的数学课，为废品课。

评定标准：教学程序结构不科学，教学思路无条理，对教材的理解肤浅，驾驭调控能力差，教学的各个环节衔接不合理，教学基本功不过硬，有严重的科学性错误，教学效果很差。

（2）次品课

分值在区间［51，69］的数学课，为次品课。

评定标准：教学程序结构不甚科学，教学思路条理性不强，对教材的理解不够深入，驾驭能力较差，教学过程中有明显的瑕疵，教学基本功不太过硬，学生的活动量较小，教学效果较差。

（3）正品课

分值在区间［70，84］的数学课，为正品课。

评定标准：教学程序结构比较科学，教学思路有条理，对教材的理解比较深入，教学没有明显的瑕疵，教学基本功比较过硬，学生的活动量适当，教学效果较好。

（4）精品课

分值在区间［85，94］的数学课，为精品课。

评定标准：教学程序结构科学，教学思路条理性强，对教材的理解深入、透彻，驾驭调控能力强，教学各个环节的衔接得当，教学基本功扎实，教学有一定的创意，学生活动充分，教学效果好。

（5）极品课

分值在区间［95，100］的数学课，为极品课。

评定标准：教学程序结构与思路科学合理，教学条理性、逻辑性很强，对教材的理解非常深入、透彻，驾驭调控能力很强，教学基本功过硬，课堂气氛活跃，文化气息浓郁，情趣盎然，波澜起伏，创新意识强，有鲜明的教学特色，充分调动学生的积极性，很好地达成多元化的教学目标。

树立了"五级品位"数学课的概念，数学教师，特别是中青年数学教师就有了明确的奋斗目标。一般说来，评课时"废品课"和"次品课"极少，数学教师可以对照"五级品位"给自己的数学课定位。要做更好的数学的教师，就要"杜绝废品，避免次品，保证正品，力求精品，进击极品"，让数学教学艺术在追求"完美"中升华。

2. 我的一节数学课例：如何才能更完美

下面给出我的一节初二年级的数学教学课例，读者可对照上述"五级品位"标准，给我评个"品"，并指出如果这节课还要更完美些，可以怎样进行？

数学教学课例：四等分圆面积

思维是人类特有的一种精神活动。孔子说"学而不思则罔"，意思是说"只读书而不思考，就等于没有读书"。

发散思维，即求异思维，是从一到多的思维，它往往是从一个问题、一个条件、一个已知事项出发，沿着不同的方向，从不同的角度，去寻求不同的答案。

其特殊，表现为思维活动的多向性；

其功能，表现为可不断挖掘深层信息，创新思路和方法；

其操作，表现为由点到线、由线到网、由网到体的思维境界。

有人说，发散思维是“思维与灵魂的对话”，也有人说，发散思维训练，可以让人深深体味到“纸上得来终觉浅，心中悟出方知深”的真谛。

发散思维训练，有许多方法和典型例题，就数学而言，我觉得“四等分圆面积”问题，就是一个很好的“题根”。

问题：将一个半径为 r 的圆分成四个面积相等的部分，请尽可能多地设计分割方法，并分析哪些方法可以用尺子和圆规作出。

我们相信，图 7-13 是全班同学都会想到的分割方法。

图 7-14 和图 7-15 的分割方法也不是很难想到的。

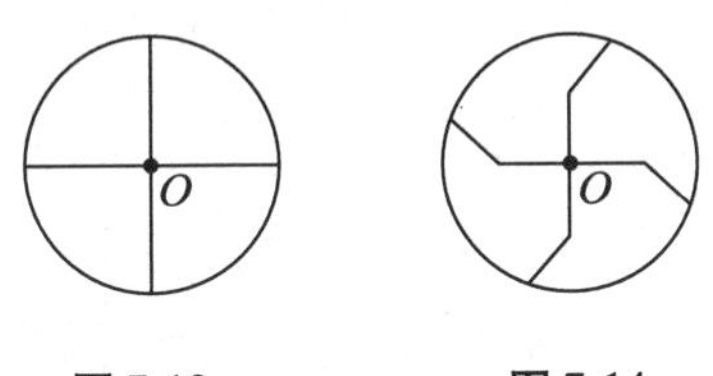

图 7-13　　图 7-14　　图 7-15

此时，我引导学生找规律、抓本质，揭示图 7-13、7-14、7-15 的实质：由圆心 O 与圆周上一点 P“任意连线”，将连线连续三次向同一方向旋转 90 度，即“一般性地解决了这类问题”，再见图 7-16，特别说明，这条“连线”可以是曲线，只要这条曲线尺规能作出，则可以由尺规分割。这种分割法，其实可以作出无数种。

但是，上述方法均未突破“全等”的情形。能否突破“全等”的情形，有分割成“不全等”的情形呢?

我相信，学生一定能发现，半径为 $\frac{r}{2}$ 的圆的面积是原来圆面积的 $\frac{1}{4}$。

沿着这条线索，可得到图 7-17、图 7-18。

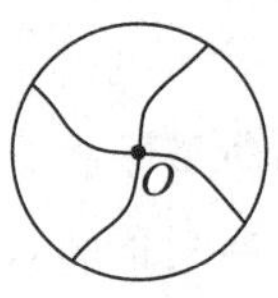

图 7-16

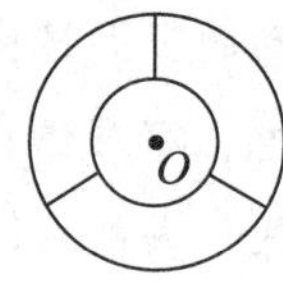

图 7-17

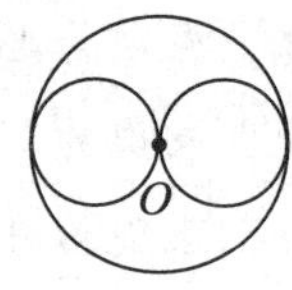

图 7-18

此时，教师要给学生极大的鼓励，因为学生有突破。

还能沿着这一思维方式再挖一点吗?

学生跃跃欲试，全班安静下来，突然，有个学生叫道：“我有了。”

图 7-19 的构造令我惊愕！也令全班同学惊愕！继而全班同学情不自禁地鼓掌，这是对学生智慧的最高赞赏，让学生体会到了探索的快乐和成功的快乐。

“先告一段落，再往别处想。”我启发道。

一会儿，就有了图 7-20 和图 7-21。

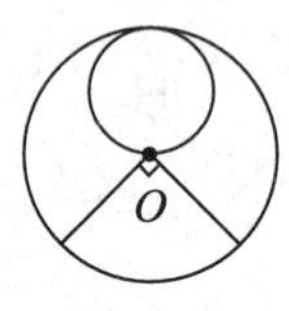

图 7-19

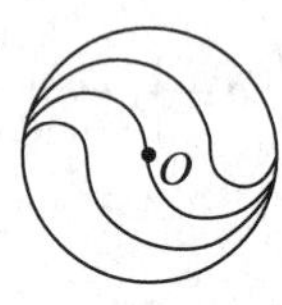

图 7-20

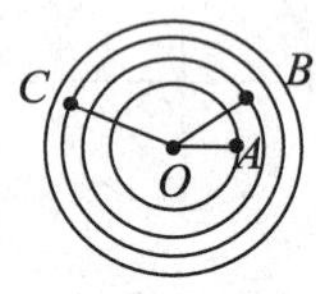

图 7-21

图 7-20 是很美丽的，图 7-21 是很有创意的。

图 7-13 ~ 图 7-20 是可以用尺规作出来的，图 7-21 呢?

不难算出，$OA=\frac{r}{2}$，$OB=\frac{\sqrt{2}r}{2}$，$OC=\frac{\sqrt{3}r}{2}$。如何用尺规出它们呢?

OA 容易作出，让我们就以$\frac{r}{2}$为半径作圆 O，如图 7-22。

图 7-22 中，圆 O 的直径为 r，AB 为圆 O 的直径两端端点，作线段 AB 的垂直平分线交圆 O 于 CD，以 A 为圆心，$\frac{r}{2}$为半径画弧，交圆 O 于 E，连接 AD、BD、BE，则 $BD=\frac{\sqrt{2}r}{2}$，$BE=\frac{\sqrt{3}r}{2}$。这样，我们就可以以 O 为圆心，分别以$\frac{r}{2}$，$\frac{\sqrt{2}r}{2}$，$\frac{\sqrt{3}r}{2}$，r 为半径作圆，得到图 7-21。

受前面分割的启发，有学生画出了图 7-23，思维简捷，又有创意！但计算后发现，还不能用尺规作出，因为涉及圆周率。

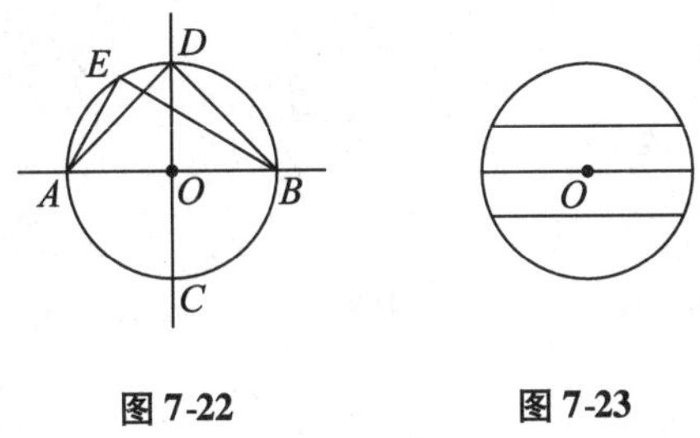

图 7-22　　图 7-23

我风趣地说："谁能只用尺规作出来，他就在世界上创造了奇迹！"学生们兴奋起来了。

我接着说："其实，那是不可能的，它是几何三大不可能问题。"因为我不想让学生在此花费太多的精力。

学生的思维打开后，我不失时机地进行启发，希望学生再发散、再联想。于是又有了不少的新发现：图 7-24、图 7-25、图 7-26 是可以用尺规作出的，图 7-27、图 7-28、图 7-29 创意新颖，但不能用尺规作出。

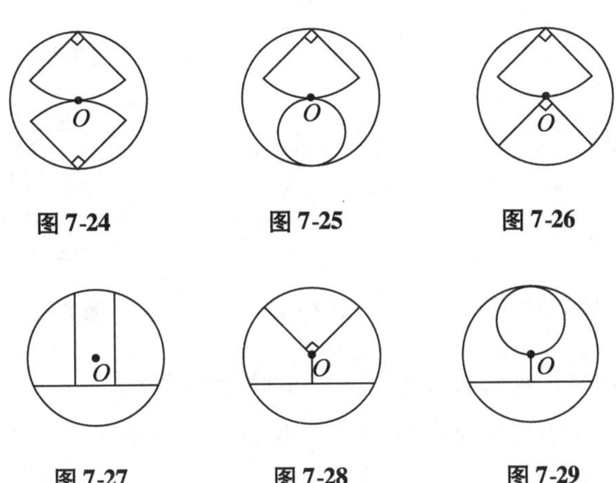

图 7-24　　图 7-25　　图 7-26

图 7-27　　图 7-28　　图 7-29

一石激起千层浪。学生思如泉涌，个个开动脑筋，或组合构造，或另辟蹊径，或"胡思乱想"，又得到如下 12 个图形。

这时，又有学生指出，许多分割还可以有新的"小变化"，如图 7-30 中的 OA、OB、OC，不一定均为线段，也可以是"相似的曲线"；类似地，图 7-31 中的 OA、OB，图 7-32 中的 AB、CD，图 7-36 中的 AB，均可变化；图 7-33 中的最里面的小圆不一定“同心”，只要“内含”或“内切”即可。

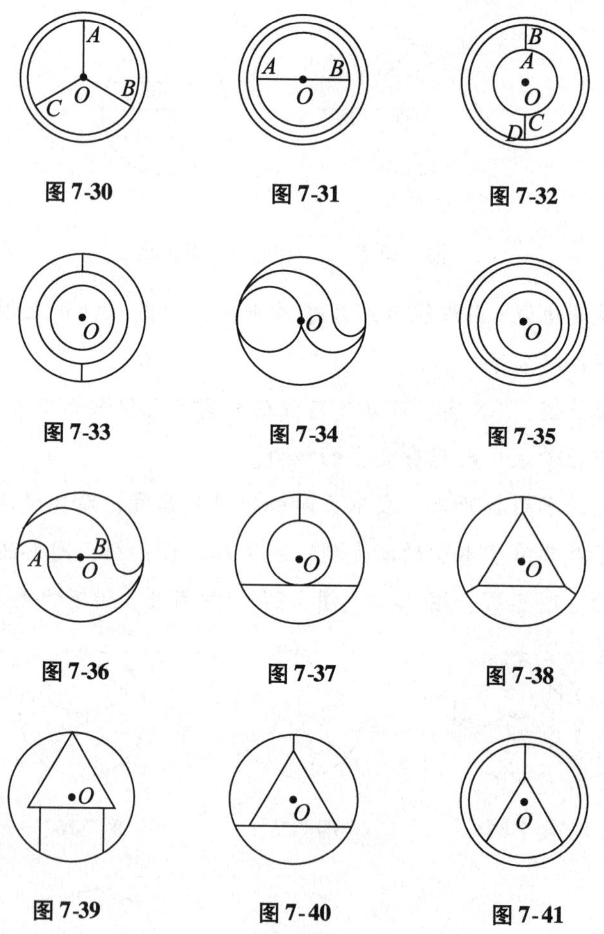

图 7-30　图 7-31　图 7-32

图 7-33　图 7-34　图 7-35

图 7-36　图 7-37　图 7-38

图 7-39　图 7-40　图 7-41

这样说来，我们又可以得到许多种分割方法。

我正得意于这节课的颇多意外收获时，一个学生又大声叫了起来：“老师，有很多图形可以‘动’！”

“哪些图形可以动？又怎么动？”惊喜之余，我佯装自己也没弄明白，笑眯眯地问。

学生答：“图 7-21 的每个圆都可以动，不必同心，只要相对内含或内切即可。”

我惊叹：“哇，动起来真漂亮！”

又有不少学生补充说："图7-32中间的圆也可沿AB、CD所在直线上移动。""图7-33也可以动。"

"图7-23可以动！"一个数学学得不太好、平时不善于发言的学生，此时也憋不住了。他还给出了四个变形图：

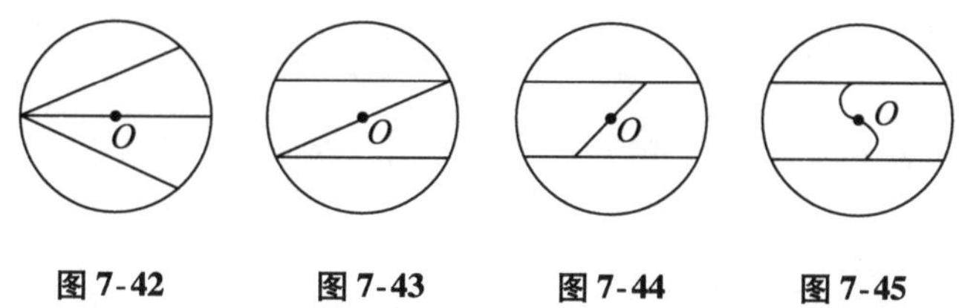

图7-42　图7-43　图7-44　图7-45

有学生反驳道："这几个图尺规作不出。"我抢过话头，说："虽然尺规作不出，但想法很有创意，很有价值！"我特别强调"很有"，是因为学生的"偶尔闪光"，需要教师的充分表扬和肯定。

我看"发散"得差不多了，便开始归纳总结，在归纳中类比，在类比中再发现新的分割法。

总结：可知面积为圆面积$\frac{1}{4}$的"基本图形"的组合。

下列图中的阴影部分为"基本图形"：

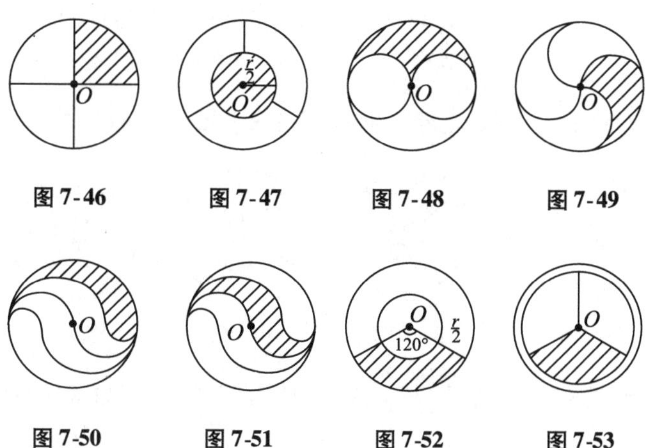

图7-46　图7-47　图7-48　图7-49

图7-50　图7-51　图7-52　图7-53

(1) 一个"基本图形"的四次组合：情况太少。

仅有图7-46、图7-49两类。

(2) 两个"基本图形"的组合：异彩纷呈。

图 7-48、图 7-50、图 7-51、图 7-54 ~ 图 7-57 是同一个“基本图形”的二次使用。

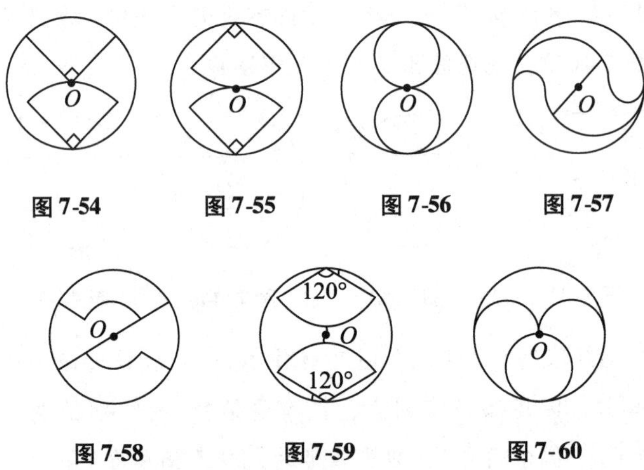

图 7-54　图 7-55　图 7-56　图 7-57

图 7-58　图 7-59　图 7-60

这时，有学生说，图 7-58、图 7-59 还可以变化：“基本图形”还可以“转”，得到图 7-61、图 7-62。

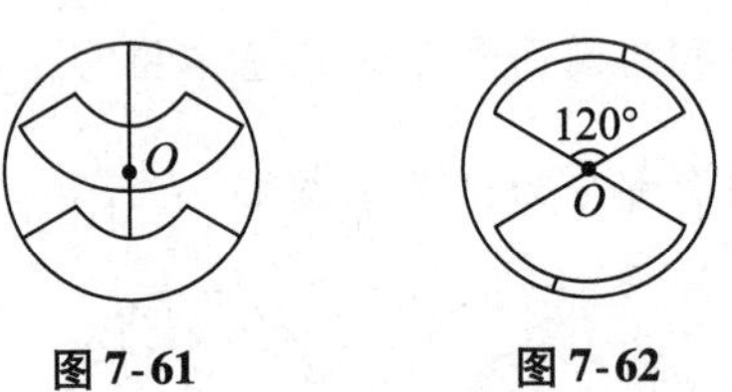

图 7-61　图 7-62

图 7-57—图 7-66 是两个不同的“基本图形”的组合。

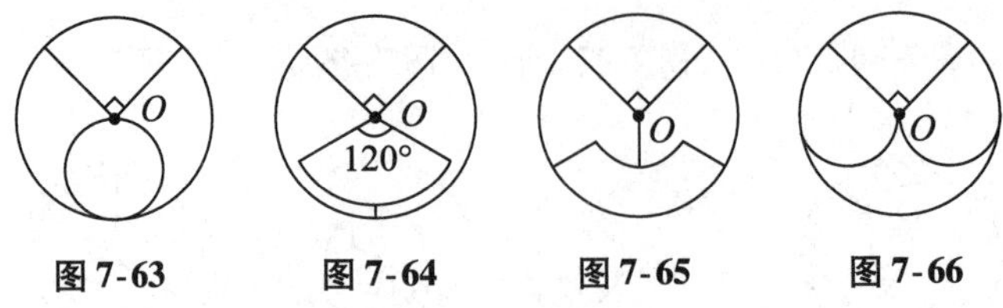

图 7-63　图 7-64　图 7-65　图 7-66

一个“直角扇形”与其他“基本图形”的组合已经“眼花缭乱”了。

下面考虑“半径为$\frac{1}{2}r$的圆”与其他“基本图形”的组合，前面已经重复的图 7-56 ~ 图 7-60 等不再列出。

图 7-67

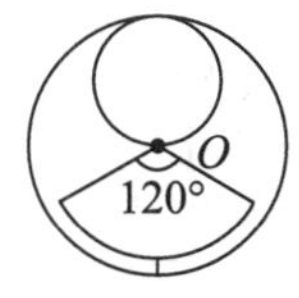

图 7-68

其他“扇形”“扇环”的组合还有：

图 7-69

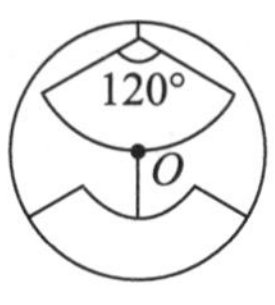

图 7-70

图 7-71

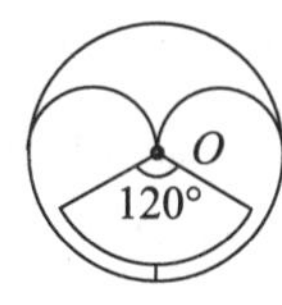

图 7-72

(3) 三个“基本图形”的组合：巧夺天工。

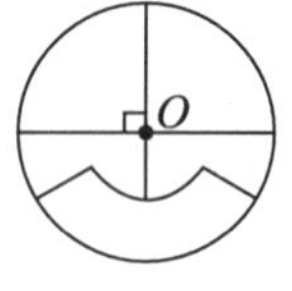

图 7-73

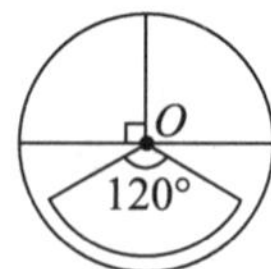

图 7-74

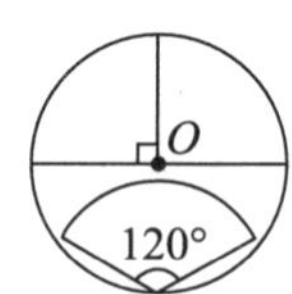

图 7-75

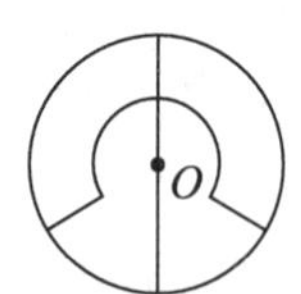

图 7-76

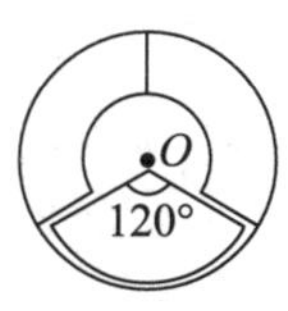

图 7-77

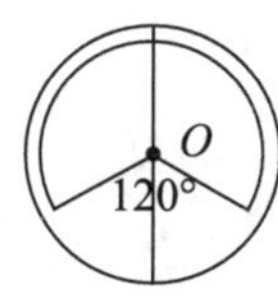

图 7-78

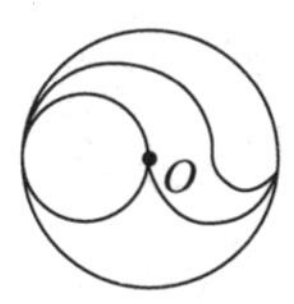

图 7-79

图 7-80

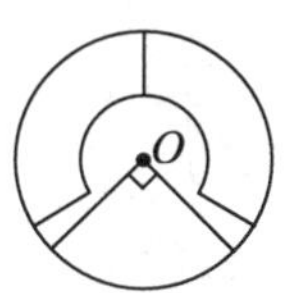

图 7-81

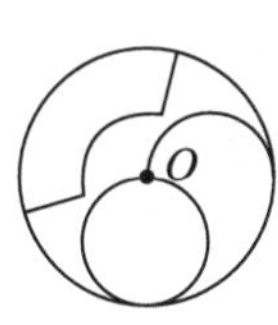

图 7-82

图 7-83

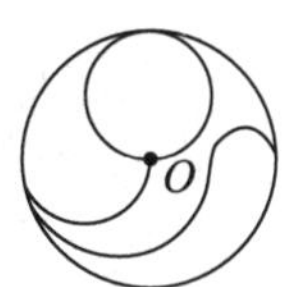

图 7-84

图 7-85

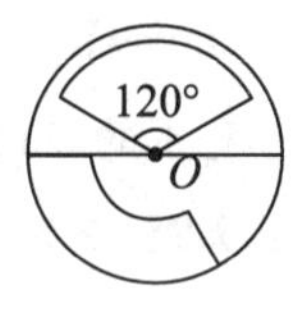

图 7-86

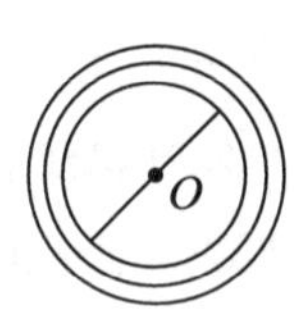

图 7-87

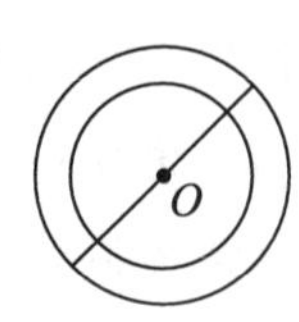

图 7-88

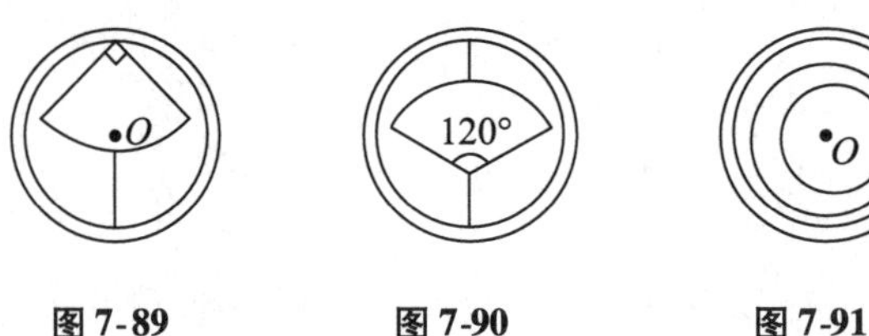

图 7-89　　图 7-90　　图 7-91

肯定还有许多新的、可用尺规作图的分割法。

我问学生，可否增加一些限制条件，学生纷纷作答。

变 1：用尺规将一个圆的面积四等分，且分割线必须通过直径的两个端点 A 和 B。

变 2：用尺规将一个圆的面积四等分，且分割后的四个图形全不相同。

……

显然满足变 2 的分割方案有图 7-79、图 7-82、图 7-83、图 7-84、图 7-85、图 7-86、图 7-91 等。

这时，有位一直没有发言的学生举手要求发言，他说：“老师，还有好多新的分割法。如果把下面图中的阴影也作为‘基本图形’的话。”之后，他索性走上讲台，画了起来。

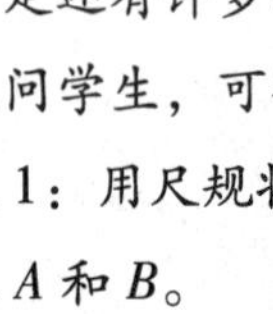

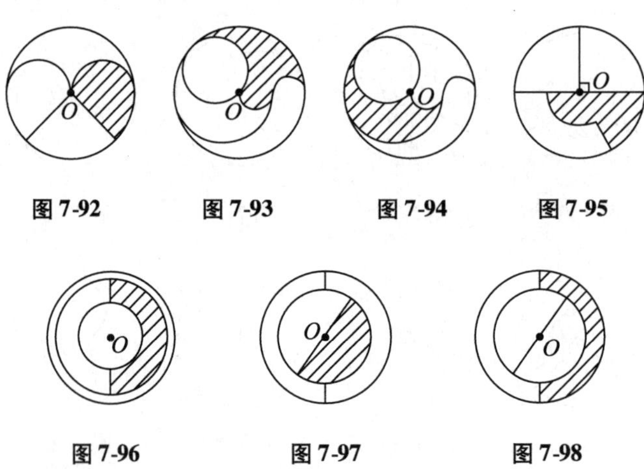

图 7-92 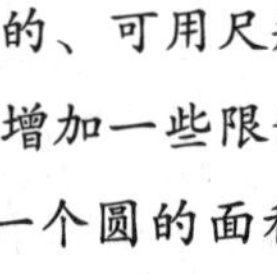　　图 7-93 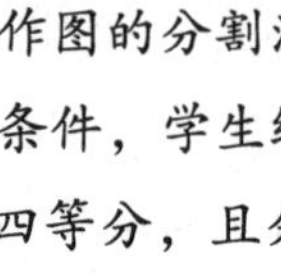　　图 7-94 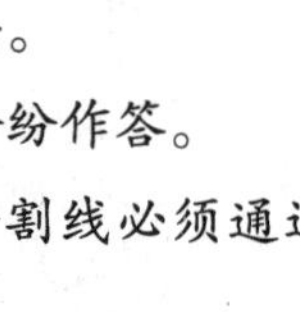　　图 7-95

图 7-96　　图 7-97　　图 7-98

“哇！”全班惊叫声一片，我也非常激动。

是啊，这样一来，又可以组合出更多的新的分割方法。

这位学生再次走上讲台，仅取图 7-98 中的“基本图形”，随便画了几个。一边画一边说：“图 7-104 分割的图形全不同！”

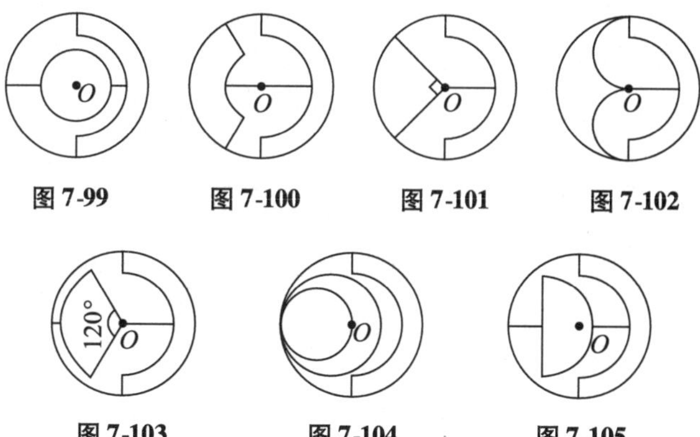

图 7-99　图 7-100　图 7-101　图 7-102

图 7-103　图 7-104　图 7-105

他又画了图 7-106，还说此图可作，因为 $r<\sqrt{2}r<\frac{3}{2}r$。

班里爆发出一片掌声。

过了一个多月，一个学生发来邮件，说他又发现了新的分割法，见图 7-107。

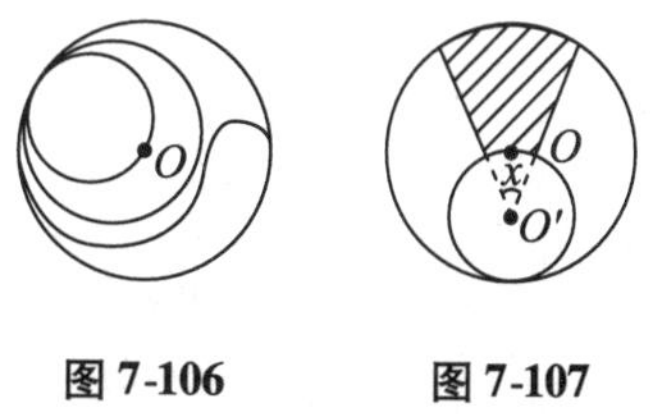

图 7-106　图 7-107

这位学生还通过计算，说明图 7-107 可采用尺规作图，并计算如下：

由 $S_{阴}=\frac{x}{2\pi}\cdot\pi\left(\frac{3r}{2}\right)^2-\frac{x}{2\pi}\cdot\pi\left(\frac{r}{2}\right)^2=\frac{1}{4}\pi r^2$，得 $x=\frac{\pi}{4}$。

又是一个全新的创举！我激动不已，准备第二天上课时向全班“庄严宣布”。

当时，我立即打电话，向这位学生祝贺，充分肯定他的探索精神。并立即把这个新发现，写进了自己的教案本。

忽然，我发现这种分割“有问题”！

为了不伤这位学生的心，当晚我没有再给这位学生打电话，我要让他自己发现“有问题”，当晚他若自己没找出，第二天，我会让他自己找出“漏洞”，而他若找到了，我将再赞美他一次。

读者朋友们，你发现“漏洞”了吗？

第八章
走向优秀之发展篇

国运兴衰，系于教育；教育大计，教师为本。教师是教育的支柱，教师发展的水平，决定着教育发展的水平。

教师发展，是指教师生命潜能和价值的有目的、有方向、有策略的延伸和扩展。教师发展目标的实现需要多种因素的协调发展，主要包括在全面发展中特色发展、在自主发展中充分发展、在专业发展中持续发展、在跨越发展中和谐发展。

第一节　在全面发展中特色发展

所谓全面发展，是指每一个人自身所蕴涵的全部潜能的多方面发展。具体包括：政治思想上——为了民族的复兴，为了学生的发展；道德人格上——师德高尚，行为示范；智慧能力上——聪明颖悟，敏锐机智；文化知识上——科学与人文有侧重、需兼顾，广博与精深有联系、需融合；身心素质上——体格健壮，开朗乐观。

所谓特色发展，就是在发展过程中，要逐步形成自己独有的相对稳定的风格，形成自己的教育教学特色。

全面发展不是平衡发展，也不排斥个性发展，优秀教师要在全面发展中实现特色发展。

1. 教师发展之“基”——全面发展

（1）师德 · 师能 · 师智 · 师魂

教师要全面发展，师德是基本条件，德能并重是稍高的要求，新课改呼唤教师智慧，教育文化促使教师要走向师魂的境界。

师德，就是教师的职业道德。师德是一个古老而崭新的话题，也是人类文明的永恒主题。有人说，崇高师德，就是要求教师在燃烧别人的时候，首先要燃烧自己。而燃烧自己，就是学高为师、行为示范，以人格感召，以魅力熏陶。崇高师德不但是教育事业对教师的要求和新形势对教师的呼唤，而且是教师实现自我创新的本源。

师能，就是教师的职业能力。教师教学能力的高低，直接影响教学效果和育人水平，是教师重要的职业修养。当教师容易，当好教师不易。时代在呼唤师德的同时也在呼唤师能，只有德能并重，才能树立新世纪教师的形象，才能更好地完成高要求的教育教学任务。熟练的教育教学技能，是师能；娴熟的课堂驾驭能力，是师能；灵活机动的教育机智，是师能；人际关系的处理能力，是师能。更新知识学会学习，是师能；不断探索力求创新，是师能；能微机、会电教、善科研，是师能；审美高雅、身心健康，是师能。会上必修课，是一个层次的师能；还会上选修课、上活动课、开各种讲座，是高一个层次的师能。成为教学能手，是一个层次的师能；但若实现高层次的师能，教师还必须成为学者型的教师，即必须是一个教育教学的研究者。

师智，就是教师的智慧。由于教无定法，而且我们面对的是性格各异的学生，所以教学情景多样，教学难以预测，教学异彩纷呈。面对瞬息万变的教育情境，准确迅速地作出判断，恰到好处地妥善处理，从而收到理想的教育效果，达到最佳的教育境界，这就是教师的教育智慧。现代社会中，一位优秀教师的智慧必须是精与博的有效结合。在专业技能和理论水准方面，必须力求精深；在人文精神和科研理念方面，必须力求广博；在一般智力结构和特殊的思维品质方面，必须力求合理有效。应变性、直觉性、灵活性、巧妙性、幽默性是教师智慧的表现。

师魂，就是教师的灵魂。师魂是教师综合素质的体现，是教师的人格风范。“经师易找，人师难求”，这里的人师，就是指教师的人格风范。为人师者，方可以德育德、以才培才、以学促学、以趣激趣、以情动情、以性养性、以意练意、以行导行。师之魂，体现在教师的一言一行和一举一动中，既体现了自己的形象，又时时润入学生的心田。教师的职业是美好的，当师魂达到一定境界的时候，教师才能在对这种美好的理解和追求中，真切地体验并自然地表现出这种美好。师魂，是一种境界，更是一种职业的操守。

（2）多方努力促进自身全面发展

我们认为，可以通过校本教研的“培训”、专家引领的“作用”、实践活动的“舞台”，促进教师全面发展。

一是通过校本教研的“培训”，促进教师全面发展。

广大教师要积极参加各类学习活动，尽量做到既听理论讲座，又观课例教学；既注重学历教育，又注重非学历教育；既积极自主成长，又积极参加集体培训；既积极进行校内交流，又主动与校外交流；既参与课题研究，又不脱离教学实践。通过深入、具体的学习、研讨与实践活动，提高终身学习的意识，更新教育观念，树立正确的教育观、人才观、质量观及世界观，提升理论水平和教育、教学能力。

学校应广泛订阅各种教育、教学方面的报刊、杂志，供教师学习和参考，让教师及时了解国内外最新的教育、教学动态，使教师开阔视野、增长见识、学习技能，掌握现代教育、教学方法和手段，是丰富教师的专业学识、提高教师的业务素质和教学能力的有效途径。

二是通过专家引领的“作用”，促进教师全面发展。

听专家讲座，可以在较短时间内了解专家的教育理念、教育思想及其对某些教育问题的见解，使自己获得某些方面的教育启迪，对某些领域进行深入思考，激发自己对教育问题的探究热情。

与专家的对话，教师和专家畅谈各自的思考和观点，相互启发、补充和丰富。如果说，教师聆听专家讲座是一种单向接受，那么，与专家对话则更多的是双向甚至多向的交流；如果说，“讲座”是专家对教师教育思想和理念的浸润，那么“对话”则是专家与教师的智慧碰撞。能与专家充分对话的教师，肯定也是有思想、有底蕴、有内涵的优秀教师。

请专家诊断，通过专家对校本研究和实践过程中的问题、思考、实践、成果等的阶段性诊断和鉴定，进一步提高校本研究的实效。

三是通过实践活动的“舞台”，促进教师全面发展。

综合实践活动是一门有别于学科课程的新型课程。它超越了单一学科的界限，将人类社会的综合性课题、跨学科知识和学生感兴趣的问题，以实践活动的形式统一起来，实现了理论与实践、课内与课外、校内与校外的有机结合，促进了理论知识与实践知识、单一学科与跨学科知识的结合。

综合实践活动强调学生通过探究性学习、社会参与性学习、体验性学习和操作性学习等多种实践性学习活动方式，对课堂教学空间和教材加以拓展，改变学生在教育中的学习方式和生活方式，把学生的探究发现、大胆质疑、调查研究、实验论证、合作交流、社会参与、社区服务以及劳动和技术实践等作为重要的发展性教育活动，便于校本课程植根于社区和学校现有的资源中，量力而行，合理开发，不断丰富和完善。

综合实践活动不仅成就了学生，也培养了老师，使教师们得到了真正的成长。这是因为综合实践活动课程本身对教师极富挑战性，它要求教师不断提升素质，有能力进行指导，因此有进取心的教师就能在此过程中实现自我提高、自我发展。

2. 教师发展之“能”——特色发展

我们知道，创新决定发展力，特色决定竞争力，细节决定执行力，和谐

决定稳定力。

研究名师的成功个性，我们得到如下成果。

(1) 个性魅力：多种因素的完美结合

名师的成功个性和独特魅力，源于多种因素的完美结合，是多方面共同作用的结果，具有整体性。名师的人生理想、不断追求卓越的教育信念是其成功的前提，和推动其人生发展的强大动力；全面扎实的专业能力是名师适应教师职业、赢得学生和各方支持、走向成功的基本条件；灵活有效的自我调节是教师成功的保障。

千变万化的教育实践，需要教师有自知之明，能正确认识自身的差距，树立终身学习理念，不断提高教育教学素养，以适应时代的要求。

个性固然是名师成功的重要因素，但个性因素必须与特定的社会环境、人生机遇、领导重视等因素结合起来，才能发挥积极的作用，促进教师成功发展。

(2) 个性特色：教育教学中逐步形成

名师成功的个性特色，是在其长期的人生经历和丰富的教育教学实践中形成的，它一方面沿着教育教学的惯性朝着某个方向发展，另一方面又不断吸纳新的教育理念和教育教学艺术，是一个不断发展、不断深化的过程。

名师个性的形成，既包含先天因素，又具有社会性，受教师的家庭生活条件、学校教育、社会文化等多种因素的影响，其中最根本、最关键的，是教师主体的自我意识。

(3) 个性优化：保持本色与合情融通

名师的个性是具体的，是名师以自己的个性为基础，为适应教师角色规范的要求，在教育教学活动中形成并表现出来的心理和行为倾向性。名师的个性是一个不断优化的过程，是在漫长的人生经历和教育实践活动中逐步形成的。

教师既要保持成为名师的人生理想、追求卓越的教育信念、综合全面的教学能力、健全优化的性格组合等本色，同时又要在为自己发展营造良好的氛围上，在争取得到更多的外部支持上，在事业与家庭、奉献与休闲、工作与锻炼、坚守岗位与及时进修上，注意合情融通。

3. 在全面发展中特色发展

教师发展，首先要全面发展。育人上，循循善诱，教育有方；教学上，严谨治学，精心施教；科研上，联系实际，探索规律；竞赛上，深入浅出，效果凸显；课外活动，引趣引深，方法得当。但我希望，广大教师在全面发展的同时，还应注重特色发展。全面发展是特色发展的基础，特色发展是全面发展的升华。

教师发展，不仅要全面发展，还要特色发展，特色发展在很大程度上就是形成自己的教学风格。

教学风格，是指教师根据自身优势、特长，结合教学的具体情况经常采用的，以追求最佳的教学效果为目标的一整套个性化的独特教法。在教学中，形成独特的个体教学风格，是教师进入高层次教学境地的重要标志，对学生学习态度的形成、个性特征的培养、学习氛围的创建、合作精神的养成等都有重要的作用。教学风格是教师在创造性劳动中逐步建立起来的“独特教学模式”，其建立过程既能体现教师的教学思想、教学意识、教学技巧等内在的东西，更可以表现教学行为、教学形式、教学效果等外部特征。教师教学风格形成于长期的教学实践，发轫于艰苦的探索，是教学一般规律与个人教学实践相融合的产物，是教学内容与教师灵感的交融升华，是教师个人创造性思维的结晶。

（1）“懂一点”和“懂一切”

苏联著名教育家加里宁指出：“教师应该首先精通他所教的学科，不懂得这一门学科或对这一门学科知道得不很好，那么他在教学上就不会有成绩。”因此，为师者在自己所教的专业领域的某个层次里应“懂一切”。懂本专业的历史、现状和发展趋势，懂本专业的特点、方法的应用等。“资之深则左右逢其源”，教师的专业造诣愈深，他们在教学中的回旋余地也越广。德国化学家利希腾·贝尔格曾说过：“一个只知道化学的化学家，他未必真懂化学。”化学家如此，教师亦然。教师应广泛涉猎人类文化的众多领域，积累广博的知识与技能，加强对相关学科知识的学习，以求触类旁通之功效，做到“一切东西懂一点”。既“专”又“杂”，是时代对教师的要求。教师应努力增加知识和技能的储备，以更好地开展教学。

数学教师在全面发展中特色发展，就是要不断提高自身素质。就知识而言，数学教师的知识结构应是“土”字形的，像一棵树。从下往上，依次是扎实的基础知识和宽厚的教育科学知识（树根）、精深的数学专业知识（树干）、广博的相关学科知识（树杈）、不断获取的新知识（树梢）。就能力而言，数学教师应具有正确运用数学语言的能力，熟练掌握数学运算的能力，良好的数学思维能力，运用数学思想、方法解决实际问题的能力。构建与目标相适应的素质，是数学教师成才的基本条件和保证。

教师成才，按教师的行为划分，有以教师个人的精力、体力、身心的超常付出为基本特征的特殊型；有以自己的专业实力和优异效果，并通过对教育行为的描述与解释形成较大的影响的专业型；有以学生思想教育和中下生转化为主要成就的情感型。大多优秀教师的行为是全面而且综合的，同时又有个人特色。我认为，作为数学教师，尤其是青年教师，首先应“三管齐下”，要有牺牲精神，要有专业功底，要有情感投入。在此基础上，再根据所在学校、学生的情况，根据自己的优势，向着某一方向发展。

（2）照亮别人，完善自我

我奉行“人生在于奉献，在于完善。既要照亮别人，也要完善自我。”“教师像蜡烛，燃尽自己，照亮别人。”这是人们对教师的辛勤劳动和无私奉献的赞美，也是许多教师执著追求的目标。我认为，作为一名人民教师，确应“照亮别人”，但未必要“燃尽自己”。教师，尤其是广大青年教师，应走“照亮别人，完善自我”之路。

我认为，在“照亮别人”的同时，可以“完善自我”。教师要传授给学生知识，培养学生能力，教会学生做人，在这一系列创造性的劳动过程中，教师自身的知识储备也充实了，能力得到了发展，人格也更加完善。教师还可以把自己的教学领域作为“实验场”，进行教育科学实验和研究，不断获得教育科研成果。古人云：“教学相长。”就是这个道理。

为了备好一节课，你要围绕所授内容，备好教材，心中有书；备好学生，心中有人；备好教法，心中有术；备好开头，引人入胜；备好结尾，引发探索；备好重点，有的放矢；备好难点，突破难点；备好作业，讲求实效；备好学案，渗透学法；备透理念，融会贯通；备多用寡，有备无患；备之研究，深层探索；备之终身，养成习惯。当你用心进行这“十三备”之后，定会比备课之前“完善”多了。

为了上好一节课，你要通过创设情境、主体参与、分层优化、过程教学、方法渗透、问题解决等达到激活课堂的目的，在教学过程中还要把握好参与度、亲和度、自由度、整合度、练习度和延展度，一堂课下来，你的教学艺术就“更上一层楼”了。

为了开好一个讲座，你要查找资料、旁引博证，你要整理知识、分出层次，你要系统钻研、深入实践，你要探索引深、创新思维，只有这样，才会有深度，才会有新意，对自己的学习和提高大有帮助。每开一个讲座，你就熟悉一个领域，开的讲座多了，你的知识、你的能力、你的演讲水平就都提升到了一个新的境界。

写论文是一种高层次的“照亮别人”。数学教师写论文，是对教育教学进行理性思考，在写作中反思，在反思中写作。如写论文成为教师自觉自愿的行为，并以此促进教育教学水平的提升，那么，论文写多了，教师的研究水平、反思能力、思维品质、科学方法等都将得到极大地提高。

我还以为，“完善自我”可以更好地“照亮别人”。我们知道，“要给学生一杯水，教师自我要有一桶水、一条河”。为有这一桶水、这一条河，教师唯有不断地汲取新知识，进一步提高教育教学能力，逐步完善自身的政治、道德、心理、审美素质，才能更好地教好学生，更好地适应未来的教育要求。

一位学生，写了《我眼中的任校长》一文，我只给这个学生上过一节课，就给这位学生留下了深刻的印象。对不断“完善自我”，让被“照亮的人”感动这一点，也许下面这个例子是最好的说明。

我眼中的任校长

初二6班　白杏珏

一、期待

我一直都对“校长”这个名词怀有深切的敬畏之心，从小到大，都觉得这个词神圣而又崇高。学校是知识的殿堂，而校长就掌管着这个殿堂，甚至可以说，一个学校的成功与否，主要在于校长水平如何。但如果说学校是知识的殿堂，那厦门一中就是一座历经百年风雨依旧华丽的殿堂。掌管这么一座华丽殿堂的人，该是多么出类拔萃！初踏入厦门一

中，我暗想着，也对素未谋面的任校长充满期待。

二、数学课

原本想着，不知我这么一个普普通通的学生，能否见到校长，不料幸运竟如此快地来到——老师通知我们，任校长即将给我们班上一堂数学课。全班同学立刻兴奋起来，窃窃私语着，而我的脑海中则立刻浮现了一张曾在报纸上看过的校长的照片：没有弧度的嘴角，坚定的眼神。怎么说呢，我觉得任校长似乎不是一位容易接近的人。心中有些忐忑，但又万分期待着即将到来的数学课。

数学课如期而至。只记得当任校长步入教室时，全体同学立刻鸦雀无声，用带着敬畏和一点好奇的眼光打量着任校长，任校长只是一笑，迅速地发下早已准备好的材料，紧接着在黑板上画出了图形，就开讲了。那节课讲的是奥数，可以说，原本枯燥无味的奥数经任校长一讲，竟变得妙趣横生、活色生香，全体同学在任校长的引导下渐渐体会到了奥数之奇妙有趣，也渐渐不再畏惧任校长，敢大胆发言了。总之，那一节课，可以用“其乐无穷”来形容，虽然那节课离现在已有一年之久，细节已模糊起来，但我的感觉至今还是清晰的。对于我来说，我不仅发现了奥数的有趣，还发现了任校长其实不是一个不苟言笑的人，他也和蔼可亲，更重要的是，他上课的水平之高，是我从未见过的。我对这位校长产生了由衷的钦佩。在庆幸自己能来到一中之余，我也不免有一些小小的遗憾：任校长的事务太多，以至于现在无法给学生完整地上课了。对于学生来说，这是一个莫大的损失。

经过了这么一节课，当时尚为新生的我眼中的任校长，已经是一位和蔼可亲、风趣幽默、才华横溢，符合我的想象的厦门一中校长了。厦门一中这座华丽殿堂的掌管者如此出色，带领着全体师生往更高处走去。

三、了解

后来，满怀着好奇，我打算了解一下任校长，使我心中的任校长形象更加饱满。上网一查资料，任校长的简介可着实把我吓了一跳。可以说，任校长获得的赞誉是当之无愧的。

通过了解任校长的资料，我更加深切地体会到，任校长是一位出色的老师、校长、学者，之前，经过那一节数学课，我是这么认为的，现在大量的资料也有力地证明了这一点。我眼中的任校长，似乎已是越来越高大了。

四、怀念

现在我已升入初二，一年的时光过去，在我眼中，任校长就是我学习的楷模。遗憾的是，现在任校长即将离开厦门一中，去教育局工作了。想到这么一位好校长就要离位，我总觉得心里空落落的。更不知，这么多年来，厦门一中在任校长的领导下走得那么好，这座殿堂即将易主，将来会是什么光景。但无论如何，我都要在这里献上我对任校长的祝福，希望任校长将来能在另一条道路上走得更好。

这是一篇我站在自己的角度来看待任校长的文章。谨以此文表达我，一个普通学生对于我心中的楷模——任校长的崇敬。

完善自我的过程，既是全面发展的过程，也是特色发展的过程。

愿广大数学教师能超越那种“燃尽自己，照亮别人”的流泪的“红烛颂”模式，追求新时期人民教师的新形象。

第二节　在自主发展中充分发展

所谓自主发展，是指发展不是外部的追求，而是主体内部呈现出的自发的主动的运动状态。

所谓充分发展，是指最大限度地利用主客观条件，使自身的各个方面潜能得到最大程度的开发。把握、利用好自己的兴趣、特长，扬长避短，使自己优势方面的发展实现可能达到的高度，成为专长。注意彼此协调，形成合力，避免顾此失彼，以使自己的潜能和生命价值得到最充分展现。

优秀教师要在自主发展中充分发展。

1. 教师发展之“核”——自主发展

“育人”是教师的天职，但必须以教师的“育己”为基础和前提。所谓“育己”，核心就是教师的自主发展。教师自主发展是教师个体自觉主动地追求作为教师的人生意义与价值的自我超越方式。自主发展，是我要发展，不是要我发展。要自主发展，一靠自觉，二靠科学。

（1）师者的生涯设计

教师职业生涯，是与教师在学校教书育人的一系列活动相关联的职业经历的模式。如在学校从教经历、教研活动中与教学经验的丰富、教育理想和愿望的实现，以及得到学生与社会的认可、尊重等。教师职业生涯对环境条件做出反应，支持性的、鼓励性和援助性的环境能帮助教师追求有益和积极的职业进步；反之，环境冲突和压力，会对职业生涯周期产生负面影响。

教师职业生涯目标的抉择及其实现的程度和结果，关键在于自己是否愿意承担一种积极进取的责任、是等待时机还是主动努力、是否坚持不懈地追求，以及追求的目标是什么。

职业生涯设计可以在专家的指导下进行，也可以找些书来学习，之后制订一份《教师职业生涯发展规划书》，内容包括以下要素：

①题目：包括姓名、年限、年龄跨度、起止时期。

例如：任勇五年教育职业生涯规划

2008 年 7 月—2013 年 7 月，50 岁—55 岁

②职业发展及总体目标：指职业发展方向和当前可以预见的最长远的目标。

③社会环境分析结果：包括对政治环境、经济环境、法律环境以及职业环境分析。

④学校分析结果：包括行业分析，如对学校制度、学校文化、学校管理者、学校品牌和服务、办学理念等方面的分析。

⑤自身条件及潜能测评结果：指个人目前状况和发展潜能。

⑥角色及其建议：记录对自己职业生涯影响最大的那些人的建议。

⑦目标分解及目标组合：包括分析制定目标及实现目标的主要因素，通过目标分解和目标组合的方法作出果断明确的目标选择。

⑧成功的标准。

⑨差距：即自身现实状况与实现目标要求之间的差距。

⑩缩小差距的方法及实施方案。

新课程在课程的目标、结构、内容、实施、评价和管理等方面都有创新和突破，这就给教师提出了更高的要求，使教师面临新的挑战和机遇。因

而，教师必须根据新课程理念，重新制定或调整职业规划，以尽快实现教师角色的转化。总而言之，新课程更需要教师职业规划。

（2）自动自发

阿尔伯特·哈伯德的《自动自发》一书，封面上有这样一段话："什么是自动自发？自动自发就是没有人要求、强迫你，自觉而且出色地做好自己的事情。"

与自主发展相对的是"他主发展"。"他主"是外因，"自主"是内因。外因是教师发展的必要条件，内因是教师实现发展的重要依据，推动教师不断发展的动力机制，正是"他主"与"自主"的良性互动。换言之，要辩证处理好"要我发展"和"我要发展"的关系。

自动自发，是教师自主发展、自我完善的过程，它使教师在发展的弹性空间中达到相对理想的状态，是教师发展的动力机制。

《教师自主发展论》中说："教师自主发展的意义在于这样的生存方式可以实现个体的生命意义和作为教师职业人的生存价值。"结合教师职业生涯的规划，我们可以得出这一结论：教师只要抱定远大的目标，就可以通过自主发展到达理想的彼岸，成为优秀的教师，但若从此故步自封，停止了自主发展的脚步，你同样会很快就沦为一名经师，淡出学生的视野。

自动自发，就是要热爱工作。我在全校教职工大会上，经常引用《自动自发》中的一段话："如果你只为薪水而工作，你的生活将因此而陷入平庸之中，你找不到人生中真正的成就感。工作的目的虽然是为了获得报酬，但工作能给你带来的远比工资卡上的工资要多得多。"

自动自发，就是要激情工作和学习。我经常对同事说："激情工作，赢得乐趣。工作是否单调乏味，不是取决于工作本身有多大乐趣，而是取决于工作时是否激情投入，是否能做出别人认可的成效来。"就像苏格拉底说的："快乐就是这样，它往往在你为着一个明确的目的忙得无暇顾及其他的时候突然来访。"如果教师全身心地投入教育工作中，你始终是个思考者，你始终全神贯注，心中记挂着教育，便会体会到工作的快乐。

自动自发，就是要学会自主管理。教师的自主管理，是指教师可以在学校共同愿景或共同的价值观指导下，在力所能及的范围内自我决定工作内容、工作方式，实施自我激励，并不断地用共同愿景来修正自己的行为，从而更出色地完成任务，使自己在工作中得到充分的发展，获得最大的享受。

（3）自觉与科学

如果说自动自发是教师发展的自觉，建立在自觉基础上的科学发展，就显得尤其重要。

科学发展是指教师在了解自己角色定位、职责特点和革新特长的前提下，能选择切实可行的正向发展目标。它要求教师树立全新的发展观念和发展理想，掌握科学的发展方式和发展策略，避免片面发展、反向发展、异化发展或自然发展。

教师的科学发展是时代的客观要求，也是教育快速发展的要求。知识更新速度加快，要求教师必须科学发展。否则教师便无法适应时代发展的要求，提高教学质量、教学改革等问题也无从谈起。教师科学发展也是教师自我发展的需要，主要包括工作是否有成就、决策和提案是否被采纳、工作兴趣和个人特长及创造力是否充分发挥、自我发展的机会和自由的程度有多大等。教师科学发展还是促进学生全面发展的前提。如果教师不能科学发展，不掌握现代教育理论和教育技术，难以有效实施素质教育，也就不能促进学生的全面发展。

教师的科学发展，是一个全新的课题。我们的思路是，教师的科学发展必须和教育的科学发展结合，必须和学校的科学发展结合，必须和人的科学发展结合，必须和学生的科学发展结合，必须和教师个人的特长结合。

2. 教师发展之“最”——充分发展

（1）从自我设限到自我突破

“自我突破”这个词听得比较多，但“自我设限”这个词还是在听福建省三明二中原校长、时任福建师范大学附属中学校长翁乾明的一个学术讲座时第一次听到的。

翁乾明，是我早年的朋友，20 世纪 80 年代，我作为福建省龙岩一中的老师到三明一中参观时认识了翁老师。那时，他抓化学奥赛，我抓数学奥赛，我们就学科竞赛的辅导展开了热烈的讨论，互相切磋，成为好朋友。后来，他到三明二中当校长，之后又竞聘福建师范大学附中的校长，一举中鹄。他自己就是一个冲出“自我设限”的樊篱、走向“自我突破”的典范。

综观中学教师队伍，不难发现：有相当多的中青年教师，人到中年时进取热情减退，不愿接受新生事物，特别是评上了高级教师之后，就处在“平面徘徊”状态，“他们年复一年地重复着机械的劳动，知识陈旧，方法单一”，“自我设限”在他们头脑中形成了大量的、无形的框框，使他们不断地“重复着昨天的故事”。

记得翁校长在讲座中讲过一个寓言，大意是：唐贞观年间西安的一个磨坊中有一驴一马，马跟随玄奘到西天取经，17 年后，老马重归故里，找到老驴，谈起了一路精彩的见闻，老驴佩服得五体投地：“你的阅历如此丰富，简直不可思议！”老马的回答是绝妙的：“其实，你我所走过的路程是相同的，只是你围着磨盘转，而我则一直向西行。”老马的话一针见血：驴处于“自我设限”中，而马则处于“自我突破”中。

“自我突破”，就是认清“个人现状”，挑战“自卑恐惧”，反思“内心冲突”，突破“自我设限”，开发自身潜能的一个自觉自主的、不断进取的内求过程。

我经常激励数学教师，积极倡导“自我设限者，处处是障碍；自我突破者，处处是机遇”的人生态度，不断强化数学教师的“自我突破”意识，目的在于让广大数学教师时刻认识到：“自我突破”，是一种准备状态，是一种态度取向，是一种更新意识，是一种生命自觉，是一种内求过程，是一种践行能力，是一种操作模式，是以能力成长为基础、以精神成长为目的，追求真、善、美的自觉完善的过程。

（2）充分发掘自身的潜能

成才，意味着将自己的天赋与潜在能力尽情地发挥，意味着实现无愧于高度自我评价的人生梦想，意味着从毫无保留的付出中得到丰厚的回报；成才，意味着竭尽全力付出后产生一个新我，意味着自己用人生钥匙打开愿望的大门。

任何一个智力发展正常的人，都具有一定的潜在能量，但这种潜能必须在研究中和外部作用的合力下才能得到开发和升华。因此承认和开发教育者自身的潜能对教育事业的发展尤为重要。只有每个教育者客观存在的潜能被开发并释放于教育的客体对象上，教育者的能动发挥及创造力才可能趋于最大，教育事业的发展也才会步入快速、持续、协调的轨道。开发教师潜能，才是发展教育的治本之策。

教师潜能开发以人的潜能的存在为基础，以教育教学为背景，以学校发展为目标，以教师自我价值的实现为归宿。学校应采取多种途径，使教师在教育行为和活动中，认识自身内在具备的适应教育教学环境、实现学校教育目的的各种自身条件和能力，通过教师的自主教育行为、经验反思、群体影响，对教师的教育行为的评价和激励，发展和优化教师个体和教师群体的教育教学条件和能力，使教师的教育自信心、积极性、自主创造力、自我更新力得到提高和增强，学校的凝聚力、向心力得到提升。

（3）在创新实践中充分发展

充分发展与创新实践密不可分，离开了创新实践，就谈不上充分发展。独立的创造和不断的创新是教师工作的本质特点，所以，教师要充分发展，就要在实践中创新，在创新中实践。

在教育实践中，近年来特别强调教师的实践智慧。教师的实践智慧，是教师在实践中应对不确定问题所表现出来的信息素养，主要由教师对教育合理性的追求以维持合规律性与合目的性的辩证统一，对当下教育情境积极感知、辨别与顿悟以及对教育伦理品性的彰显三部分组成。

广大教师要努力实现“把理论转化为实践，把实践转化为智慧，把智慧转化为质量”的跨越，就应当不断创生出关于教育的新思想、新思路、新策略、新行为，学校则要为广大教师解除困惑，使教师成为“实践智慧的拥有者”。

在教育创新中，近年来特别强调教师的创新教学。没有教师的创新教学，也就没有学生的创造性思维。课程改革给我们带来了机会，也带来了新的挑战。有了全新的教材，有了新的教育理念，教师如果没有转变教育观念，没有蜕变自身，教育就会穿新鞋走老路。因此，新的课程标准呼唤“创新型”教师。

那么，怎样才能成为“创新型”教师呢?

一是要在观念上创新。教师必须从“被动服从”型向创新型发展，从“礼让风格”型向竞争型发展，从“唯书唯上”型向“教学反思”型发展，从“独自教学”型向“对话教学”型发展，从“单纯教学”型向“教研结合”型发展。

二是要在教学策略上创新。由重知识的传授向重学生发展转变，由重结果向重过程转变。学生用什么样方法获得知识的，从试卷上看到的结果虽然一样，但获得知识的过程和方法不一样，获得的情感体验不一样，学生真正意义上的收获也不一样，相应地，它对学生终身发展的影响也是大不一样。

三是要在教学方式上创新。传统教学是以教定学，让学生配合教师的教，这种单纯的灌输与接受方式，易于扼杀学生的个性和创造性。新课程中，教师考虑的是学生怎样“学”，“教”为“学”服务。

四是要在师生关系上创新。长期以来，教师不仅是教学过程的控制者、教学活动的组织者、教学内容的制定者、学生学习成绩的评判者，而且是绝对的权威。新课程，是学生自主学习、合作学习的地方，是师生情感交流、信息交流的地方，是师生共同质疑释疑生疑的地方，更是学生个体表现、体验成功的地方，课堂是师生共同感悟做人的道理的地方。

五是要在自身能力上创新。新课程强调课程的整合和开放性的教学。教师要具备多种能力和综合性的知识结构。

3. 在自主发展中充分发展

数学教师不仅要自主发展，还要在自主发展的基础上充分发展。自主发展，是源自内心深处的发展的原动力；充分发展，是数学教师充分发掘自身潜能，走向“做更好的教师”的奋斗目标。在这方面，我的经历或许可以为广大教师提供一些借鉴。

（1）我的求学之路

我的求学之路走得很长，也很辛苦。现在回想起来，它委实磨炼了我。我的这种原本为改变低学历状态而一直在学的理念，用如今的语言可以表述为“终身学习”，也可以说是“自主学习”，具体说来就是：天天学习，天天进步；终身学习，终身受益；自主学习，自我发展。学习创造机遇，知识改变命运。机遇与勤奋同在，成功与好学共存。

看几个镜头：

镜头之一：龙岩“北师大”

1977 年恢复高考后，我考入龙岩师范大专班数学系。

因为大专班位于龙岩县的北面，所以，别人问我们在哪里读书，我们就回答说“龙岩北师大”。在当时，能读福建师大已经相当了不起了。谁能读上北师大，那简直更不得了。

我们是1978年4月入学的，一入学便得知1979年7月必须离校，学校没有校舍，又要让79届新生入学，让我们“先分配后实习”。

师专的老师非常严格，一年多的时间，要学近三年的知识，谈何容易！

我当时的学习方法是，一个科目至少要拿三本教材进行对比学习。经常有这种情形，读一本书时感到难以理解，读同类书的第二本、第三本后便豁然开朗。

同学之间的互助，也是很有效的学习方式。钟怀杰是数学分析高手，黄龙光擅长高等代数，卢学妙复变函数学得好，而我则对竞赛数学非常痴迷。

当时，我买来吉米多维奇的《数学分析习题集》5卷，每题做下来。人民教育出版社出版的《初等数学复习及研究（平面几何）》，书里的习题很经典，但都没有解答过程，也没有答案，我就一题一题解，几乎解完了所有的题目。我和几位志同道合者，还把所有解答用蜡纸在钢板上刻写，油印出来装订成书，留给下届同学。刻一张蜡纸有2角钱的报酬，吉米多维奇编的那套5卷《数学分析习题集》，就是我用挣来的钱买的。用智慧和辛勤的劳动换来充满智慧的书，是多么愉快的事啊！

镜头之二：函授读本科

师专毕业后，我被分配到龙岩一中。当时的政策是允许专科生直接考研的，我也想去考研，但父母说，你有两个弟弟、一个妹妹，你先帮助他们考上大学，再去考研吧。

于是，我利用在龙岩一中工作的机会，帮助大弟弟。他参加了五年高考，前四年考理科均未中。第五年考文科，考入武汉大学法律系，后又考入该系研究生，工作一年后又考入中国人民大学法学院博士，现为国家行政学院法学院教授。

我对二弟的帮助更为直接了，我大他9岁，是他的数学老师。在我的帮助下，他考入天津大学土木工程系，后又考入该系研究生，他想出国深造，工作几年后，考入美国新泽西州大学学习，毕业后留在美国工作。

把二弟送进大学后，我也成了家，也有了孩子，将考研之事耽误了。

好在从1980年到1986年，我参加了福建师范大学数学系本科函授学习，之所以读了六年，是因为这个班是以高中为起点的。

说到底，函授是平时自己学习，学校寄来作业，做完寄回，寒暑假里老师来到龙岩地区面授。直到 1986 年 7 月，我们才真正来到福建师范大学，因为要在那里学习计算机知识，而龙岩当时没有计算机教学设备，学完这门课再交上论文，答辩通过后就可以毕业了。

到了福建师大，我才发现大学好大，大学里还有医院，大学里的食堂还要编号。

大学，真大呀！

镜头之三：教育硕士及其他

为了提升厦门市教育管理水平和师资水平，1997 年厦门市教育局与福建师范大学联合举办教育硕士研究生班。通知下来，我积极报了名，心想这下可以圆硕士梦了。

那期的教育硕士共 60 人，分管理、语文、数学三个小班。我从内部打探消息，得知我未在初定名单上。我急了，按理说，我是最有资格和条件读教育硕士的。一打听才知，教育局认为我是特级教师，不必再读教育硕士。我立即书面向教育局反映，表示我虽为特级教师，但迫切想通过读研提高自己。当时我是学校的中层干部，可以读管理班，后因管理班人已满，故到数学班读了。

厦门市教育局的领导带我们来到福建师范大学，那里的食宿条件很差，上课条件也很不好，但老师教得很认真，我们学得也很认真。

正当我学得起劲时，不幸的事发生了——我的臀部右边长了一个很大的疔，疼痛难忍。于是，我利用晚上的时间去治疗，白天坚持学习。上数学专业课时，教室条件很差，什么样的椅子都有，刚好有一张椅子右边也破了一个大洞，于是那张椅子由我专用，我坐下去，刚好让那个大大的疔落到空洞里，上课时好受些。当时我最怕上大课，上大课用的是新教室，没有破了洞的椅子，我只好坐在最边上，让一半屁股落在椅子上，另一半屁股悬空，准半蹲式地坚持学习，我到省立医院看病，医生用了很好的药，打了很好的针，疔肿还是治不好。后来有人建议我到民间诊所，一位老医生拿一把刀，开了一道口子引出脓血，当晚就不那么痛了，换了四次药之后，我的病痊愈了。

林章衍老师是我们的教材教法课老师，他知道我对数学学习指导颇有研究，特地安排了几节课让我上；陈清华老师上函数论，知道我在这方面也有心得，也让我专门讲了一节“函数周期性问题”；讲教育学的老师也让我介绍我在学校开展的“构建课程体系，实施素质教育”的做法。这些课都受到老师和同学的好评，我心里很高兴。

我们利用三年的寒暑假和集中一段时间的学习，学完了所有课程。毕业证上盖了学校的钢印，校长曾民勇签了名。后来才得知，这种性质的教育硕士，只能算研究生班，国家不予承认。当时大家颇有些怨言，但现在想来，不承认又有何妨，追求硕士的过程中，我们收获多多。

后来，我又有幸参加骨干教师国家级培训，这是我工作多年后的又一次充电！

再后来，我又参加北师大博士课程班学习，这是我进一步感受追求高层次学习的乐趣！

这就是我的求学之路。女儿读大四时，我对她说：“你将来至少要超过老爸。”女儿戏谑：“超过你是容易的啦，你本科括弧函，研究生括弧班，博士生括弧班。”我深知，女儿是绝对佩服老爸的，可她的话又让我苦笑着陷入了深深的思考。

（2）我的两项“大满贯”

“且行且思且记，教一辈子的书，也让我们留点什么。”一位教育记者的感言让我铭记在心。

说到教师的充分发展，我想说说我的两项“大满贯”。

1999 年，教育部启动“特级教师计划”，内容有三项：一是出版“中学特级教师文库”，二是实施“特级教师专设课题”，三是成立“特级教师讲学团”。这项工作由教育部人事司实施，入选条件严格。能进入其中任何一项，都是很不容易的。我那时还在厦门双十中学教书，我积极申报了所有三项，报到厦门市教育局时，虽然局领导暗示我“伤其十指，不如断其一指”，但我都想试试，也就没考虑那么多。

经过近一年的等待，结果一项一项出来了，先是我的课题《中学数学学习指导的研究与实践》入选“特级教师专设课题”，福建省各学科共 5 名入选，每人获得 1.5 万元的课题资助，后来我将这项课题成果整理成书，2002 年由航空工业出版社出版，它同时也是“北京师范大学教师培训学院文丛”，课题由北师大钱珮玲教授等专家评审结题。

上述课题获批不久，我又得知，我申报的“中国特级教师文库”书稿方案《数学学习指导与教学艺术》也获得批复：“可以开始写作，还需专家审稿”，就是说要先写稿，专家审稿通过后才能入选。我当时刚担任厦门一中校长不久，学校发展有诸多事情要我去推进，一时间，我想放弃写作。这时，恰好上级要我到华东师范大学教育部中学校长培训中心学习，真是天赐良机，我白天学习，晚上开夜车，在80天学习期间，利用空余时间完成了书稿的写作。有关专家很快审完我的书稿，结果顺利通过，半年后，人民教育出版社出版了这本书。我是福建省唯一的入选者。

这期间，我还成为“特级教师讲学团”成员，应邀到西安、贵州、云南等地讲学。

教育部“特级教师计划”的三项工作，我“满贯”了。

为了纪念第20个教师节以及贯彻温总理“要像宣传劳动模范，宣传科学家那样宣传教育家、宣传优秀教师，在全社会形成尊师重教的良好风尚”讲话精神，教育部要组织一批优秀教师编写“教育家成长丛书”，共20本，由各省教育厅推荐，教育部师范教育司负责审查，我有幸被推上，又有幸入选丛书，丛书由北京师范大学出版社出版，时任国务委员的陈至立作序。我又是福建省的唯一入选者。看这套丛书的书名，就可知哪些教师是“成长中的教育家”：《丁有宽与读写导练》，《于漪与教育教学求索》，《孙双金与情智教育》，《任勇与数学学习指导》，《刘可钦与主体教育》，《李吉林与情境教育》，《邱学华与尝试教育》，《张思明与数学课题学习》，《赵谦翔与绿色语文》，《李镇西与语文民主教育》，《张思中与十六字外语教学法》，《程红兵与语文人格教育》，《钱梦龙与导读艺术》，《高万祥与人文教育》，《黄爱华与智慧课堂》，《龚春燕与创新学习》，《吴正宪与小学数学》，《韩军与新语文教育》，《窦桂梅与主题教学》，《魏书生与民主教育》。

由中央教育科学研究所所长袁振国担任编委会主任的《中国当代教育家丛书》，是一套颇具影响力的丛书，高等教育出版社先期出版了十本，其中有人大附中刘彭芝校长的《人生为一大事来》、上海中学唐盛昌校长的《终身的准备与超越》和北大附中张思明副校长的《用心做教育》等，这三位老师都是我非常敬佩和敬仰的，他们都是数学特级教师，也都是校领导。我得知这套丛书准备出版第二辑时，立刻送上了以我在厦门一中的办学理念为书名——《为发展而教育》的写作构想，经过半年的初审，我的书稿入选了。

教育部主抓的三套有影响的丛书，我又“满贯”了。

第三节　在专业发展中持续发展

所谓专业发展，是指教师在整个专业生涯中，通过终身专业训练，习得教育专业知识技能，实施专业自主，表现专业道德，并逐步提高自身从教素质，最终成为一个良好的教育工作者的专业成长过程。

所谓持续发展，是指教师的成长、进步与发展是一个前后衔接、彼此连续的终身的过程，而不是一时的或阶段性的发展。教师要根据主客观条件，审慎地选择和确定自己终身的发展目标，为实现目标，教师要不断学习、不断积累，使自己具有不断发展、持续发展、终身发展的不竭动力。

优秀教师不仅要实现专业发展，还要在专业发展中持续发展。

1. 教师发展之“本”——专业发展

教育部中学校长培训中心主任、华东师范大学陈玉琨教授给教师专业发展提了五条建议：坚持教学相长，在师生交往中发展自己；反思教学实践，在总结经验中提升自己；学习教育理论，在理性认识中丰富自己；投身教学研究，在把握规律中端正自己；尊重同行教师，在借鉴他人中完善自己。

(1) 你专业吗

现代专业价值观告诉我们：没有专业素养，就没有专业地位；没有专业能力，就没有专业报酬。

只要有知识，就能当老师吗？回答是否定的。但现实中，只要有知识，就可以去做家教，却是对这个问题的无言的肯定。

就现实情况而言，中小学教师缺乏专业形象。

管建刚在《不做教书匠》一书中，有这样一段精辟的论述：

职业的专业形象不是由职业本身赋予的，它是由一群具有专业水准的工作着的人赋予的。职业的专业形象也不是几张诸如“教师资格证书”“教师职称证书”就能赋予的，尽管学生、家长和社会都称我们为“老师”，但如果我们不能以行动赋予教师专业形象，教师专业形象就不会有实现的一天。

教师的专业形象是由教师的素养、教师的文化、教师的气节、教师的胸怀、教师的智慧等诸多方面综合形成的。

近年来，关于教师专业发展的书籍和文章都有很多，归纳起来，大致可以从以下四个方面来考虑教师专业发展。

一是基于校本研究的专业发展。

校本研究实质上是将学校实践活动与教育研究密切结合在一起，使教师成为校本研究的主体，最终使教师成为研究者。一项校本研究，会带动一批教师素质的提高，促进教师专业发展。教师素质的提高，又促使下一轮校本研究的深化，也就反过来要求教师必须提高自身的研究水平。教师研究水平的提高，又会在更高的层次上促进教师专业发展。

二是基于教学实践的专业发展。

教师实践性知识，是经验的，也是智慧的，教师实践性知识对教师专业发展有着不可替代的作用。教师实践性知识的发展，可通过多方面的交流和传承、多方位的思考和感悟、多层次的合作研究、多角度的教育叙事、多领域的社会实践来实现。可以说，行动研究正是为了解决理论与实践分离的弊端而建立的，对促进教师专业发展有现实意义。

三是基于教学反思的专业发展。

《面对恐慌，授予锦囊》是郑金洲先生为“教师成长锦囊丛书”作的总序，他在序中说，本领恐慌包括素质恐慌、职业生存方式恐慌、角色恐慌和成长恐慌，他还说，克服本领恐慌是每位教师都要回答的问题，故授予锦囊之一《教师反思的方法》，可见反思对教师职业发展何其重要！反思是教师专业发展的必要条件和有效途径，反思为教师专业发展提供可能和内在动力，反思有助于教师提升教学经验并将其升华为实践智慧。

四是基于信息化环境的专业发展。

教育信息化的功能特征包括：增强教育系统的活力、创设适合每一个学生学习的环境、提高学生适应信息社会的能力、提升教师的持续性专业发展水平、改善学校与社会之间的互动。教育信息化促使教师教育理念的现代化，教育信息化加速教师角色转变，教育信息化促使教师素质的现代化，教育信息化促使教师教学方法的现代化。

（2）集体备课与专业发展

集体备课是中学教研组的一项常规活动，有利于提高教师群体素质，有利于提高课堂教学水平。理想的备课活动，应当是不流于形式、不敷衍了事、不搞“花架子”的备课。全体组员积极配合，在各自充分、自主研修的基础上，大家充分合作、探究、创新，各自的预设在经验分享中达成新的预设，各自的生成在信息传播中启迪智慧。这种“同备一节课，同上一节课，同评一节课，同研一节课”，是最直接、最有效的校本教研活动，对促进教师专业发展最为可行。

集思广益，促进教师专业发展。

集体备课，主要有两种情况，一种是开学前的集体备课，一般由备课组长先要求大家充分考虑学年，尤其是学期内的学科教学全程安排及各阶段要求，集体备课时事先由组长发言，然后大家提建议；另一种是每周一次的集体备课，一般由一名教师精心准备后作中心发言，说清教学重点、难点、流程、方法和手段，其他老师再将其完善，最后由组长在研讨的基础上整合，确定下一周的教学工作。

集体备课可以引发参与者知识的交融、智慧的碰撞，相互间取长补短，既可完善专业知识，又可优化教育教学设计。它的最大优点就在于集思广益，可以最大限度地发挥每个人的优势，实现资源共享，在集体研讨的过程中，每个教师可以更加准确地把握教学内容与培养目标，在同一年级产生优质的教学效果。

直抒己见，促进教师专业发展。

集体备课，是一个很好的交流平台。每位参与者都可以直抒己见，发表自己对知识的理解、对教材的处理、对教法的运用、对练习的要求等方面的看法。自己的观点如果能够得到多数参与者的认同，就可能成为下一阶段备课组的“集体行动”。自己的观点，如果还得不到大多数参与者的认同，就要进行认真分析原因：觉得同事的观点确实有道理，不妨采纳；觉得自己的观点有道理，也可以在大方向上按备课组的要求进行同时，将自己的做法在班上小范围进行试验。

事实上，集体备课是对教学工作进行全程优化的教研活动，它使教师在教学的认知、行为上向科学合理的方向转化。自我钻研、集体研讨、分工主备、教后反思的过程，就是教师专业发展的过程。教后反思之“教”，可以有差异。好的集体备课，鼓励“和而不同”。和而不同，让教育变得有个性、有诗意；包容差异，在丰富多彩的教学实践中达成和谐。

思辨明晰，促进教师专业发展。

古人云：“博学之，审问之，慎思之，明辨之，笃行之。”“审问之”也好，“慎思之”也好，“明辨之”也好，都要求我们“思辨”。

对于全新的教育教学理论、知识、观念、技能，我们必须认真学习并尽快掌握。同时，我们更要注重活学活用，对教育教学的新理论、新观点、新方法、新技能既大胆地吸收、借鉴，又灵活地将其与工作实践结合，有选择、有批判、有针对性地应用，决不能照搬照抄、生搬硬套。

集体备课，让我们感受到了这种“思辨”的过程。课程改革轰轰烈烈，新理论、新观点、新方法、新技能不断出现，每个人的理解不尽相同。各类培训，使大家在宏观上有了一定的理解；教研组的进一步学习，使大家在中观上又有了进一步的理解；但课改最终要落实到课堂，把课改的理念落实到具体的课堂教学中，集体备课就“零距离”地对接了。比如，对如何树立与新课程相适应的教学新观念，经过学习，大家统一了认识，认为教学不只是课程传递和执行的过程，更是课程创生与开发的过程；教学不只是传授知识的过程，更是师生交往、积极互动、共同发展的过程。

合作学习，促进教师专业发展。

以往教师的学习，多为“自主”。课改背景下要求学生的学习“合作、自主、探究”，其实教师的学习也应“合作”。合作学习不仅是一种理念，同时也是一种学习方式。作为与新课程一同成长的教师，必须学会合作学习，共同构建教师合作文化。而集体备课恰恰为合作学习创设了平台。

教师合作学习的主要方式是在学校中构建学习型组织，基本的学习方法有头脑风暴法、分享式讨论和反思对话。“同备一节课”，看谁备得有新意，看谁备得有实效，在很大程度上就是“头脑风暴”；“同上一节课，同评一节课，同研一节课”，太多的经验大家在分享，太多的反思大家在对话。老教师的科学预设、合理生成，值得年轻教师学习；年轻教师的激发情感、媒

体活用也值得老教师借鉴。教师如果都有积极合作的态度、彼此信任的诚意和开放的学习心态，大家就能在共同的学习中共同成长。

我们常说，教师要向同行学习，只有尊重同行，才能在借鉴他人中完善自己。向同行学习实际上就是团队合作学习，这种充分发掘和利用团队中有利于教师专业发展的各种资源的学习，是促进教师专业发展的有效途径。

师长引领，促进教师专业发展。

对一个备课组，学校在安排工作时，往往会考虑年龄、资历、经验、性别等因素。每位教师都有自己的优势，特级教师人格高尚、学识渊博，中年教师年富力强、经验丰富，年轻教师朝气蓬勃、熟悉媒体，大家相互学习，共同提高，这一点前面已经论述，但我认为，集体备课对年轻教师更为有利。

只要年轻教师虚心请教，师长们还会就具体的教学内容，指导年轻教师走进新课程理念下的备课要求，诸如“备课要体现预设与生成的统一，备课要体现尊重差异性的理念，备课要体现生活化的理念，备课要体现课程资源整合的理念，备课要体现教学方式与学习方式转变的理念”，“备课的基本策略有：开放性备课策略，预设性备课策略，结构性备课策略，反思性备课策略”，等等。从某种意义上说，集体备课是年轻教师成长的“摇篮”。

团队和谐，促进教师专业发展。

TCL集团的团训是“敬业、团队、创新”，可以说这是一个企业成功的三要素。学校发展同样需要这三要素。有了它们，教育教学工作就能在紧张、高效、和谐、有序的状态下进行，一步步走向成功。备课组是一个相对较小的团队，而集体备课则为这个团队实现共同愿景创设了沟通、合作、交流、研讨的平台，集体备课的氛围和效果，就是这个团队和谐的“晴雨表”。

当今时代，竞争已不限于商界，只要有群体协作工作的地方，都存在着个体间的竞争，教育也不例外。今后，教师面对的可能是更加激烈的竞争，而且只有在竞争中才能实现自身的最大价值。教师要以拼搏、进取、贡献为荣，以落后、平庸、无能为耻。作为备课组，首先要在竞争中整体提升备课组水平，其次才是教师个人之间的竞争。但竞争应该公平的、规范的、高尚的，高尚的竞争是一切卓越才能的源泉。

教师的工作性质又决定教师要讲合作。集体备课就是合作，实践证明，有效的集体备课在实际教学中的确产生了显著的效果，并能有效推动教师团队和谐发展、整体进步。高尚竞争、追求卓越使备课组充满活力，团结合作、协同行教使备课组和谐温馨。优秀备课组的老师们在竞争中合作，在合作中竞争，最终走向“多赢”的境界。

2. 教师发展之“要”——持续发展

（1）“不要吃老本，要立新功”

终身学习时代的到来，意味着每个人都面临着如何不断发展、持续发展、终身发展的问题。

人有时是会吃老本的，比如满足于评上骨干教师、学科带头人、优秀教师、高级教师、特级教师，等等。我认为，一时的满足无可厚非，但长久的满足就要后果自负了。

“不要吃老本，要立新功”，这既是我在厦门市特级教师协会上提出过的要求，也是我在各种场合经常传播的一种理念。

要立新功，就是教师要持续发展。教师的持续发展要求教师尊重教育的发展规律，树立着眼未来的战略眼光，努力实现自身素质持续、整体、协调发展。

要立新功，要求教师学会学习。

学会学习，首先要有渴望获取知识的心理。知识的储备越丰厚，可供调用的信息就越多，运用起来就越灵活，产生新思想的可能性就越大，创造力就越强。学会学习，还要善于学习获取知识的方法和认知策略，善于在更新知识中开发学习潜能，自我调控学习过程。学会学习，更要注重借助现代教育技术的功能。现代教育技术，尤其是多媒体技术、人工智能技术和网络技术的发展，给教学带来了前所未有的、涉及面颇广、影响力颇深的重大变革，不仅能够克服描述生命现象时的宏观、微观、时间、空间限制，将生命世界化动为静、化大为小、化快为慢、化远为近、化虚为实，且反之亦然，而且能够使学习者积极思维、自由选择、主动记忆、适时交互、修正反馈。

要立新功，要求教师学会创新。

教师的教育创新，在思维方式上，既善于对教育现象进行分析，又善于整合，有系统思维的习惯。在创新策略上，既有改进教学现状的欲望和思想，又讲究方法技巧。在创新过程上，既合理继承、广泛吸取同行的成功经验，又敏于发现问题，不盲从，不唯上，不唯书，自创新路，有独到的见解。在创新程序上，既敢想人所未想，对已有结论提出质疑，又敢做人所未做，善于建设能反映教学特征的新程式。在创新关系上，既坚信个人的创造潜能和坚持力，又注重与他人协作。在创新结果上，既考虑解决问题的求异性、新颖性和高效性，又考虑创造的长远后果。

要立新功，要求教师学会反思。

美国学者波斯纳认为，教师的成长 = 经验 + 反思。反思能力是指教师在职业活动中，把自我和教学活动本身作为意识对象，不断地对自我及教学进行积极主动地设计、检查、评价、反馈、控制和调节的能力。它既受教师的知识、观念、动机、情绪、情感等个人因素的影响，也受客观环境的影响。随着教龄的增长和发展水平的差异，教师生涯要经历新手期、适应期和成熟期。在教师成长的不同阶段，反思指向也存在不同。新手期的教师可以将对自身教学技能的反思作为切入点，适应期的教师反思的重点应是自身的教学策略，成熟期的教师反思的焦点可以指向自身的教学理念。

（2）沉下去与浮起来

“只有踏踏实实地沉下去，才能潇潇洒洒地浮起来。”

我曾经给一位高三毕业考入大学的学生写下这样的话。这位学生平时学习不是很踏实，因而高考成绩不是很理想，没能考入自己想上的大学，他看了我的题词后，脸红了一阵，点头铭记。此后，他一改不踏实的习惯，在本科阶段踏实学习，最终考上心目中的大学攻读研究生，后来又继续读博，走上科研之路，取得多项科研成果。

学生学习如此，教师发展亦然。“静下心来教书，潜下心来育人”，就是这种境界的体现。

管建刚老师在《不做教书匠》一书中，就有“成长需要耐得住寂寞”一小节，这里摘录几句，给人警醒。

> 成功是要讲究储备的。真正的成功路遥远而艰辛，只有储备充足，走的路才远，胜算的把握才大。
>
> 人的成功是一种自我价值的实现。这种自我价值的实现是艰辛的，是一个人勤奋努力地工作，用自己的能力干出一番周围人认可的业绩，并获得大家尊重的过程。谁都无法跨越“艰辛”。如果你想跨过这个“艰辛”，你得到的，最多是表面的尊重，背后却是不屑和鄙视。

用自己的力量成长，既要经得住教育探索的艰辛，又要耐得住教育研究的寂寞。一个真正的教师，会沉浸在别人以为寂寞无聊中，乐此不疲，像周国平先生所说的“丰富的安静”。在我看来，不管是太空年代，还是新新人类时代，教育都要拒绝浮躁，都要静下心来。任何虚浮的行为，最终导致的只能是教育的失误乃至失败。

一个人的成长必须要耐得住寂寞，学会享受寂寞，这样才能把基础打好。

成长需要忍耐，全世界的人都看得到运动健儿在奥运会上的荣耀，但是，又有多少人看到了他们背后所付出的、常人难以忍受的艰辛呢？

沉下去，要“安于平凡，不甘平庸”。

安于平凡，就是要安心于自己的日常教学工作，在自己平凡的教学岗位上，踏踏实实学习，踏踏实实教书，踏踏实实研究，踏踏实实做人。从基层做起，在平凡的教学岗位上，干出不平凡的业绩来。

平庸，就是平平庸庸，碌碌无为。平庸与平凡有本质的不同。平凡是就工作性质而言，平庸是就作为而言。平凡的工作可以大有作为；而若平平庸庸，工作岗位再好，也会不思进取，最终一事无成。教育是育人的事业，只要肯学习、能创新，就能做出骄人的业绩来。安于平凡，就是要沉下去；不甘平庸，就是要力争浮起来。名师之路，平凡而又充满奋斗。

沉下去，要“立足长远，持之以恒”。

“机遇总是垂青有准备的人”。教师的功底和才华是其持续发展的内因，而教师的教育信念是其持续发展的精神力量和支柱，敬业精神使教师发展更持续、更长久。缺乏面壁十年的耐心，缺乏十年磨一剑的意志，缺乏设立一个高标准并长期朝着目标不懈努力的敬业精神，使一些原本功底和才华出众的教师也“泯然于众人矣”。

立足长远，持之以恒，可以使功底积蓄并增强，可以使才华得到长足的发挥，成功的奥秘就在于立足长远、持之以恒的积极心理准备之中，这就是“名师之所以成为名师，是因为他们努力要成为名师”的道理。

沉下去，要“身在其中，心在其外”。

沉下去，做最基础的工作，做最平凡的事情，融入教育教学改革的热潮里去。但“身在其中”，不能只是“埋头拉车”，还要“抬头看路”。在教学第

一线，有丰富的教育教学经验，有熟悉的教育对象，了解教育教学的主要矛盾所在，了解学生的学情，掌握教与学的现状，掌握诸多的第一手材料。

“心在其外”，就是要思考一线教育教学问题，优化教学过程，就是要把实践纳入研究的轨道，在工作中完成研究，在研究中促进工作。这种思考和研究，都是基于学习基础上的，只有不断学习，才能思考得深，才能研究得实。学习型组织的特点之一，就是“学习工作化，工作学习化”，不学习，心怎能在其外？

3. 在专业发展中持续发展

数学教师的专业发展有多条途径。比如，师生共建和谐学习环境——在师生互动中发展；教师参与课程开发与实践——在课程开发中发展；教师即研究者——在行动研究中发展；构建教师实践共同体——在教育实践中发展。但教师的专业发展要持续进行，还应以学习为力量来推动。

那么，推动专业持续发展的教师学习，是怎样的一种学习呢？

可以这样说，教师的学习，是基于案例的情境学习，是基于问题的行动学习，是基于群体的合作学习，是基于个体的自主学习，是基于原创的研究学习，是基于经验的反思学习。

(1) 从编写《一课一例》说起

在我的数学教学实践中，有几次尝试用“一课一例”的方式开展教学，取得了意想不到的可喜效果。所谓“一课一例”，就是一节课先讲一个例子，先研究是否还可多解，再研究是否还可多变，最后探索是否还可多用，用一个例子的多解、多变、多用，生成一节课。

我自己积累了十多个“一课一例”，而且我觉得可以发动广大数学教师，大家集思广益，编写一本例题集。于是，我积极发动各学校的数学教研组组长，并发给他们《编写说明》。下面就是“编写说明”的片段：

关于编写《数学一课一例精选》一书的说明

各位数学教师：

为了弘扬数学教师的智慧，指导广大数学教师智慧地开展教育教学工作，提高数学课堂教学的有效性，揭示数学知识之间的联系，培养学生发散思维能力，促进教师专业发展，经与出版社协商，拟出版《数学一课一例精选》一书，有关事宜说明如下：

一、书名

《数学一课一例精选（初中版）》；《数学一课一例精选（高中版）》。

二、主编及作者

主编：任勇。作者：厦门市数学教师。

三、读者对象

中学数学教师，数学教育研究人员，学有余力的中学生，其他数学爱好者。

四、难度要求

源于课本难度，高于课本难度，尽可能延伸，部分内容可延伸至数学学科竞赛难度。

五、写作要求

1. 针对性：读者对象是数学教师，尤其是青年数学教师；

2. 指导性：对广大数学教师有指导意义，体现厦门市数学教师的智慧；

3. 时代性：尽可能贴近时代，体现先进教育理念，符合课改精神；

4. 可读性：不刻意追求理论的完整性，但要求写作具有可读性、实用性；

5. 以一题多解、一题多变、一题多用为主线展开写作，三方面内容尽量都涉及，如确有难度，也不苛求面面俱到；

6. 字数：每篇文章字数控制在 4 000 ~ 10 000 字；

7. 写作格式：见附件中样稿格式。

“编写说明”发下去半年后，我仍没有收到一篇比较像样的“一课一例”。正当我想取消这项编写计划时，王淼生老师告诉我，他已经编写了 50 多个高中数学的例子，加上我已有的 10 多个例子，估计是可以编成书的。看完王老师发来的电子版书稿，我再次感受到了他的数学专业功底。他一个人就编了 50 多例，而且更多的是“创”，也就是说，“一题多解”有好几种解法是他“自创”的，“一题多变”有几种“变”颇具新意，“一题多用”也“用得”合情合理，正符合这本书的编写初衷。

（2）为师当如张远南

在百度上搜索“张远南先生”，可以得到以下文字：

张远南先生是我国著名科普作家，教学经验丰富的著名中学数学特级教师，对中学数学的“难点”和“亮点”了如指掌。他常听到一些学生抱怨数学无趣乏味，于是耗费数年心血，或史海钩沉，或点石成金，将一个个与数学有关的故事讲得栩栩如生，引人入胜，让你在不知不觉中感受到数学的神奇和魅力，并喜欢上数学。

至少在20年前，我就在学术会议上见到过张老师，他的论文水平很高，讲课生动有趣。那时，他是福建省南平市教师进修学校校长，中学数学特级教师，“国务院特殊津贴奖”获得者，福建省劳动模范，还荣获“苏步青数学教育奖”。退休后，他被评为福建省杰出人民教师，省人民政府奖励他一部小轿车。

张老师退休后，时任厦门一中校长的我，特意聘他为厦门一中“名师工作室”的名师，应聘9个月，负责监控全校数学教学质量。

张老师先是在高三听数学课，除星期天外，他几乎每天都在听各位老师的课，听完后还要和任课老师交流，探讨教学艺术。高三年级数学课每天都会有一份自编的练习，张老师有意不要答案，自己坚持每题必做。有些数学教师，我给他一份外地邮来的数学模拟卷，故意不给答案，他会立即问你：“有答案吗?”都是高三数学教师，张老师是有意不要答案，有些数学教师是急于索要答案。

大家觉得张老师的听课很起作用，许多老师经他指点，教学艺术提高了许多，专业功底也加强了。于是，其他学科的高三任课教师也纷纷请张老师去听课、指导，张老师几乎听完了高三所有教师的课。

消息传到其他年段，年段长又请张老师去他们年段听课并点评。一时间，张老师成了颇受欢迎的“评课师”，老师们要进行公开课或研究课教学，纷纷请张老师指导。

张老师刚来不久，就约我一起编写《精妙的初等数学模型》一书，他说他写具体模型，让我写理论和整理与高考有关的案例。三个月，我们一起“拿下”了这本书。

那段时间，教育部印发了《普通高中数学课程方案》，其中“选修系列3、4”共由16个专题组成，这些专题是针对对数学有兴趣和希望进一步提高数学素养的学生设置的，多数涉及高等数学知识。我到数学组参加教研活动，建议高中数学组的32位教师，每两人一组，共同攻关16个专题中的1

个专题，编写出该专题的讲座提纲，半年后交稿，成为这个专题的“小专家”。只要到数学组参加教研活动，我就会提起这件事。然而半年过去了，我却没有看到比较像样的讲座提纲。

正当我想在数学组再次强调这项工作时，出现了与前面提到的王老师惊人相似的情况：作为外聘人员的张老师原本没有“攻关”任务，他旁听了我布置的任务，悄悄开展，竟然在半年内攻下了全部16个专题，此外还多攻克了6个专题！

张老师希望能将研究成果结集出版，想请我作序并帮助想个书名。我接受了张老师写序的邀请，至于书名，要有“高中数学新课程”还要有“模块”，因为多写了6个专题，所以用了“拓展”一词，最后，书名定为《高中数学新课程拓展模块》。

看了张老师送来的22个模块的电子版书稿，我又惊呆了，书稿共60万字，共有550多个图形，文字全部由张老师自己打，图形全部由张老师自己制作，要把这些图形制作成电子版，实属不易！

我选了几个图形，读者不妨试试看，让你制作，你能作出来吗？

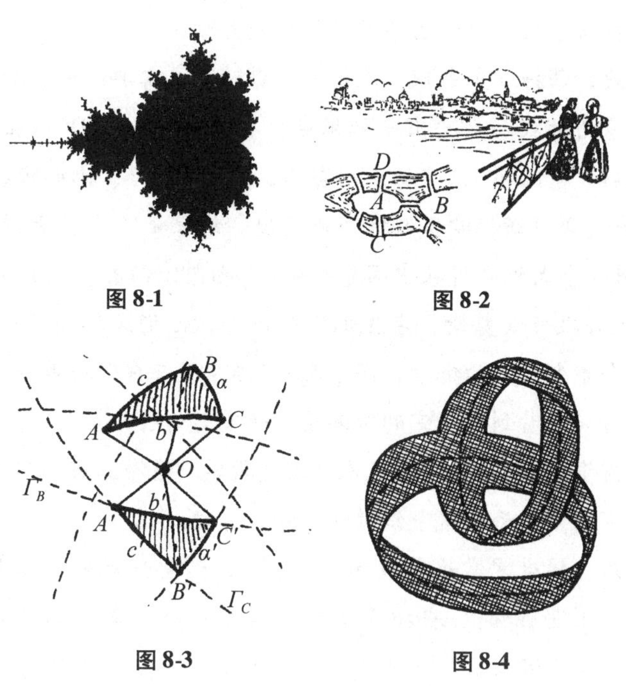

图 8-1　　图 8-2

图 8-3　　图 8-4

由于书稿内容丰富，案例翔实，文笔流畅，适合中学教师和中学生阅读和学习，当数学组的老师们拿到新书时，个个赞叹不已！

后来，我介绍张老师到北师大厦门教育培训中心工作，张老师成了培训中心的首席名师，负责管理和培训教师工作，还带头开设许多讲座。

我再去见张老师，张老师送我一套他的新作——《图形和逻辑的故事》、《函数和极限的故事》、《概率和方程的故事》，中国少年儿童出版社隆重推出这套丛书，并约三位读者分别点评这三本书，现摘录于下。

图形多妙趣　推理更神奇

任　勇

前些天，收到张远南老师寄来的新著《图形和逻辑的故事》。闻着新书的油墨香，我的思绪又回到了十几年前。

那是20世纪80年代末，那时我在山区一所中学当老师。一个偶然的机会，我买到了张远南老师所著的一套数学科普丛书，包括《抽象中的形象》等。我如饥似渴地吸取书中的营养，然后现炒现卖，将书中的精华传授给学生，使学生学数学的兴趣大增。

从此，每接一个新班，上第一节课时，我都要给他们玩一个从这套书上学来的游戏。我拿出一张纸条，将一头扭转180°后粘接成一个纸带，然后大声问学生："从中间剪断，会怎么样？"他们回答："两个纸带！"我当众剪断，学生们惊奇地发现，结果是一个更大的纸带！我再问："将这个大纸带再从中间剪断呢？"他们又回答："应该是更大的纸带。"我再次当众剪断，学生们感到惊愕，他们又答错了！这时，我又拿出一个事先做好的纸带，问学生："沿左边三分之一剪断会怎样？"回答五花八门。看到我剪完的结果后，教室里鸦雀无声。

我得意地说："这不是魔术，而是数学。这个纸带叫做麦比乌斯带，数学里有很多东西比这个纸带还神奇、有趣。"

课后，学生常常追着我问："老师，这些好玩的知识是哪儿来的，怎么课本上没有呀！"我把手里的科普书一亮，学生们抢着拿去阅读。后来，一位已考上数学专业博士的学生春节时来家里看我，还说起这件事。他说，这些科普书开阔了他的视野，激发了他的兴趣。

确实，兴趣是最好的老师。若没有兴趣，数学的公式、定理、图形肯定是枯燥无味的，数学只剩下一道道永远也做不完的题。如何激发学生学习数学的兴趣，是老师们头痛的问题。后来，我有幸认识了张远南先生，当时的他已是全国知名的数学特级教师。我们谈到这个话题，张先生说他写书的初衷就是“提高中学生学习数学的兴趣，加深和扩展中学数学课堂知识”。因为有丰富的中学数学教学经历，所以张先生的书既和课堂知识结合紧密，又高于教材、教辅。普通的教辅书告诉学生的是小技小巧，而张先生的书注重培养学生的“数学气质”，提升学生的数学思维水平。而且，张先生文笔优美，读者看他的书就像看文学书那般享受。

这本《图形和逻辑的故事》秉承了张先生一贯的文风。书中给出了23个关于图形的故事，让抽象的问题形象化，每个故事都妙趣横生。在很多人眼里，数学是死板的、抽象的。其实，死板的东西可以转化为生动、形象的东西，而图形正是转化的桥梁。我们知道，数形结合是数学里非常重要的思想方法。著名数学家华罗庚说过：“数缺形时少直觉，形缺数时难入微。数形结合百般好，隔离分家万事非。”寥寥数语，把图形之妙趣说得淋漓尽致。

关于逻辑，书中有一个“火柴游戏的决胜奥秘”的游戏。我带奥数班讲“逻辑与对策”时，经常讲到它。游戏的内容是这样的：

有若干堆火柴，每堆火柴的数目是任意的。现有A、B两人轮流取这些火柴，每人只能从某堆中取走若干根火柴，也可以整堆全部取走，但不允许跨堆取，即不能一次从两堆中拿。约定谁拿到最后一根就算谁赢。

游戏的背景是逻辑推理。这个游戏的奥秘，也许小学生细细琢磨就能明白，但也经常使高三学生摸不着头脑。

图形常使我们感到数学好玩，而逻辑又使我们认识到要玩好数学并不容易。无论是想感受“好玩”，还是想深入“玩好”，《图形和逻辑的故事》都能助你一臂之力。

令我震撼的数学科普读物

何鸣鸿

因为大学学的是文学，所以高考结束后，除了加减乘除外，我几乎没有正儿八经地和数学打过交道。数学在我脑子里慢慢只剩下一堆杂乱的、含义模糊的数字、符号和图形。数学之于我，究竟是什么？答案很简单，就是一块“敲门砖”；数学之用，只用在高考那几个小时，敲开大学之门后，它就被我无情地抛弃了。近日，我儿子买了一本中国少年儿童出版社出版的“中国科普名家名作”《函数和极限的故事——张远南先生献给中学生的礼物》，我拿起来翻了翻，没想到这一翻，竟然使我对数学的看法有了颠覆性的改变。

请看本书的开头：“我们这个星球，宛如漂浮在浩瀚宇宙中的一方岛屿，从茫茫中来，又向茫茫中去。生息在这一星球上的生命，经历了数亿年的繁衍和进化，终于在创世纪的今天，造就了人类的高度智慧和文明……”我第一次发现，科学和艺术能这么完美地结合在一起，数学书竟然可以写得像文学书那样优美；除了算数外，生活中竟然可以找出那么多和数学有关的事，而且这些故事都如此有趣！比如，生活中习以为常的银行储蓄，我们知道，存5年期的利率高于存1年期或3年期的利率。可能不少人以为，这仅仅是为了鼓励人们去存较长期限的储蓄。但是，作者在书中告诉我们，这是本该如此的！为此，作者用数学方法计算了一遍，结论是：如果长期储蓄的利率不高于短期的话，那么对储户来说短期储蓄更合算！这真让我有茅塞顿开之感！

看着看着，我不仅为作者击节赞叹。作者既有深厚的数学功底，又有开阔的知识视野。他从日常生活、大自然、科学史和人类历史中，“信手拈来”一个个和函数、极限有关的故事。这些生动有趣的故事，揭示出种种数学奥秘，向读者展示广袤而神奇的数学世界，使原本枯燥难懂的数学知识变得摇曳多姿、妙趣天成了。作者在书中不仅告诉我们结论，还进行严格的计算、证明，从而避免了浮光掠影、泛泛而谈，使读者知其然，更知其所以然。从狄多女王购地的故事中，我了解了用一条定长的线段围出最大面积的图形是圆，从而懂得了“周长与面积之间的函数关系”的数学知识；在“奇异的指北针”中，我知道了假如我在烈日当空、一望无际的沙漠中迷失方向时，该如何用自己的手表判断方向，而这个道理竟然可以用数学知识来解释……

在我的记忆中原本枯燥无味的数学因此书慢慢鲜活起来，我从没想到数学能这么有趣、有用。显然，在我的学生时代，我只是掌握了一些数学知识，而没有积累多少数学素养。知识和素养的区别是：知识提供解决某一具体问题的钥匙，素养指引思考问题、看待问题的角度；知识很容易遗忘，素养会伴你终生。真正对人的思想、行为产生影响的，不是僵化的、有形的知识，而是灵动的、无形的素养。如何提升个人素养呢？培根说：“读史使人明智，读诗使人秀灵，数学使人周密，科学使人深刻，伦理学使人庄重，逻辑修辞之学使人善辩。”这句话道出了博览群书对提高素养的巨大作用。在实际工作和生活中，以前学的很多知识可能都派不上用场，但任何一种素养都对工作和人生有益。

我真羡慕现在的中学生，能看到这么优秀的科普读物。人生不能重来，生活没有“假如”，但我还是要“假如”一把：如果中学时我能读到像这本书这样的科普读物，也许我会爱上数学，并因此改变人生之路。

故事中的数学之美

周国镇

数学很美，美在它的内部和谐，美在它同自然、社会的密切联系，美在众多数学家的感人事迹，数学的美，是精神和思维的美，它同艺术美一样感人至深。正是这种美，吸引了从古至今的无数英才，以数学为终身事业，付出毕生的才智去追求、去探索、去创造，终于使数学达到现在这样无处不在，无处不用。但是数学的美，不容易为多数人尤其是青少年感觉和认识，其原因并不是数学本身的严谨和抽象（其实，这正是数学美的一个表现），一个重要原因，恐怕是我们的数学教科书，以及青少年数学读物多是一副冷冰冰的古板面孔，而不是生动、感人、美丽的形象。

数学书能写得很美，很动人吗？

张远南先生的《概率和方程的故事》等三个故事集给出了肯定的答案。

《概率和方程的故事》一书讲了46个故事。每个故事都讲得很生动、很美，让人感到兴趣盎然，爱不止读。

圆周率π，小学生也知道。但是，用很多根细细的等长小针投放到桌面的纸上，竟能算出π=3.1415929。知道的人恐怕就很少了。而书中的《布丰投针求π值》就生动地讲述了法国数学家D·布丰设计的投针试验，以及它的原理，读起来令人感到十分有趣。《威廉·向克斯的憾事》则从另一个角度讲了π的故事，全文不足一千五百字，十分钟即可读完。但是却让你清清楚楚地看到开始于公元前三世纪古希腊学者阿基米得而后经过中国魏晋南北朝时期的刘徽、祖冲之，一直延续到现代的圆周率π的研究史，介绍了八个国家的十多位数学家的重要贡献，文中精彩的讲述比比皆是，如："1872年，英国学者威廉·向克斯将π的值算到小数点后707位，为此，他用了整整20年的时间。他去世后，人们在他的墓碑上刻下他一生心血的结晶——π的前707位小数。此后半个多世纪，人们对他的计算结果深信不疑。以至于在1937年巴黎博览会发明馆的天井里，都赫然地刻着这个π值。"书中又写道：后来，英国数学家法格逊仔细地计算了向克斯π值的前608位小数中0到9这十个数码出现的次数，发现：3出现68次，为最多；7出现44次，为最少。他认为这个现象不正常。π是体现大自然奥妙神奇的一个数，因此，法格逊有一个妙不可言却又很自然的猜想：在π的数值中，0到9这十个数码出现的概率应当是相同的，应当都等于十分之一。于是，他从1944年5月到1945年5月，花了一年时间，用当时最先进的计算机，终于确定向克斯π值707位小数中后180位是错的，更有意思的是，在近30年以后，法国学者让·盖尤和芳丹娜对π值的前100万位小数中0到9这十个数码出现的概率作了计算，进一步证实了法格逊的猜想。

这样的故事读下来，不仅使读者对概率有了明确、难忘的认识，不仅为数学家们的卓越智慧和奉献精神所感动，而且会自然地认识到后人只有在前人成就的基础上才能前进，还会认识到数学是人类共同创造的文化财富，这些关于人生哲理的启迪绝不是苍白无力的说教所能得到的。

大自然神奇奥秘，人类社会万象纷呈，这都为科普读物提供了丰富的素材。《概率和方程的故事》就很善于从自然和社会中发现和创作。关于20世纪60年代发生在美国弗吉利亚州拉尔夫和卡罗琳夫妇家的罕见现象：五个儿女生于同月同日，《概率和方程的故事》书中这样描写："四个孩子神奇般地出生在不同年份的同一天，这可是当时的世界纪录。当地群众对此家喻户晓，一时传为佳话。因此，当卡罗琳第五次怀孕的消息传开，整个弗吉利亚地区群情雀跃，人人兴奋不已，个个翘首以待。2月20日这一天，父亲拉尔夫正在运动场观看足球比赛，比赛紧张激烈，场上角逐正酣。突然扩音器里传来了振奋人心的消息：'拉尔夫，祝贺您！生了个女儿。'顿时，整个运动场沸腾起来，运动员们也暂停比赛，加入欢呼行列，人们组成浩浩荡荡的队伍，把拉尔夫像英雄般地抬了起来……"

写到这里，作者不失时机马上转到数学上："这种同一父母所生的五个子女，生日全同的概率究竟有多大呢？……"经过简单的推算，最后得出：这种现象出现的概率只有177亿分之一！

这样的故事中的数学是活的数学，因而一定是深刻难忘的。

写科普读物，既要有很好的专业功底，还要有很优美的文笔，《概率和方程的故事》的作者正是如此，且看他怎样写笛卡尔思考建立直角坐标系："1619年，一位才智超群的青年军官，对如何把代数应用到几何上的问题产生了兴趣。当时，他随部队驻扎在多瑙河旁的小镇。蓝色的天空，绿色的原野，流星在夜空中划过，骏马在原野上奔驰，这一切都引起了这位酷爱数学的年轻人的联想：陨落的流星，驰骋的骏马，它们运动的轨迹应该怎样去描述呢？11月10日晚上，青年军官躺在床上久久不能入睡。突然，天花板上的一只小虫落入他的视野：小虫缓慢而笨拙地走着它那自以为是的弯弯路。一时间他思绪叠涌：虫与点，形与数，快与慢，动与静，他似乎感到自己已经悟出了其间的奥秘，但又似乎感到茫然而不可思议！他昏然了，终于深深地进入了梦乡。俗话说得好：'日有所思，夜有所梦。'那天晚上，一个伟大的灵感在青年军官的睡梦中产生了。"这样引人入胜的描述，在《概率和方程的故事》书中随处可见。

数学，是人创造的。数学家首先是人，他们有情感，当然更有非凡的智慧和献身精神，他们的研究乃至荣辱喜悲离不开所处的社会环境。他们的生命历程同数学史以及人类文明史紧紧地结合在一起。《概率和方程的故事》就是以很多个生动、优美、动人的故事反映了如此丰富的内容，读这样的书不仅学习了数学，智力得到了操练，还是一种美的享受。

2009 年 12 月，我应邀到北师大厦门教育培训中心讲学，见到了张老师和上海教育出版社的数学编辑叶中豪先生，又得知叶编辑这次来厦门，除了讲学外，还有一项重要任务——为张老师的又一本新书《拍案称奇》而来。

2010 年春节，我给张老师拜年，得知《拍案称奇》即将出版！

我崇拜，我敬佩，古稀之年的张老师！

第四节　在跨越发展中和谐发展

所谓跨越发展，是指超越常规发展的一种快速高效的发展。新手型—适应型—熟练型—骨干型—专家型的发展之路，是传统发展观，当然也是一种可行的发展观。但时代为教师的跨越发展创造了条件，广大教师尤其是广大青年教师，要树立高远的志向和目标，脚踏实地又讲求实效，努力争取实现自身的跨越发展。

和谐，是主客观的统一，是多样性、多方面的统一。和谐发展是科学发展观的体现。

所谓和谐发展，一是指个体内部发展的各个方面彼此协调，互相支持；二是指个体发展与客观环境保持高度一致性，而不是互相排斥。与自身和谐，就要求人格魅力与学识魅力相统一，自身内心和谐；与时代和谐，就是与政治多极化、经济全球化、信息网络化、文化多元化、人生学习化的时代特征相和谐；与自然和谐，就是生态文明与政治文明和谐，物质文明与精神文明和谐；与他人和谐，就是妥善处理好合作与竞争、师爱与师严、个体与集体等关系；与发展和谐，包括身心、事业、家庭的和谐，教育、教学、教研、竞赛、课外活动的和谐，拼搏、进取、休闲、娱乐的和谐。

优秀教师要在跨越发展中和谐发展。

1. 教师发展之“机”——跨越发展

(1) 生逢其时，更要奋斗其时

以往我给青年教师讲座时，结束语常常这样说：“因为你们年轻，所以你们拥有。希望……”

后来，我发现并不是“年轻”就一定“拥有”。于是，有一段时间我给年轻教师讲座时，结束语经常这样说：“人是要有点精神的。未来是属于青年人的，因为你们年轻，所以你们拥有；但未来未必属于所有的青年人，它只属于那些有准备的头脑、有进取精神的青年。”

生逢其时，更要奋斗其时！

事实上，近年来，从教十多年的教师成为有实力的大学教授，三十多岁的年轻教师评上特级教师，教师跨越发展已成为现实。这就是“年轻”而奋斗其时的“拥有”。

从环境看，社会大环境，呼唤人才辈出，希望早出人才、快出人才；学校小环境，绝大多数学校都为青年教师创设了发展平台，鼓励青年教师脱颖而出。从条件看，主观上，课程改革背景下的青年教师，绝大多数具有与时代相适应的新观念、新知识、新理论、新的思维方式和高效的学习、研究方法，基础好，起点高；客观上，信息密集，媒体发达，实践天地广阔，学习机会增多，研究领域拓宽，技术手段先进。这些条件都对青年教师跨越发展十分有利。

年轻教师取得成绩时，我一方面为他们感到高兴，使年轻教师因成功而自豪，因自豪而推动新的成功。另一方面，在赞赏他们时，我又会适度提醒他们学会“归零”。

我经常这样提醒，老师们不仅要学会“时刻归零”，还要学会“主动归零”。只有归零，才能腾出空间接纳新的东西。

当我们有了一些成就时，很容易自满，止步不前，那样就永远不会提升。只有放低心态，否认自我，用空的心去学习，才能使自己不断进步，持续发展。归零，让我们永远年轻，永远青春！

(2) 育人平台上的人生书写

1977 年，我下乡到龙岩和永定交界的红坊农林场已是第二个年头了。知青点的知青们都憧憬着这样一种境界：在农林场有一个三口之家，月收入 45

元。我在我们三个知青住的简易宿舍门口贴上了一副对联，上联是“家住人三口”，下联是“门对田千亩”，横批是“小康人家”。

那年 11 月初，从我那台简易的矿石收音机里传来了一条令人振奋的消息，国家要恢复高考了。离高考只有一个多月的时间，盼望读书的我决定回城复习，参加高考，但当时正值秋收冬种，很难请假。为了请成假，我想了个歪点子，让好友用柴刀在我身体不太关键的部位砍上一刀，造成工伤，好请假，可是没人敢砍。于是，我索性用漆树枝抽打双脚，我以前常犯漆过敏，可这回就是肿不起来，于是我又用手抓，让它过敏、流水、流脓。就这样，我回城复习，终于考上了师专。能考进师专，在我们那个知青点已经是很了不起的事，我很知足。而三年的知青生活，不仅给了我丰富的人生阅历，更重要的是给了我一种精神，这种精神日后一直伴随着我，学习、工作和生活中遇到的各种困难，与知青生活比算得了什么！这种精神推动了我的整个人生。

那时，能“上调”已是很令人高兴的事，何况我还能当教师。我很珍惜机会，用心地教书育人，尽量把所有的工作都做得最好，所以受到了师生及家长的好评。然而，“师范专科”这个学历在重点中学是站不住脚的，也是我不满足的，于是就有了我的漫长的在职提升学历和提升素质之路：函授本科—研究生—骨干教师国家级培训—博士课程班。这条路一走就是 26 年。尽管求学之路漫长，但我毫无怨言。

我初到龙岩一中，当一个班的班主任，教初一两个班的数学。那时学校没有太多的条条框框，于是，利用当班主任的机会，我高效率地布置完学校交代的任务，然后组织学生开展各种活动，如猜谜活动、体育活动和科技活动，寓教育于娱乐之中，增知识于谈笑之间，长智慧于课堂之外，我觉得，这对学生成长大有益处。

我的数学教学也“与众不同”。我上一节数学汇报课，来了很多听课的老师，甚至教务主任和分管教学的副校长也来了。离下课还有五分钟，课上完了，于是我出了个“哪辆车先到达?”的问题，引导学生研究，课堂十分活跃，学生学习数学的积极性格外高。

问题：一汽车 P 从 A 沿半圆弧运动到 B，另一汽车 Q 从 A 沿两个等半径半圆弧运动到 B，两汽车运动速度相同，如图 8-5，问哪辆汽车先到点 B?

这是一道小学生都会解答的智力题，容易通过计算得出 P、Q 同时到达点 B。但如果绝大多数学生做完此题也就完事了，不善于通过推广与变式把问题深化，也就失去了一次极好的训练创造性思维的机会。

于是，我引导学生不断深化。

深化1：把“两个半圆”改为“n 个半径相等的半圆”，如图 8-6，情况如何？

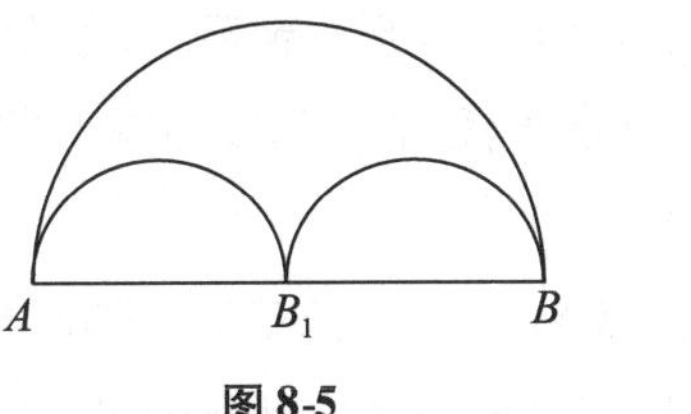

图 8-5

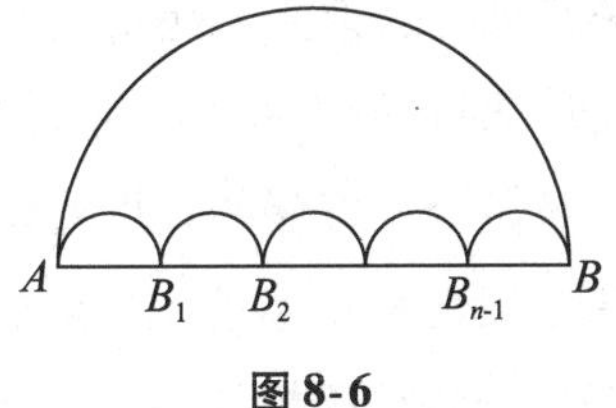

图 8-6

深化2：“线段 AB 上有 n 个半圆（半径允许不相等）”，如图 8-7，情况如何？

深化3：如图 8-8，图中凸多边形均相似，是否有

$$AD+DC+CB=AD_1+D_1C_1+C_1B_1+B_1D_2+\cdots+B_{n-1}D_n+D_nC_n+C_nB?$$

学生用相似多边形性质可证明结论正确。

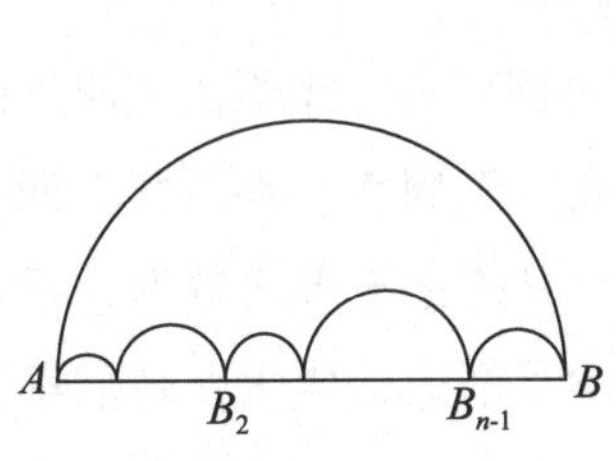

图 8-7

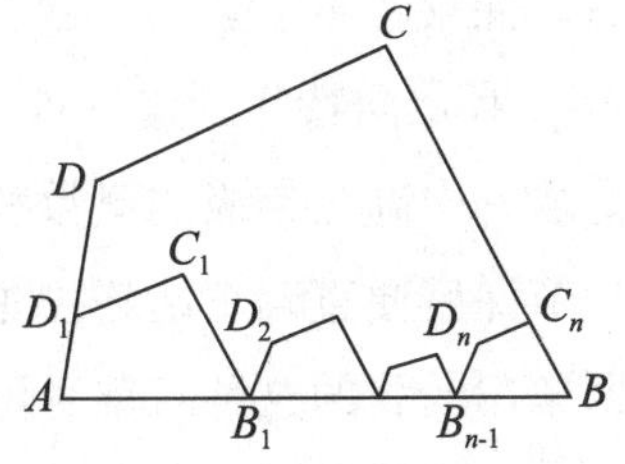

图 8-8

深化4：如图 8-9，图中各“曲线段”相似，是否有曲线段 AB 的长等于 n 条小曲线段长的和？（这个问题，学生要到学了定积分之后才能证明结论正确。）

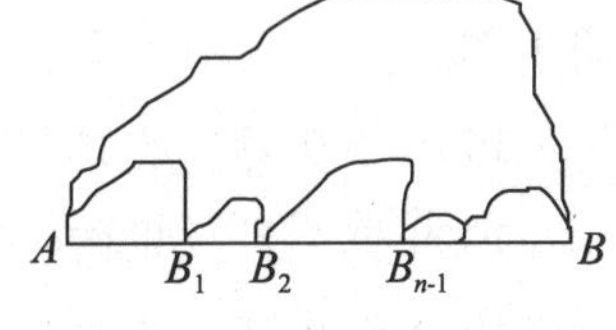

图 8-9

对这节课，同事好评如潮：说我数学功底扎实，说我会调动学生学习的积极性，说这才像数学课，说这节课的思维量大，说教学确实与众不同，等等。

对于一个数学教师来说，数学课堂是他的主阵地。主阵地的成功，为开辟其他领域打下了基础，也创造了条件。

1984 年，我的第一篇论文发表，之后有了在教育科研上的漫漫征程。

1986 年，我开始进军高中竞赛数学，之后有了 20 年的数学奥赛之路。

1986 年，福建省首次评选省级优秀青年教师，竞争激烈。要求参评人有师德业绩，有班级管理成果，要求各地先评课再将优质课程录像送至省里，要提交有一定水平的论文，还要具有市级以上先进的表彰。我努力争取，最后评上了数学学科的第一名！我代表福建省优秀青年教师在颁奖大会上发言，题目是《做全面发展的人民教师》。

1988 年，我的第一本著作出版，之后有了“梦圆百书”的不懈追求。

1992 年，全省要破格评一批高级教师，校领导鼓励我申报，同事们也鼓励我申报，地区职改办的同志索性把表送来了。同年 4 月 15 日，福建省破格评出 8 位高级教师，我榜上有名。

1994 年，福建省要评特级教师。经过多轮的评选，我评上数学特级教师，当时是福建省最年轻的特级教师之一。

改革开放的时代就是这样，她为每一个探索者点燃烛光，为每一个奋进者铺就路石。探索者不忘烛光，奋进者感怀路石。

1996 年，我走向特区。这一年，我既是厦门双十中学高三年级的数学教师，又是龙岩一中高三年级的奥数教练。周一至周六我在厦门上课，周六上午上完一二节课后便直奔车站赶往龙岩，周日连上五节奥数课，下课后又直奔车站返回厦门。我的这种双重身份，感动了两边的学生，他们都以优异的成绩回报了我、回报了学校。

1997 年 3 月，我担任厦门双十中学教研室副主任，尽力抓好学校教育科研工作。

1998 年 9 月，我荣获国务院政府特殊津贴。

1999 年 1 月，我担任厦门双十中学校长助理，协助校长工作。

1999 年 8 月，我荣获苏步青数学教育奖一等奖。

1999 年 9 月，我担任厦门双十中学副校长，分管教学工作。

特区，为一个奔跑者指明了前行的方向；特区，为一个敬业者铺设了发展的平台。

2002年9月8日，北京师范大学百年校庆，正当我准备参加校庆活动，并接受北师大授予我的《北京师范大学荣誉校友证书》和《北京师范大学兼职教授证书》时，厦门市委组织部通知我，不能去北京了。9月7日市领导找我谈话，说组织上决定由我担任厦门一中校长，9月9日上午，我上完最后一节数学课，与学生话别，9月9日下午，市领导和教育局领导到厦门一中宣布了我的任命。

就这样，我走进了厦门一中。

不，应该说，我融入了厦门一中。

从到厦门一中的那天起，我就想在这里干到退休。

我和厦门一中的老师们为了一个共同的愿景——为发展而教育，竭力探求并践行，我们努力抓好学校文化建设、抓好教育教学质量、抓好新校区建设、抓好百年校庆。

然而，历史往往惊人的相似。因为组织部的电话，一个为了厦门一中百年校庆的出差任务被取消。

2006年8月21日，市委组织部来到厦门一中宣布：调我到厦门市教育局担任副局长，并宣布厦门一中新的校长、书记人选。

厦门一中实现了百年接力。

不想当老师的我，读了师范，当了老师；不想学数学的我，学了数学，当了数学教师；走着走着，当了主任；走着走着，当了校长；走着走着，到了教育局，当了副局长。

这就是我的30年——从知青到局长；这就是改革开放的30年，人生如歌，岁月如诗。

记得我到市里参加任前谈话时，市领导对我们说："我知道你们名校校长来当局长，会有一些想法，不是很想，对吧？这很正常，但今天不是谈想法，而是如何面对一个更为广阔的教育平台，用你们的教育经历和教育智慧，去推动厦门教育的新一轮发展。"

是啊，这是一个更大的教育平台。目标在正前方，奋斗也在正前方。

2. 教师发展之"境"——和谐发展

（1）教师要学会"弹钢琴"

在社会转型时期，中学教师承受着多方压力，教育体制的改革与创新，教育岗位的竞争，聘任制，量化管理，课改挑战，等等，无不使教师在知识经验、教学能力和心理素质等方面不断透支，工作量大，琐碎事务多，造成教师心力交瘁，出现职业倦怠。

教师一旦陷入职业倦怠的泥潭，将会对教学工作、日常生活产生不良影响，不但有损身心健康，而且会影响自己和周围人的工作、学习和生活。

改变社会大环境对教师带来的压力，我们很难做到。但作为一所走向文化管理的学校，我们可以通过改善学校小环境，努力营造促进教师和谐发展的学校文化。

面对繁重的教育、教学、教研等任务，学会“弹钢琴”是教师必须掌握的“师者智慧”。

一是弹好教育与教学之琴。

“教育”一词在这里，狭义指学生的思想品德教育。教师当班主任或年级主任，就要抓学生的理想教育、常规教育、心理教育、班风学风等，带好一个班或一个年级。教学，就是学科教学活动，包括必修课、选修课、活动课等。如果担任班主任，就要充分利用这一身份优势促进学科教学，而当班主任又会花费时间和精力，这就要做到抓班级和抓教学“两手都要硬”；如果暂时没当班主任，就要抓住时机及时在教学上冒尖，成为教学专家，这样，一旦需要当班主任，就能以娴熟的教学技能赢得学生信任。

二是弹好教育、学习、研究之琴。

教师是学生成长的引导者，是学生成长的促进者，也是学生成长的对话者，新课程下，教师要成为教学的专家。教师是知识的学习者，学习共同体的合作者，学习型组织的推动者，更应当成为终身学习者，新课程下，教师要成为学习的楷模。新课程下，教师还要成为教育的研究者，既有教育教学技能，又有理论修养，同时还具备研究能力。教育重实践，学习宜长远，研究促提升，教师在不同的发展时期有不同的侧重，要处理好三者的关系，有侧重地同步推进。

三是弹好人格与学识之琴。

教师人格是其思想、道德、举止、风度及能力等众多因素的综合，是学生成长的重要保证，教育成功的基本条件，教师自我完善的最高境界。学识水平是教师已有知识及技能和再学习能力的总和，在一定程度上标志了其思想、理念的深刻度和技能水准。教师的学识对学生有巨大的影响力，并成为学生效仿的榜样。一个优秀的教师，必然是人格魅力和学识魅力兼具的教师。

四是弹好合作与竞争之琴。

合作与竞争都是人类社会所必需的，是人类社会发展的重要动力。两者互相联系又互相区别，各自的功能不可互替。一方面，有效地利用其他教师的智慧，采用开放性的教研方法，在教学工作中是非常有益的。每个人都有优点和独特的思维方法，只要善于同他人交流，就会学到很多。另一方面，在教育教学的竞争过程中，合作更显得必要与重要，往往可以显示一个人的胆识与才智。合作既可以帮助他人，又有益于自己，这就是“双赢”。

五是弹好工作与健康之琴。

我们强调激情工作，是因为激情是生活中一道独特的亮丽风景，激情产生幻想，激情产生勇气，而且使一个人的生命时刻处于锐意进取的状态当中。激情使你卓越的潜能充分显露，使你出色的个性得到张扬，使你丰富的才情得到升华。身体是事业的本钱，教师要更好地开展教育教学工作，就一定要树立“健康第一”的思想，因为健康是人类最大的财富。追求健康，就是追求文明进步。

六是弹好事业与家庭之琴。

事业，是我们不断发展的基础；家庭，是我们疲惫时休憩的港湾。只有事业，不算真正的成功，因为无人与你分享；只有家庭，不算幸福，因为缺乏个人价值。没有家庭的人生是不完整的人生，没有事业的人生则是苍白的人生。一个真正的成功者应该既有事业的成功，又有家庭的成功，二者缺一不可。教师，尤其是女教师，弹好事业与家庭之琴，尤为重要。

（2）文武之道，一张一弛

朱永新教授所著《我的教育理想》，是我近年所读的最好的教育著作之一，是一部融理性、激情和教育哲学于一体的，具有创新精神的力作。教育的理念融入了诗的语言，追求理想的激情弥漫在铿锵的旋律里，内在的哲学思辨流淌于动人的呼唤中。

我心目中的理想教师，应该是一个胸怀理想、充满激情和诗意的教师；应该是一个自信、自强，不断挑战自我的教师；应该是一个善于合作、具有人格魅力的教师；应该是一个非常尊重同事、尊重领导，非常善于调动有助于自己成长的各方面因素的教师；应该是一个充满爱心、受学生尊敬的教师；应该是一个追求卓越、富有创新精神的教师；应该是一个勤于学习、不断充实自我的教师；应该是一个关注人类命运、具有社会责任感的教师；应该是一个坚韧、刚强，不向挫折弯腰的教师。

确定这九个“应该”不久，一日，我从医务室了解到，不久前学校例行组织老师体检，发现不少老师身体都有些小毛病，我希望工会能组织老师们积极锻炼身体，并让广大教师树立“健康第一”的理念，自觉锻炼身体。同时，我又加了一个“应该”——应该是一个积极锻炼身体、注意调节情绪，身心健康的教师，以期实现“十全十美”。

后来，我又读了管建刚老师写的《不做教书匠》，全书共有八章，分别是：做一名有方向感的教师；做一名有约束感的教师；做一名有责任感的教师；做一名有上进感的教师；做一名有奋斗感的教师；做一名有专业感的教师；做一名有亲和感的教师；做一名有智慧感的教师。我惊奇地发现，这“本书”也有缺憾，那就是不谈健康！不知能否加写一章：做一名有健康感的教师。

近日又读一文，感触很深。作者把工作、健康、家庭、朋友、心灵比作五个球，认为这五个球只有一个是用橡胶做的，掉下去会弹起来，那就是工作；而另外四个球都是用玻璃做的，掉了，就碎了。文章最后写道：“五个球都是生命的重要组成部分，而在竞争日益激烈的今天，我们常常因工作之球的高速运转而忽略了其他，忙碌常常成为再合适不过的借口。我们也许无法让生命之球尽善尽美，但我们可以用我们的心，用我们的手，悉心调配生命之球，在工作的同时，让身体健康，让家庭和睦，让朋友幸福，让灵魂高尚。”

《中国教师缺什么》一书把中国教师“缺乏健康”列为内容之一，书中有这么一段文字：“当前的中小学教师队伍让我们担忧——不是他们缺乏敬业精神，也不是他们缺乏专业修养，而是他们的生存状态。”的确，许多教师存在健康问题，还有不少教师存在心理问题。

教师的健康是孩子们能够顺利健康成长的前提和保证，如果教师的身心健康缺乏保证，学生的健康全面发展又从何谈起？所以，真正到了需要关心教师健康的时候了！谁来关心教师的健康？也许是教育行政部门，也许是校长，但我以为，更多的还是我们教师自己。

华中师范大学郭元祥教授在其新著《教师的20项修炼》一书中这样感叹：健康是任何人都不能从你那里拿走的财富！亲爱的教师们啊，你要是真心热爱你的学生们，你就为他们健健康康地活着！你要是真心热爱教育事业，你就该健健康康地活着！你要是真的关心自己的健康，你就该每天对着镜子朝自己笑一笑。你要做到每年做一次体检，每月听一场音乐会，每周唱一首歌，每天多喝一杯绿茶或酸奶，每小时伸伸胳膊踢踢腿，每分钟都保持乐观阳光的心态！你的健康属于你自己，也属于教育！

老师们，实施你的“阳光体育计划”吧：每天锻炼一小时，健康工作50年，幸福生活一辈子！

（3）教师要学习“水”的智慧

水是有智慧的。

教师要和谐发展，就要学习“水”的智慧。

孔子说：“仁者乐山，智者乐水。”说的是“智者”的智慧当如水之灵活，藏于地下则含而不露，喷涌而上则为清泉；少则叮咚作乐，多则奔腾豪壮；遇到不同境地，则显示出各异的风采：经沙土则渗流，碰岩石则溅花，遭断崖则下垂为瀑，遇高山则绕道而行；可以汇涓涓细流而成滔滔江河甚至茫茫海洋。

老子说：“上善若水。”天下没有比水更柔软的了，但是“攻强克坚”时，没有什么东西比水更厉害。最厉害的智慧当如水那种柔中有刚、刚柔一体的境界，貌似柔，实则刚，虽属柔物，却克刚强。“上善”的智慧（最好的智慧）应当像水一样随机应变，高温则成蒸汽，低温则为霜雪，常态则为液体。

禅宗说：“善心如水。”“善心”的智慧当“如水”之充满善意。“水止则能照”蓝天、草木、万物；“水静柔而动刚”，决不怨天尤人，只怀一颗善心平常心。水滋润万物而无所求，将自己奉献给大地生灵而与世无争。因为“无欲”，所以“无欲则刚”；因为与万事无争，所以也就没有什么能与它相争。

如果举办一个关于“水的智慧”的论坛，相信我们会得到更多的给人以

启迪的“水的智慧”。

水是小的。小到最小的缝隙，水都能穿过。水甚至小到无形。然而水又是大的，比大象还要大十几倍的鲸鱼，都可以在水里游来游去。泰坦尼克那样大的超级客轮，也会淹没在海里，不见踪影。

水是静的。多数时候，水面平静得像镜子，丢个石头下去，它最多也激起一阵涟漪，最后又归于平静。然而，它又是动的。看它在瀑布上面奔跑的样子，在山间奔流的样子，在飓风下跳跃的样子，就能感觉到它那令人惊讶的动能。

水是弱的。弱到遇到最不起眼的阻碍，也会绕道而行。但水又是最强的。它发脾气时，可以变成山洪，造成房倒屋塌；可以变成特大洪水，摧堤毁坝；还可以变成滔天巨浪，翻船覆甲。

这就是水，集众多矛盾于一身，但又和谐地聚为一体。对这种矛盾中的和谐，没有一定的智慧，又岂是参悟得透的？人生处世当如水，善待一切，灵活、善变，不妄求环境适应自己，而善使自己适应环境。人在世上不顺多，当学水之能潜、能涌、能流、能奔、能升能降，适境而生，适境而居。

水的智慧，更值得教师思考、领悟和内化。教师若能领会水的智慧，就会妥善处理各种前进中、发展中的问题，走向和谐发展，走向理想人生。

水的智慧给教师的启迪至少有：主动寻找前进的方向；担起带动周围人前行的重任；变化自身以适应环境；视压力为崛起的动力；善待学生，善待家长，善待同事。

教师若能保持清澈如水的心境，思索水的宽容、水的智慧、水的勤奋、水的坚韧、水的适应性、水的奉献精神，学习水的高尚品德，就能从容面对各种情况，统筹好全面发展、自主发展、充分发展、持续发展、专业发展、特色发展、跨越发展的发展时机与发展力度，更加科学、理性地走向和谐发展。

3. 在跨越发展中和谐发展

跨越发展与和谐发展是辩证统一的。数学教师处理好这个关系，就能在跨越发展中和谐发展，也能在和谐发展中不断超越自我，实现跨越发展。

（1）救场救出了名

1991年7月，我到哈尔滨参加全国中学学习科学第二届学术年会。当时龙岩一中的经费十分紧张，但校长破例允许我坐飞机从厦门到长春，就这样，我开始了人生的第一次空中之旅。

到哈尔滨后，我才知道福建省共去了四位年轻教师：吴启建、陈泽龙、蔡建生和我。我们四人晚饭后一同去看俄罗斯建筑，去中央大街逛商店。当我们走到中央大街旁的啤酒广场时，不由被眼前的场景惊呆了：近千人在这里整箱整箱地喝啤酒，穿着暴露、眼戴墨镜、嘴叼香烟的年轻女郎穿梭其间。我们四人也找了一个地方，点上酒菜，要了啤酒，感受这北国的啤酒文化。

此时此刻，会务组工作人员却心急火燎——魏书生老师不能如期到来。原来魏书生老师在拉萨讲学，由于天气原因，拉萨机场封闭，飞机到不了成都，就不能从成都转机到哈尔滨，而第二天魏老师就要为哈尔滨市即将升入高三的学生开讲座——《谈学习方法——以语文为例》，4000 多名学生啊，改期讲学，谈何容易！

董国华秘书长突然想起了我，他知道我在龙岩一中已开设了四年的学习方法课，还在龙岩一中开设了大量的数学选修课、活动课、微型课。研究会的几位领导商量后决定，明天给学生的报告由我讲，话题改为《谈学习方法——以数学为例》。

会务组的人哪里知道我正在“狂”喝啤酒，正在感受啤酒文化。何况，当时的通讯方式也没有现在便捷。

当我们半夜里回到宾馆时，会务组的人大声把我叫住：“任勇，总算找到你啦！”一番任务布置，吓得我酒醒了一半，连连摇头说：“不行，不行。我是来开会的，什么材料都没有带，何况原来是魏老师讲啊，我怎么代替！”

学会领导出面了：“这是大会决定的，相信你没问题。给你开个单间，里面有纸和笔，开始干活吧！”

连续三个小时，我硬是靠着在龙岩一中“摸爬滚打”练就的本领，奇迹般地在一张纸上写好了讲座的提纲。

第二天早上 8:30，来到会场时，我又吃惊不小：4000 多人啊，我从来没有面对过那么多人讲课。特别是来了那么多的记者，录像的、摄影的、录音的，是啊，原本是魏老师要来啊。记者们一看不是魏老师，也无退路啦。

我也没有了退路，索性心一横，豁出去了，“目中无人”吧，按照自己的思路讲，就当是在龙岩一中面对学生。

三个小时后，我结束讲座时，全场掌声雷动。主持人给了很高的评价，记者们纷纷采访，学生们走上台来要我签字，要与我合影，我第一次有了“明星”的感觉。

救场救出了名。不但许多会议代表纷纷邀请我讲学，哈尔滨市也要我再为老师们讲一场，于是我放弃游览机会，在哈尔滨市第一中学向500多位老师谈学习指导问题，再次引起小轰动。

如果说我在全国学习科学领域开始受到关注，那就是从这次“救场”开始的。

“机遇总是垂青于为他而准备的人。”

那次返程途中，我对这句话有了更深刻的认识。

（2）提升教师发展的核心竞争力

《现代汉语规范词典》对“发展”一词界定为：发展，指事物由小到大、由简单到复杂、由低级到高级不断演变。

当今社会是一个激烈竞争的社会，物竞天择，适者生存。竞争是每一个人赖以生存的法则。一个人只有增强竞争实力，才能塑造成功的自我。

核心竞争力一词来源于企业管理，企业要在竞争中生存、发展，就要有其独特的核心竞争力，区别于其他企业，强于其他企业。就个人而言，所谓个人核心竞争力，是指不易被竞争对手效仿的、具有竞争优势的、独特的知识和技能。

教师也应该拥有自己的核心竞争力，为自己在工作、生活中争取属于自己的一席之地。教师的核心竞争力的关键，是提高教师的专业化水平。

一般认为，教师发展的内涵应涵盖三个范畴：第一，专业化的学术知识，通常以学历标准来衡量。第二，教师的职业倾向性，如职业道德、敬业精神、工作态度等，强调的是教师的爱心、公正、自制力等。第三，教师的教育理论和教育能力，有人称之为教育形态的知识。

从上述意义上说，教师发展的核心竞争力可归结为教师的人格魅力、学识魅力和工作得力。

先说“人格魅力”。

教师的人格魅力，是教师个人修养及综合教育素质的外在表现，是教师的教育机智不可缺少的要素之一。教师的人格魅力产生的吸引力和感染力对学生的影响是巨大的、深远的，甚至会影响学生的一生。

我认为，教师发展的核心竞争力中不能没有人格魅力。

对教师人格魅力的打造，有人归结为：为人师表的道德魅力，举止优雅的品格魅力，追求完美的思想魅力。也有人归结为：教师的主动精神，教师的乐观心态，成为快乐的教师。还有人归结为：自我认识，自我调整，自我超越。这些都是可以努力的方向。

次说“学识魅力”。

学识，即学问，就是所学、所掌握的系统知识和技能，其内涵和外延更为广泛。学识水平是教师已有知识及技能和再学习能力的总和，在一定程度上标志了其思想、理念的深度和技能水准。做学问是做教师的本分，也是教师在课堂上立足的基础。

教师的学识魅力，毫无疑问是教师发展的核心竞争力。

教师学识魅力的打造，有人归结为：学习必须成为需要，学习必须读书，学习必须思考，学习要以问题为本。

的确，只有建立在这样基础上的学习，才能有所提升，使自己具有一个活性的、会学习的大脑，不断完善学识，以自己广博的学识赢得学生的爱戴，得到同事的称赞，得到领导的好评。

再说“工作得力”。

工作得力，在我看来，应包括教学能力强、教研能力强和创新能力强。

教学能力，是教师最主要、最重要的能力。所谓教学能力强，就是教师在教学实践活动中对学生有强烈而持久的人际吸引力、精神感召力和智慧的启迪力，它能够激励、鼓励学生汲取知识的信心和力量，不断向新知识殿堂奋发进取。关于教师教学能力的培养，许多文章都有论述，这里强调一点，即在课程改革背景下教师教学要“逐步实现教学内容的呈现方式、学生的学习方式，以及教学过程中师生互动方式的变革”。

教研能力，是指在教育教学过程中，从事与教育、教学有关的各种课题的研究与创造的能力。教师只有具备相应的教研能力，才能永久地保持对学问的兴趣，保持对教学的热情，克服对教学的倦怠感，并且通过教研不断提升自己的层次和水平。专家对名师研究后发现，学者化，是名师的成功之路。其特征是：不凡的学术勇气，强烈的课题意识，执著的探究精神，全面的信息素养，较强的创新能力，丰硕的研究成果。

创新能力，就教师而言，可以综合为一种渴望并善于获取新知识、树立新观点，研究、产生教育教学新方法、新模式、新理论，解决教育教学课题具有独创性、新颖性和高效性等有利于开展教育创新的各种能力。《中国教师缺什么——新课程热衷教师角色的冷思考》一书说了六个“缺”，其中之一是“缺乏创造”。反过来说，具有创造或创新意识和能力的教师，就多了一项竞争力。

可能有人会问，说了那么多“力”，能否再“核心”一些。我反复思考，目前只想到：教师发展的核心竞争力的“核心”是基于创新理念下的终身学习能力。

(3) 坐拥书屋

有人问及美国总统林肯：“您拥有什么?”时，他谈到了书，“我有书一筐，我一辈子也读不完。”

相比之下，我应该感到满足，因为我拥有两个屋子的书。

我家住的房子，由一套三房两厅和一房一厅打通组成，那一房一厅全为我的书屋，三房两厅中，有一间是我爱人的书房，两墙书几乎全是英语类尤其是英语教育类的书籍，还有一间是女儿的卧室兼书房，有一墙书，其中多数是她的专业——建筑专业的书。

书屋是我亲自设计的，我设计的原则是：尽可能多放书，每层书架的空隙都很少，尽可能方便取。

回到家里，一有时间，我便泡上一杯绿茶，钻进书屋里。进屋后的基本程序是：读刊物—写急稿或备讲座稿—小憩—写专著或论文。

读刊物，就是读近期的报刊，我必读的有报刊《教育研究》、《课程·教材·教法》、《人民教育》、《上海教育》、《中国教育报》等，必浏览的刊物有《数学通报》、《数学教学》、《明日教育论坛》等。读书则一般在双休日、长假细读。

写急稿，多是次日开会要用或某个活动的发言稿，或为报社写应急稿，或写一些序言题词之类的稿件。写近期的讲座稿，一般是做幻灯片，应举办讲座的单位或部门的要求，有针对性地写作，基本上是在原有研究或已有论文的基础上进行的。

小憩，一般是洗个澡，或是玩一会儿篮球，或是远眺窗外的风景，有时也坐下来看看电视，读读报纸。

写专著或论文，是费时费精力的活，写论文可以集中一段时间拿下，但写书少则半年，多则几年。

坐拥书屋，书于我，是诗，是沉思，是面包，是空气，是一切。每每此时，我往往觉得“书中自有……”应该是很好的一道作文题，有黄金屋，有千钟粟，有颜如玉，自然是一种收获，但在物质生活和精神生活相对丰富的今天，可能“书中自有……”已远不只是这些了。

书中自有生命在。

生命有限，但知识无限。人的一生是一个“有限”，这个“有限”的过程要和“无限”打交道。读书的好处恰恰就是它能使有限的生命得到无限的拓展。难怪许多读书人都说：“书生，书生，为书而生。”

书中自有阶梯在。

女作家叶文玲说：书是“天下第一情人!”名人对书的感悟和钟爱，是激励人们去开启知识大门的“金钥匙”。从这个角度，书是文明的使者，书是生活的大学，书是知识的大厦，书是进步的阶梯，也不为过。

书中自有思索在。

志趣求高雅，思索求高远。高远的思索，源于静心的读书。想走万里路，要读万卷书。英国哲学家洛克说：“读书只能供给知识的材料，如果融会贯通，应靠思索之力。”读书，贵在思索。我思故我在。

《书之趣》主编彭国梁先生在该书“编后记”中有这么一段话：“做了一个书架，高兴；买了两个书柜，高兴；有一面墙的书虎视眈眈，那就别提有多神气了；终于拥有了自己的书房，则有一个皇帝的位子在等着，都要考虑考虑了。在自己的书房，自己就是皇帝，墙上的书都是后宫的佳丽啊!”

是的，书带我进入一个又一个新的境界。

坐拥书屋，于我，足矣。

后　记

你能成为最好的数学教师

到厦门一中担任校长后，因为公务繁忙，所以学校教务处没排我的数学课，我只为高一年级讲授“学习指导课”。

对此，我心有不甘。浓浓的数学情愫，驱动着我经常去听数学课，课后和授课老师交流看法。数学组开会，只要有时间，我就去参加，和大家一起探讨数学教育教学问题。我和学校教务处有个不成文的约定，哪位数学老师因故无法上课，我是教务处首选的代课教师，我可以带中学六个年级的学生，可以上必修课、选修课和奥数课。有一回，一下代了半个月的课，让我又过了把“数学瘾”，和学生告别时，许多学生都含着眼泪，舍不得我走。哪个年级想请我作个数学方面的讲座，我也是乐呵呵地答应着。全国性的、省里的、市里的数学学术活动，只要不冲突，我都争取参加。

2002 年，由教育部批准召开的数学教育高级研讨班在苏州市举行，会议研讨的主题为“中国的数学‘双基’教学”。我撰写了《数学“双基”教学要有新的发展》一文提交给会务组，获得了参加会议的机会。能够参加如此高规格的数学会议，我非常珍惜这一机会。

福建省举办数学教学活动（包括本省的和全国性的）时，因为我是省数学教学研究会的副会长，要做许多筹备工作，所以有机会近距离和许多数学教育界的大师交流，聆听大师教诲，使我获益良多。

如果说，我在担任数学教师时的数学活动多为培养学生，那么，我现在的数学活动则多为培养数学教师。

我和上海格致中学张志敏校长等共同发起的“部分重点中学‘激活课堂’活动”，是为培养青年数学教师而举办的一项活动，这项活动已经在上海、福建厦门、浙江嘉兴、辽宁大连、贵州、海南海口等地开展，不少青年教师在这个平台上脱颖而出。

上海的一家教师培训机构进行数学“空中英才”培训，它曾经组织全国部分地区的数学教师到厦门一中进行培训，我为参加培训的数学教师开设了“数学新课程与数学学习指导”、“新课程背景下数学课堂的激活”、“全程渗透式数学学习指导实验”、“为师八观”、“中小学教育科研与教育写作”等讲座。

澳门最好的中学——澳门濠江中学校庆时，邀请数学教育界的著名专家前去研讨数学教育问题并讲学，受邀的专家有《数学通报》主编张英伯教授、东北师范大学校长史宁中教授、华东师范大学张奠宙教授和李士錡教授、西南师范大学副校长宋乃庆教授、南京大学涂荣豹教授和喻平教授等，我也接到邀请，而且是受邀者中唯一的中学教师。一所学校的校庆活动，缘何如此钟情数学？因为江泽民主席在澳门视察澳门濠江中学时，兴致勃勃地提出了一道“五点共圆”的几何题，为数学教育界留下一段佳话，也为濠江中学抹上浓浓的数学色彩。

我在濠江中学上了一节高中数学课和一节初中数学课，澳门几乎所有的中学数学教师都来听课了，《澳门日报》以“数学教育家任勇示范授课”为题报道了这次讲课活动。

厦门市教育局开展特级教师教学观摩活动，要求每位在职特级教师至少开设一节观摩课，并制成光盘赠送给各校。作为副局长，我在农村首先开设了观摩课。厦门市翔安区教育局以“特级教师任勇教学生‘玩味’数学”为题报道了这次讲课活动。

> 2008年10月13日上午，厦门市教育局副局长、特级教师任勇给翔安一中的初三、高三学生们带来别开生面的两堂课：《数学思维品质训练》和《借题发挥》。课上，任老师运用了许多学生喜闻乐见的教学手段——剪纸、猜谜、玩扑克牌、做游戏等，使枯燥乏味的数字与字母顿时生动鲜活起来；使深奥晦涩的数学题变得浅显易懂、妙趣横生。在温馨和谐的课堂氛围中，学生收获的不仅仅是几道数学题的答案，而是一题多解、一题多变、一题多用的学习窍门，形成深、巧、快、宽、新的数学思维品质，在“玩味”数学中享受到探索新知的无限乐趣。

任勇老师从容自若、游刃有余的儒雅教学风格，以人为本、因材施教的先进教学理念，举一反三、点石成金的高超教学艺术让参与观摩的600多名翔安区领导与教师们深深地震撼了，引发了他们深刻的教学反思，使他们获得了很多教学启迪。

前不久，《福建中学数学》在厦门开数学教学研讨会，要我讲几句话，我讲了《骨干教师之“走向”》，即从升华德能走向升华智魂、从学识魅力走向人格魅力、从修炼业务走向修炼艺术、从本土名师走向国内名师、从自然发展走向自觉发展、从努力优秀走向努力卓越、从学科专家走向教育专家。《福建中学数学》主编陈清华教授听后大为感动，约我为该刊撰稿，刚好我在整理数学教育文集，于是就先把“宏观卷”中的12篇文稿寄去，当然，文稿对原文仅作了“摘要”，重点写“回顾”、“凝思”和“展望”，陈主编看后决定“至少连载一年”，刊物还为此加了编者按。

编者按：数学特级教师任勇在数学教育领域里所取得的成就早已为人瞩目，他曾在各类刊物上发表400多篇数学教育论文、数学科普文章和数学解题心得。这些文稿已由出版社分三卷结集，不日将与读者见面。三卷为：任勇数学教育文集三部之一：“宏观卷”——《追求数学教育的真谛》；任勇数学教育文集三部之二：“中观卷”——《激活数学教学的智慧》；任勇数学教育文集三部之三：“微观卷”——《探索数学解题的奥秘》。

我刊荣幸地获得任勇老师同意，先期陆续刊登部分书稿，与广大读者共享任勇老师由辉煌走向卓越的学术心路。

不论当校长还是当副局长，我都一直活跃在数学教育教学领域，这里有割舍不掉的数学情愫，而且我希望数学教师能够更快地成长起来，成为骨干教师，成为优秀教师。

我去年写的《走向卓越：为什么不?》一书，也是希望教师走向优秀、走向卓越。魏书生老师为这本书写了推荐语：

任勇老师是一位不断超越自我追求卓越的学者型教师。他的经历与著作，多年来一直给我以激励与启示。读了他的新作《走向卓越：为什么不?》，感悟良多，他捧着一颗真诚的、善良的心，一遍又一遍地劝

说："优秀教师啊，你不能安于现状，要努力走向卓越。"他还毫无保留地讲解如何确定卓越的方向，选择卓越的途径，甚至走向卓越的台阶细节。盼望越来越多的青年教师，在这本书的引领下，超越自我，踏上奔向卓越的旅程，将"?"变为"!"。

北京师范大学教授肖川也为《走向卓越：为什么不?》一书写了推荐语：

任勇先生对于教育的热忱、探索和智慧在他的这本书中得到了卓越的体现。他的成长足迹告诉我们：作为教师，重要的是要有一颗开放、细腻和敏感的心，善于去捕捉教育生活中那些有意味的现象和事实，并用心品味。这样，我们就能够不断成长，不断发现生活与工作的乐趣和意义，从而拥有一种高贵的生命形态。因为"优于别人，并不高贵。真正的高贵应该是优于过去的自己"。

"优于别人，并不高贵。真正的高贵应该是优于过去的自己。"
只要用心，你就能"优于过去的自己"!
只要用心，你就能成为最好的数学教师。

任　勇

2010年10月30日于无名书屋

图书在版编目(CIP)数据

你能成为最好的数学教师/任勇著.—上海:华东师范大学出版社,2010.11

ISBN 978-7-5617-8199-9

Ⅰ.①你... Ⅱ.①任... Ⅲ.①数学—课堂教学—教学法—中小学 Ⅳ.①G633.602

中国版本图书馆 CIP 数据核字(2010)第 211550 号

大夏书系·数学教学培训用书

你能成为最好的数学教师

著　　者　任　勇
策划编辑　朱永通
审读编辑　周　莉
封面设计　解雅乔
责任印制　殷艳红

出版发行　华东师范大学出版社
社　　址　上海市中山北路 3663 号　邮编 200062
网　　址　www.ecnupress.com.cn
电　　话　021-60821666　行政传真 021-62572105
客服电话　021-62865537
邮购电话　021-62869887　地址　上海市中山北路 3663 号华东师范大学校内先锋路口
网　　店　http://ecnup.taobao.com/

印 刷 者　北京密兴印刷有限公司
开　　本　700×1000　16 开
印　　张　20.25
字　　数　280 千字
版　　次　2011 年 1 月第一次
印　　次　2024 年 7 月第十六次
书　　号　ISBN 978-7-5617-8199-9/G·4795
定　　价　59.80 元

出 版 人　朱杰人